21世纪教师教育系列教材·思想政治教育系列

高中思想政治
课程标准与教材分析

胡田庚　高　鑫　主编

北京大学出版社
PEKING UNIVERSITY PRESS

图书在版编目(CIP)数据

高中思想政治课程标准与教材分析／胡田庚，高鑫主编．—北京：
北京大学出版社，2021.9

21 世纪教师教育系列教材·思想政治教育系列

ISBN 978-7-301-32494-3

Ⅰ．①高…　Ⅱ．①胡…②高…　Ⅲ．①政治课－教学研究－
高中－师范大学－教材　Ⅳ．①G633.202

中国版本图书馆 CIP 数据核字(2021)第 183950 号

书　　　名	高中思想政治课程标准与教材分析
	GAOZHONG SIXIANG ZHENGZHI KECHENG BIAOZHUN YU JIAOCAI FENXI
著作责任者	胡田庚　高　鑫　主编
责 任 编 辑	于　娜
标 准 书 号	ISBN 978-7-301-32494-3
出 版 发 行	北京大学出版社
地　　　址	北京市海淀区成府路 205 号　　100871
网　　　址	http://www.pup.cn　　　　　新浪微博：@ 北京大学出版社
微信公众号	通识书苑（微信号：sartspku）　科学元典（微信号：kexueyuandian）
电 子 邮 箱	编辑部 jyzx@pup.cn　　　　　总编室 zpup@pup.cn
电　　　话	邮购部 010-62752015　发行部 010-62750672　编辑部 010-62767857
印 刷 者	河北博文科技印务有限公司
经 销 者	新华书店
	787 毫米×1092 毫米　16 开本　14.75 印张　300 千字
	2021 年 9 月第 1 版　2025 年 1 月第 5 次印刷
定　　　价	49.00 元

内容简介

《高中思想政治课程标准与教材分析》贯彻落实党和国家对思想政治课程的基本精神，着眼于基础教育改革和研究型教师培养的要求，紧密联系中学思想政治课程改革的实际，对高中思想政治课程标准和教材进行多方面、多视角的分析。第一章主要从总体上介绍高中思想政治课程标准与教材分析的基本问题；第二章和第三章分别对高中思想政治课程标准进行微观分析和宏观分析；第四章重点介绍高中思想政治教材的设计与编写；第五章和第六章分别介绍基于常规教学的高中思想政治教材分析和基于教学研究的高中思想政治教材分析。

本书可以作为学科教学（思政）教育硕士相关课程的教材，也能够为中学思想政治课教师的培养和培训提供资源，为广大中学思想政治课教师的自我发展提供帮助。

作者简介

胡田庚，华中师范大学马克思主义学院教授，全国教育硕士优秀教师，教育部基础教育国家级教学成果奖评审专家，教育部师范专业认证专家，"荆楚名师"专家委员会委员，中国教育技术学会微格教学专业委员会常务理事，长期从事思想政治课程与教学研究。

高鑫，华中师范大学马克思主义学院副教授，湖北省教育学会中学政治专业委员会理事，湖北省高校思想政治教育管理发展研究中心研究员，国培计划（思想政治）学科主讲专家。主要从事思想政治课程与教学论、马克思主义发展史等方面的教学与研究。

序　言

　　教育是国之大计、党之大计,承担着立德树人的根本任务。思想政治课是落实立德树人根本任务的关键课程,发挥着不可替代的作用。讲好思想政治课关键在教师,引导学生扣好人生第一粒扣子,是每位思想政治课教师的神圣职责和光荣使命。党的十八大以来,以习近平同志为核心的党中央高度重视思想政治课程和思想政治课教师队伍建设,出台了一系列的文件精神,作出了一系列重大决策部署。为了更好地贯彻落实党和国家对思想政治课程和思想政治课教师队伍建设的基本精神,按照政治要强、情怀要深、思维要新、视野要广、自律要严、人格要正的要求提升思想政治课教师的专业素养,按照政治性和学理性相统一、价值性和知识性相统一、建设性和批判性相统一、理论性和实践性相统一、统一性和多样性相统一、主导性和主体性相统一、灌输性和启发性相统一、显性教育和隐性教育相统一的要求增强思想政治课教师的教育教学能力水平,我们组织编写了这套"21世纪教师教育系列教材·思想政治教育系列"丛书。

　　本套丛书的设计与编写坚持以习近平新时代中国特色社会主义思想为指导,全面贯彻党的教育方针,以提升新时代中学思想政治课教师的素质能力为目标,努力体现思想政治课程与教学改革的基本理念,系统总结思想政治课程与教学的实践经验,全面概括思想政治课程与教学的理论思想,力求具有系统性、前沿性、针对性、实用性等特点。

　　(一) 整体设计,坚持系统性

　　本套丛书在整体设计上聚焦思想政治课教师的专业发展,兼顾思想政治课程与教学的各个方面和层次,内容系统完整。既有义务教育阶段思想政治课程与教学的研究,也有高中阶段思想政治课程与教学的探讨,体现出对中小学思想政治课一体化建设的高度关注;既有关于思想政治课程理论、课程标准、课程教材的研究,也有关于思想政治课教学设计、教学实施、教学评价的探讨,体现出对思想政治课程与教学各要素和各环节的整体考察;既有思想政治课程与教学基本理论和方法的介绍,也有思想政治课程与教学典型案例的整理和分析,体现出对思想政治课程与教学理论研究和实践探索的综合思考。

　　(二) 守正创新,保持前沿性

　　思想政治课程与教学长期以来形成的一系列规律性认识和成功经验,为思想政治课程与教学守正创新提供了重要基础。本套丛书注重思想政治课程与教学改革的连续性和可持续性,在继承以往规律性认识和成功经验的基础上,适应新时代发展的新要求,积极开拓创新,努力突出前沿性。主要表现在以下三个方面。

(1)政策导向的前沿。思想政治课是落实立德树人根本任务的关键课程,具有很强的时代性。思想政治课教师要符合时代发展的要求,能够承担培养中国特色社会主义事业建设者和可靠接班人的重任。本套丛书基于思想政治课程与教学的特性,注意反映党和国家对新时代思想政治课程建设、教学改革、教师队伍建设、人才培养要求等方面的最新精神,尤其是反映《普通高中思想政治课程标准(2017 年版 2020 年修订)》、中共中央国务院《关于全面深化新时代教师队伍建设改革的意见》、中共中央办公厅国务院办公厅《关于深化新时代学校思想政治理论课改革创新的若干意见》、教育部等五部门《关于加强新时代中小学思想政治理论课教师队伍建设的意见》等文件精神,使广大思想政治课教师、思想政治教育师范专业学生了解相关的最新政策和精神,正确把握思想政治课程与教学的要求和自身发展的方向。

(2)理论研究的前沿。思想政治课程与教学理论是随着实践的发展不断丰富和完善的。例如,打造活动型学科课程、落实学科核心素养的培育、倡导议题式教学等,是当今思想政治课程与教学改革中备受关注的话题,不少教育教学理论研究者和一线教师都对此进行了比较深入的分析和研究,形成了一些理论研究新成果。本套丛书注意反映思想政治课程与教学理论研究的前沿,系统总结思想政治课程和教学的最新理论与方法,为广大思想政治课教师、思想政治教育师范专业学生有效实施教学活动、实现自身专业发展提供理论指导。

(3)实践探索的前沿。随着思想政治课程与教学改革的不断深入,广大思想政治课教师进行了大量的实践探索,积累了丰富的实践经验。本套丛书跟进思想政治课程与教学改革的步伐,认真分析改革实践的新进展和新探索,系统总结改革实践中的新模式和新思路,努力形成思想政治课程与教学的新经验和新成就。

(三)突出重点,注重针对性

思想政治课程与教学改革既要系统设计,兼顾课程与教学的各个方面和各个环节,也要突出重点,抓住课程与教学的一些重要领域和关键环节。本套丛书在追求系统性的同时,注意对思想政治课程与教学改革中的一些重点难点问题、热点焦点问题进行系统深入的分析探讨,提供解决问题的思路和建议。例如,学科核心素养及其培育是我国当今思想政治课程与教学改革中备受关注的焦点话题。那么,如何挖掘思想政治课程教学对全面贯彻党的教育方针、落实立德树人根本任务、发展素质教育的独特育人价值,凝练学科核心素养?如何认识思想政治学科核心素养要素和素养水平?如何以学科核心素养为纲,整合和呈现课程与教学目标、精选和重组课程与教学内容、组织实施教学活动、有效进行教学评价?如何将学科核心素养的培育具体落实到教学实践上、体现在教学评价中？这类问题毫无疑问是思想政治课程与教学改革中不可回避的突出问题，也成为本套丛书聚焦分析、重点探讨的内容。

（四）面向需求，讲究实用性

本套丛书坚持新时代我国教师教育的发展方向，强调为思想政治课教师的培养和培训提供丰富的学习资源，为思想政治课教师的教学与研究提供有效的指导和帮助。整套丛书综合起来，既注重对思想政治课程与教学典型文本的解读，如《高中思想政治课程标准与教材分析》《义务教育道德与法治课程标准与教材分析》，通过文本解读明确国家对思想政治课程与教学的目标定位、整体设计和基本要求；又注重思想政治课程与教学理论的探讨，如《中学思想政治学科教学设计》《中学思想政治学科教学测量与评价》《中学思想政治学科教学研究》，通过理论探讨明确学科教学面临的新情况、新问题，以及解决问题的新理论和新方法；还注重思想政治课程与教学案例的分析，如《高中思想政治课教学案例赏析》《初中道德与法治课教学案例赏析》，基于学科教学的理论和方法，精选典型的教学案例，通过案例分析，展现解决问题的方法和思路，为思想政治教育师范专业学生的学习提供真实有效的资源，也为广大思想政治课教师实施教学活动提供有益的借鉴和参考。

本套丛书由华中师范大学、西南大学、陕西师范大学、安徽师范大学、广西师范大学等全国部分高等师范院校的思想政治课程与教学论教师共同策划和组织编写，并吸收了一部分经验丰富的中学一线教师和教研员参与。丛书既注重理论的分析和论证，具有较系统的理论性和学术性，也关注经验的总结和描述，具有较强的实践性和可操作性，可以作为高等师范院校思想政治教育师范专业本科生和教育硕士相关课程的教材，也可以作为思想政治课教师职后培训、自我研修的参考读物。

《高中思想政治课程标准与教材分析》由胡田庚、高鑫主编，参加本书编写的有：胡田庚、高鑫、周兴会、房春艳、刘阳、张晓迪。全书由胡田庚统稿定稿。在编写过程中，我们参考了大量相关资料，尤其是引用了最新的普通高中思想政治课程标准和统编的普通高中思想政治教科书的大量内容进行分析和论证，吸收了课程标准修订者和教材编写者的相关研究成果。在此，我们表示衷心的感谢。由于水平有限，书中难免有诸多不足之处，敬请广大读者批评指正。

胡田庚

2021 年 3 月于华中师范大学

目　　录

第一章　高中思想政治课程标准与教材分析概述

高中思想政治课程标准与教材是高中思想政治课程与教学的重要影响因素,对规范和实施教学活动、衡量和提高教学质量具有重要的意义。进行高中思想政治课程标准与教材分析,首先必须准确把握课程标准与教材分析的基本内涵,正确认识课程标准与教材分析的重要性,了解课程标准与教材分析的基本方法,明确课程标准与教材分析的基本要求。

第一节　高中思想政治课程标准与教材分析界定

谈到高中思想政治课程标准与教材分析,必须明确与之相关的一系列基本概念以及它们之间的相互关系,这是进行高中思想政治课程标准与教材分析的基本前提。

一、课程与高中思想政治课程

课程一词由来已久。在我国,"课程"一词始见于唐宋期间。唐朝孔颖达在为《诗经·小雅·巧言》中"奕奕寝庙,君子作之"句作疏:"维护课程,必君子监之,乃依法制。"宋代朱熹在《朱子全书·论学》中多次提及课程,如"宽着期限,紧着课程""小立课程,大作工夫"等。在英语世界,课程(curriculum)一词,最早出现在英国教育家斯宾塞(H. Spencer)《什么知识最有价值?》(1859 年)一文中。它是从拉丁语"currere"一词派生而来的,意为"跑道"(race-course)。根据这个词源,最常见的课程定义是"学习的进程"(course of study),又称学程。①

随着对"课程"概念认识和使用的发展,不同的学者从不同的角度、以不同的方式去理解课程,形成了对"课程"多种多样的界定,也使得"课程"这一概念成为教育学领域使用广泛而又争议较多、歧义较大的术语。

《中国大百科全书·教育》中把课程定义为:课业及进程。广义的课程指所有学科

---

① 施良方.课程定义辨析[J].教育评论,1994(3):44.

(教学科目)的总和,或指学生在教师指导下各种活动的总和;狭义的课程指一门学科。[1]

顾明远主编的《教育大辞典》中把课程理解为:实现学校教育目标而选择的教育内容的称谓。[2]

《简明国际教育百科全书·课程》中列出 9 种不同的课程定义:①课程是在学校建立的一系列具有潜力的经验,目的是训练儿童和青年以群体方式思考和行动。②课程是学生在学校指导下所学得的全部经验。③课程是学校传授给学生的、旨在使他们取得毕业、获得证书或进入职业领域的资格的教学内容和具体教材的总计划。④课程是一种对教师、学生、学科、环境等教材组成部分的范围的方法论的探究。⑤课程是学校的生活和计划,一种指导生活的事业,是构成一代又一代人生活的生气勃勃的活动流。⑥课程是一种学习计划。⑦课程是通过有组织的重建知识和经验而得到系统阐述的有计划、有指导的学习经验和预期的学习结果,在学校的帮助下,推动学习者个人的社会能力不断地、有目的地向前发展。⑧课程基本上由 5 种大范围的学科学习构成,它们是:A. 掌握母语,系统地学习语法、文学和写作;B. 数学;C. 科学;D. 历史;E. 外国语。⑨课程被看作是关于人类经验的范畴,而不是结论的可能思维模式的不断扩大的范畴。[3]

我国学者施良方也归纳出了 6 种典型的课程定义:课程即教学科目;课程即有计划的教学活动;课程即预期的学习结果;课程即学习经验;课程即社会文化的再生产;课程即社会改造。[4]

我们这里所讲的课程是从学科的意义上来理解的,课程就是指学科。思想政治课程就是思想政治学科,是各级各类学校课程体系中具有明显的思想政治教育性质、担负着思想政治教育的主要任务、承载着思想政治教育的主要内容、成为思想政治教育的主要渠道的学科,包括九年义务教育小学和初中道德与法治、高中思想政治和高校思想政治理论课程。

根据《普通高中思想政治课程标准(2017 年版 2020 年修订)》的规定,高中思想政治课程是落实立德树人根本任务的关键课程,以培育社会主义核心价值观为目的,是帮助学生确立正确的政治方向、提高思想政治学科核心素养、增强社会理解和参与能力的综合性、活动型学科课程。高中思想政治课程紧密结合社会实践,讲授马克思主义基本原理,讲授马克思主义中国化成果特别是习近平新时代中国特色社会主义思想,引导学生经历自主思考、合作探究的学习过程,理解中国特色社会主义进入新时代的历史方位,

---

① 中国大百科全书《教育》编辑委员会. 中国大百科全书·教育[M]. 北京:中国大百科全书出版社,1985:207.
② 顾明远. 教育大辞典(增订合编本)[M]. 上海:上海教育出版社,1998:892.
③ 〔瑞典〕托斯顿·胡森,纳维尔·波斯特尔斯威特. 简明国际教育百科全书·课程[M]. 江山野,译. 北京:教育科学出版社,1991:65.
④ 施良方. 课程定义辨析[J]. 教育评论,1994(3):45-46.

了解新时代中国特色社会主义经济、政治、文化、社会、生态文明建设和党的建设进程,培育政治认同、科学精神、法治意识和公共参与等核心素养,逐步树立共产主义远大理想和中国特色社会主义共同理想,坚定中国特色社会主义道路自信、理论自信、制度自信、文化自信,基本形成正确的世界观、人生观、价值观。①

高中思想政治课程具有自身的典型特征,主要表现在学科内容的综合性、学校德育工作的引领性和课程实施的实践性等方面。

1. 学科内容的综合性

高中思想政治课程有广泛的学科背景,有马克思主义哲学、政治经济学、政治学、文化学、法学、伦理学、中国特色社会主义理论等学科知识作为支撑,是多学科内容的综合。同时,高中思想政治课程有突出的现实性,与社会和学生实际密切联系,强调学科理论与社会现实和学生实际的结合。

2. 学校德育工作的引领性

高中思想政治课既具有德育的功能,它与初中道德与法治、高校思想政治理论等课程相互衔接,与时事政治教育相互补充,与高中其他学科教学和相关德育工作相互配合,共同承担思想政治教育立德树人的任务。同时,高中思想政治课又具有不可替代的德育地位和优势。它与高中其他学科教学相比,更直接地担负着高中德育的任务,在高中德育中处于特殊重要的地位,是高中德育的主要途径;与高中班主任工作、共青团、少先队、学生会工作、劳动与社会实践等其他德育工作相比,它有统一的教学大纲和比较系统、相对稳定的教学内容,有统一的教学计划和教学进度,并且以课堂教学为基本形式,由专门的教师对学生进行由浅入深、循序渐进、有的放矢的思想政治教育,这种教育具有系统性和完整性,能从根本上提高学生分析与解决问题的能力和思想政治素质,在高中德育工作中具有独特的价值和无可比拟的优势。

3. 课程实施的实践性

实践性是马克思主义最显著的特点之一,学生的思想政治素质也只有在社会实践的基础上才能形成和发展。高中思想政治课程作为学科逻辑与实践逻辑、理论知识与生活关切相结合的活动型学科课程,学科内容采取思维活动和社会实践活动等方式呈现。在课程实施中,必须注重与学生生活经验和社会实践的联系,通过活动议题的引入、引导和讨论,推动教师转变教学方式,使教学在师生互动、开放民主的氛围中进行;通过问题情境的创设和社会实践活动的参与,促进学生转变学习方式,在合作学习和探究学习的过程中,培养创新精神,提高实践能力。

高中思想政治课程是中学课程体系的组成部分,在整个课程体系中占有重要地位。

---

① 教育部.普通高中思想政治课程标准(2017 年版 2020 年修订)[S].北京:人民教育出版社,2020:1.

一方面,它是高中课程方案明确规定的国家课程。正是基于这种国家课程的地位,高中思想政治课程有国家最高教育行政部门专门制定、颁布实施的课程标准,有特定的学科核心素养、课程目标和课程内容,有严格的课时要求,教材也由国家统一组织编写、审查和推广使用。另一方面,高中思想政治课程是一门必修课程,是各地方各学校都必须开设、所有学生也必须学习的课程。就地方和学校来说,不存在这门课程开不开的问题;就学生来说,也不存在这门课程学不学的问题。

二、高中思想政治课程标准与课程标准分析

课程标准首先是一种"标准",应该具有"标准"的内在规定性。就"标准"这一概念看,它是与质量管理相伴而生,是为了保证产品的生产质量而对产品的生产规格、程序等所进行的规范。例如,《辞海》中对标准的定义是:衡量事物的准则。可以引申为一种规范。[①] 1996 年国家技术监督局发布的 GB/T 3935.1-1996《标准化和有关领域的通用术语》第 I 部分"基本术语"中对"标准"进行了这样的规定:为在一定范围内获得最佳秩序,对活动或其结果规定共用的和重复使用的规则、指导原则或特性的文件。[②] 2001 年中国大百科全书出版社出版的《质量 标准化 计量百科全书》把"标准"(standards)定义为:在一定的范围内获得最佳秩序,对活动或其结果规定共同的和重复使用的规则、导则或特性的文件。[③] 因此,从一般意义上说,课程标准就是规范课程的文件。《中国教育大百科全书(教育)》将课程标准界定为"规定中小学的培养目标和教学内容的文件"。[④] 顾明远主编的《教育大辞典》(第一卷)对课程标准定义为"确定一定学段的课程水平及课程结构的纲领性文件"。[⑤]

我们认为,课程标准是由国家最高教育行政部门制定的,规定课程性质、课程理念、学科核心素养、课程目标、课程内容、学业质量、实施建议等,并用以指导、规范、评估和管理课程与教学活动的纲领性文件,体现着国家意志和国家对课程的要求。高中思想政治课程标准就是由国家最高教育行政部门制定的,规定高中思想政治课程性质、课程理念、学科核心素养、课程目标、课程内容、学业质量、实施建议等,并用以指导、规范、评估和管理高中思想政治课程与教学活动的纲领性文件,体现着国家意志和国家对高中思想政治课程的要求。

把握高中思想政治学科课程标准的含义,我们需要明确以下几点。

---

① 辞海编辑委员会.辞海[M].上海:上海辞书出版社,1989:3351.
② 国家技术监督局.标准化和有关领域的通用术语[S].北京:中国标准出版社,1996:82.
③ 中国大百科全书编辑委员会.质量 标准化 计量百科全书[M].北京:中国大百科全书出版社,2001:20-37.
④ 中国大百科全书《教育》编辑委员会.中国大百科全书·教育[M].北京:中国大百科全书出版社,1985:208.
⑤ 钟启泉,等.为了中华民族的复兴,为了每位学生的发展——《基础教育课程改革纲要(试行)》解读[M].上海:华东师范大学出版社,2001:171.

第一，从性质来看，高中思想政治课程标准是由国家最高教育行政部门制定的课程文件，体现着国家意志和国家对高中思想政治课程的要求。

第二，从内容来看，高中思想政治课程标准规定着高中思想政治课程性质、课程目标、课程内容、学习方式、实施建议等，是国家用以指导、规范、评估和管理高中思想政治课程与教学活动的基本规章。

第三，从行为指向看，高中思想政治课程标准指向的是学生的学习行为和目标要求，而不是教师的教学行为和方法要求；是对学生经过高中阶段的思想政治课程学习之后应达到的最基本要求的原则规定，而不是对具体教学内容的规定。

第四，从作用来看，高中思想政治课程标准是高中思想政治教材编写的依据、高中思想政治课教学的依据、高中思想政治课教学评价的依据。

高中思想政治课程标准分析，有广义和狭义之分。从广义上说，是指与高中思想政治课程标准相关的各种问题的分析与认识活动，既包括对高中思想政治课程标准文本的解读，也包括对高中思想政治课程标准历史与现状的考察，还包括高中思想政治课程标准与各种影响因素之间关系的分析。从狭义上说，是指将高中思想政治课程标准分解为各个部分、各种要素，并加以分别考察的认识活动，也就是对特定的高中思想政治课程标准进行文本解读。就高中思想政治课教师来说，课程标准分析主要是从狭义上进行，主要是基于教学的需要去解读课程标准文本。

三、高中思想政治教材与教材分析

关于教材，一般有两种解释：①根据一定学科的任务，编选和组织具有一定范围和深度的知识技能体系，它一般以教科书的形式来具体反映；②教师指导学生学习的一切教学材料。①

显然，教材有广义和狭义之分。广义的教材指课堂上和课堂外教师和学生使用的所有教学材料，包括课本、练习册、活动册、辅导资料、自学手册、照片、教学实物、视频材料、网络资源等，凡是有利于学习者增长知识或发展技能的材料都可称之为教材。狭义的教材就是教科书，即根据课程标准（或教学大纲）系统编写的教学用书。在近代学校的发展过程中，基础教育阶段的教科书都是由国家控制，无论从教材编制的系统性上，还是从专家或行政机构审查的权威性来看，教科书都是课程教学的核心材料，是教材系列的主体部分。

我们这里讲的教材是指狭义的教材，即教科书。高中思想政治教材，即高中思想政治教科书，是根据高中思想政治课程标准编写的、系统地反映高中思想政治课程内容的

---

① 中国大百科全书《教育》编辑委员会.中国大百科全书·教育[M].北京：中国大百科全书出版社,1985：144.

教学用书,是高中思想政治课教与学的主要材料。现行的高中思想政治教材分课程模块编写,包括必修课程和选择性必修课程各个模块的教材。

高中思想政治教材分析,也有广义和狭义之分。从广义上说,是指基于各种需要对高中思想政治教材相关的各方面各环节问题进行的分析与认识活动,既包括基于常规教学需要的教材分析,也包括基于教学研究活动的教材分析;既包括对特定高中思想政治教材文本的解读,也包括对高中思想政治教材建设相关问题的探讨。从狭义上说,是指将高中思想政治教材分解为各个部分、各种要素,并加以分别考察的认识活动,也就是对特定的高中思想政治教材进行文本解读。

就高中思想政治课教师来说,教材分析主要是从狭义上进行,是为了教学的需要去解读教材文本,在具体操作上主要是在反复阅读和深入钻研教材的基础上,弄清教材的地位、逻辑结构、编排体系,明确教材的知识点、思想点、重点难点、广度深度、思想教育因素等,从而为合理地组织和驾驭教材、确立教学目标、选择教学方法、实施教学活动打下基础。

值得注意的是,高中思想政治教师进行教材分析,不能完全局限于教师和教材文本本身,而需要坚持联系的观点、多维的视角和创新的思维。

第一,联系的观点。高中思想政治教材不是孤立的存在,它与多种因素都存在密切联系,诸如课程标准的规定、相关学科的内容、学生的基础和经验、社会的发展和变化、国际国内的时事热点和焦点等。教材分析必须跳出教材本身这一圈子,在教材与相关事物的联系中分析和把握教材。

第二,多维的视角。教材体现着多方面的意志和要求,教材分析要跳出教师自身的圈子,从各个不同的视角去审视教材。既要从自己的角度去分析教材,明确为什么教、教什么、如何教等问题;也要从教材编写者视角去阅读教材,揣摩并努力体现教材编写者的编写意图;还要从学生的角度去分析教材,了解学生的需要,以及学生学习的已有基础和学习中可能面临的现实困难。

第三,创新的思维。教材分析不能局限于对教材内容和要素的简单认识,而要注意从新的角度、用新的方法去审视。或突破传统思维的束缚,对教材内容从各个不同的角度进行解读,形成对教材内容新的理解和新的认识;或突破教材的现有模式,对教材内容进行新的组合,形成新的内容结构和新的教学思路等。

第二节　高中思想政治课程标准与教材分析的重要性

高中思想政治课程标准是由国家最高教育行政部门统一制定和颁布的指导性文件，对思想政治课程和教学的相关问题作出了明确的规定，提出了统一的要求。高中思想政治教材依据课程标准编写，是高中思想政治课教学的基本材料，是教学活动不可或缺的重要因素。就高中思想政治教师来说，认真研读并恰当分析课程标准与教材，对于组织教学活动、完成教学任务、提高教学质量、促进自身专业发展等，都具有重要的意义。

一、课程标准与教材分析是把握课程标准与教材的前提

课程标准是规范和指导课程与教学的纲领性文件，规定了课程性质与课程理念、学科核心素养与课程目标、课程结构与课程内容等，也提出了教学和评价、课程资源开发和利用等方面的建议。只有认真分析研究，才能领会课程标准的基本精神和要求，把握课程的实质和特点，有效发挥课程标准对教学的规范和指导作用。

教材是教师教和学生学的最基本材料，承载着教学的基本内容，体现着学科知识之间的内在逻辑关系。其中每一模块教材都有各自的内容体系，教材的每一单元、每一课、每一框都是教材的有机组成部分，都在教材体系中有其特定的位置。只有经过教材分析和研究，教师才能从宏观上把握教材的中心线索和逻辑结构、领会教材的内容框架和编排方式、体会教材的编写意图和教学价值等，也才能从微观上深入把握教材的内容体系、教学的目标要求、教学的重点难点等。从而既能综观教材的全局，又能细小入微地理解教材局部的具体内容，为处理教材和指导学生学习打好基础。

二、课程标准与教材分析是进行教学准备的基础

教学准备，顾名思义就是教师和学生在上课之前所做的各项准备工作。就教师的教学准备而言，它是教师职业生活中习以为常的，也是极为重要的工作。教师的教学准备涉及多方面，包括备课标、备教材、备学生、备教学方法、备教学手段、备板书设计、备课堂作业等，其中备课标和备教材是不可或缺的基础性工作。

课程标准是一切教学活动的基础，不少高中思想政治课教师对它的重要性和指导性认识不够，在教学活动中更多关注的是教材和考试大纲，而课程标准往往被忽视，甚至没有进入一些教师的视野。事实上，课程标准体现着国家对课程的基本要求，教师只有认真分析和研究课程标准，才能领会课程标准的基本精神，把握课程标准规定的目标和要求，从而有效地研究教材，合理制定教学目标，恰当处理教学内容，妥善安排教学进程，科学选用教学方法和手段，把课程标准的基本精神和规定的目标要求贯彻到每一次

教学活动中,为教学活动的开展做好充分的准备。

教材是教学最基本的材料,备教材是教师教学准备最基础性的工作。教师只有认真分析和研究教材,才能把握教材地位和对学生发展的作用,清楚教材的基本结构和内容体系,明确教材的知识点、思想点、重点、难点、理论与实际的结合点,了解教材编写者的意图和学生对教材相关知识学习的已有基础和现实困难。也才能在此基础上恰当使用和创造性地处理教材,依据教材内容和学生实际去构思教学框架、理清教学思路、选择教学方法、安排教学进程等,设计出切实可行的教学方案。离开了教材分析,教师的教学准备就无从谈起,教学活动也无法有效进行。

三、课程标准与教材分析是有效组织教学活动的保证

高中思想政治课程标准由国家统一制定和颁布实施,教材也由国家统一组织编写和推广使用。无论是课程标准还是教材,都对高中思想政治课程的教学具有重要的规范和指导作用。

从课程标准看,高中思想政治课程标准规定着国家对高中思想政治课程与教学的统一要求,体现着学生通过思想政治课程的学习要达到的基本标准,对教学有重要的规范作用,是教师教学的基本依据。教师在教学活动中,无论是教学目标的确定、教学内容的组织,还是教学方式的转变、教学方法的运用等,都必须建立在对课程标准进行深入分析和把握的基础上,围绕着课程标准的规定和要求来展开。教师只有认真分析课程标准,才能明确课程标准的规定和要求,有效地实施教学活动,将学科核心素养的培育落到实处。

从教材看,高中思想政治教材承载着教学的主要内容,是高中思想政治课教学最基本的材料,既是教师教学的"教本",又是学生学习的"学本"。高中思想政治课程标准规定的学科核心素养、课程目标和课程内容等,都主要通过教材体现出来,也需要借助教材在教学中实现。教材不仅编选了学科的相关知识,而且以一定的知识为基础和载体,引导学生通过独立思考和生活体验,运用基本知识和观点去分析说明实际问题,培养学生的学科能力,并将一定的观点、思想转化为学生的认识、信念,成为他们言行的准则,促进学生情感态度价值观的形成,实现学生学科核心素养的提升。因此,高中思想政治课教师在教学中要尊重教材,根据教材组织教学活动,不能舍本逐末,游离于教材之外另搞一套。只有认真钻研教材,恰当分析和处理教材,才能更有效地组织好教学活动,提高教学效率,促进学生主动发展、全面发展和终身发展。

四、课程标准与教材分析是开展教学评价的基本要求

以人为本,以学评教,是当今教学评价改革的基本趋势,也是我们开展教学评价活

动的基本要求。那么,应该以学生的什么为本、怎样才是以生为本?以学生什么样的学评教、怎样才是以学评教?我们需要从课程标准和教材中去寻找答案。

课程标准是学生通过课程的学习需要达到的基本标准,教学评价必须以课程标准为依据。高中思想政治课程标准对学科核心素养及其水平的划分、课程内容及其学业要求的规定、学业质量标准的确定、教学与评价的建议等,都应该成为高中思想政治课教学评价的基本遵循。尤其是对学生学习的评价,更要以课程标准为准,不能随意超标,更不能脱离课程标准另搞一套。值得注意的是,在现实的教学活动中,不少教师忽视对课程标准的研究,有的只是在开学前随便翻翻,有的表面重视而实际上不去认真贯彻,有的甚至从来就没有看过。结果教学脱离标准、考试超越标准的现象时有发生,既加重了学生的学习负担,又偏离了教学应有的方向,影响了教学质量的提高。

教材是根据课程标准编写的,体现着课程标准的精神,承载着课程标准规定的课程内容和基本要求。高中思想政治课教学评价也必须尊重教材,以课本为本,着力考查学生对教材中呈现的学科知识的掌握情况、运用这些学科知识分析和解决问题的能力和相关情感态度价值观方面的提升与发展,着力考查课本所承载的学科核心素养和课程目标的落实与达成情况。例如,高中思想政治课考试命题,一般强调题在书外、理在书中,每一道试题都在课本之外,都不是课本内容的照搬,但蕴含的基本道理都在课本之中,都是要求学生用课本中的学科知识去分析解决现实问题。

五、课程标准与教材分析是教师自身发展的重要途径

认真分析课程标准与教材,既是教师常规教学工作的重要内容,也是教师教学研究的重要组成部分。教师分析课程标准和教材的过程,是教师不断学习、深入研究的过程。"学,然后知不足;教,然后知困。知不足,然后能自反也;知困,然后能自强也。故曰:教学相长也。"通过分析课程标准和教材,教师可以不断学习专业知识,拓展教学视野,思考相关问题,提高自身的专业素养。

例如,教学反思是教师专业发展的重要路径。通过课程标准与教材分析,教师能够更好地对照课程标准与教材的内容和要求,发现自己教学中的成功和亮点,反思自己教学中的问题和不足,总结经验教训,探索改进对策,促进教学质量和自身教学水平的提高。

再如,留有空间是现代教材的品质,是教材改革的重要趋势。我国现行的高中思想政治教材与以往的教材相比,一个重大的变化就是给教师和学生留下了巨大的空间,既为教师创新教学提供了机会,也为学生发展个性提供了条件。那么,教材给教师和学生留下了一些什么样的空间?这些空间是如何留下的?教师如何充分利用教材所留下的空间?教师就这些问题对教材进行分析,不仅有利于教师准确理解教材,恰当分析和处

理教材,有效地促进教学生动活泼局面的形成和学生的个性化发展,而且有利于激发教师的创造性,使教师通过教材分析开展教学研究,锻炼教学研究能力,提升教学研究水平。

第三节 高中思想政治课程标准与教材分析的方法

高中思想政治课程标准与教材分析如何展开?这是进行课程标准与教材分析必须面对的问题。总的来看,高中思想政治课程标准与教材分析的方法多种多样。教学实践中,广大教师可以根据实际需要,从不同的角度、用不同的方法对课程标准与教材进行分析。这里我们主要介绍几种基本的分析方法。

一、课程标准与教材的微观分析与宏观分析

课程标准与教材既是特定的存在,又与之外的多方面因素有着密切的联系,这些因素对课程标准与教材带来各种各样的影响。因此,我们既要对课程标准与教材本身进行微观层面的深入分析,又要从课程标准与教材和相关因素的联系中进行宏观层面的系统把握。

1. 微观分析

所谓微观分析,就是以特定的课程标准与教材本身为对象,对其构成要素进行深入细致地认识和解剖。所谓宏观分析,就是不将特定的课程标准与教材看成一个孤立的存在,而是看作整体中的一个部分,从纵向和横向的多种联系中去认识和把握课程标准与教材。

高中思想政治课程标准的微观分析,主要是对现行的高中思想政治课程标准本身进行深入细致的研究,了解其基本结构和内容,明确其对课程性质和课程理念、学科核心素养和课程目标、课程结构和课程内容等的规定,了解其对教学和评价等方面的建议,从而全面、透彻地把握课程标准。

高中思想政治教材的微观分析,就是将高中思想政治教材分解为各个要素,对这些要素进行逐一的深入认识和探讨。高中思想政治教材本身有着复杂的结构,从逻辑编排来看,可以分为模块、单元、课、框等不同层次,不同层次所包括的范围不同;从内容选择来看,有学科知识和典型素材,学科知识又包括基本概念、基本原理、基本观点,典型素材又包括人物、图片、事件等;从呈现方式来看,有正文和辅助文,辅助文又包括“相关链接”“探究与分享”“专家点评”等栏目。高中思想政治教材的微观分析可以从上述各个不同层次、各个不同方面进行,既可以以某一层次的教材内容为分析对象,对某一课、某一框的教材进行分析;也可以以某一内容要素为分析对象,对教材中的图片、人物等选用

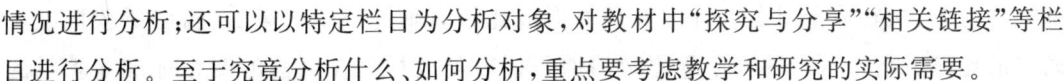

情况进行分析;还可以以特定栏目为分析对象,对教材中"探究与分享""相关链接"等栏目进行分析。至于究竟分析什么、如何分析,重点要考虑教学和研究的实际需要。

2. 宏观分析

高中思想政治课程标准的宏观分析,在纵向联系上主要是要分析课程标准的历史演变,从中了解思想政治课程的变化与发展;在横向联系上主要是将课程标准视为教学系统中的一个变量,从课程标准与教材、中学德育大纲、青少年法治教育大纲以及其他相关因素的相互联系中把握课程标准。关于高中思想政治课程标准的微观分析与宏观分析,我们将在后面两章进行具体分析。

高中思想政治教材的宏观分析,就是要从纵向和横向的联系中分析和把握教材。

从纵向来看,主要涉及两方面的内容:一是考察高中思想政治教材自身的建设与发展,尤其要进行新旧教材的比较分析,了解现行教材与以往教材相比有什么样的变化、为什么会有这样的变化、如何去应对这些变化等。二是考查相邻学段思想政治教材的一体化建设与发展,尤其是相邻学段教材内容的相互衔接、逐层递进、螺旋上升情况。

从横向来看,主要是考察教材与一些相关因素之间的密切关系,分析这些相关因素对教材建设的影响。通常可以从以下四个方面的联系中去分析教材:第一,教材与社会发展的关系。教材是在一定的时代背景下编写完成的,虽然会随着社会的发展不断修改和完善,但仍然会存在滞后于社会和时代发展的现象,思想政治教材具有很强的时代性,这种滞后现象比较突出。因此,对高中思想政治教材进行分析,必须把教材内容放到社会进步和时代发展的大背景下进行考察。第二,教材与课程标准的关系。教材是依据课程标准编写的,要分析教材与课程标准的对应关系是怎么样的、课程标准提出了怎样的目标要求、教材是如何体现这种目标要求的等。第三,教材与学生的关系。教材是供学生学习使用的,要分析学生学习相关教材的已有基础和生活经验,以及学习中可能面临的困难和问题等。第四,教材与相关各种教学资料的关系。为了教学,教师往往收集储备了多方面的资料,进行储备资料的分析,可以根据教材的实际功能和教学的需要,对教材进行有效地处理和加工改造,恰当组织教学内容体系。

二、课程标准与教材的整体分析与片段分析

高中思想政治课程标准与教材,既是完整独立的整体,又由彼此联系的各个部分组成。因此,高中思想政治课程标准与教材分析,可以从整体着手,也可以从片段进行。

1. 整体分析

课程标准与教材的整体分析,就是以相对独立完整的课程标准与教材为对象,对其进行系统分析。这种整体分析一般可以从三个方面展开:第一,课程标准与教材的整体结构和构成要素分析。主要是从整体着眼,分析课程标准与教材的基本构成、典型特点、

基本功能等,从整体上对课程标准与教材形成比较清晰的认识。第二,新旧课程标准与教材的比较分析。现行的高中思想政治课程标准与教材是在以往的课程标准与教材的基础上继承创新而来,可以将现行的课程标准与教材和以往的课程标准与教材进行整体性的比较分析,了解有一些什么样的变化、变化的原因是什么、变化给教师的教学会带来什么样的影响等,为教师更好地实施教学提供借鉴。第三,中外课程标准与教材的比较分析。世界各个国家或地区都注重学生的思想政治教育,都开设了有关思想政治教育的课程,也有类似课程标准与教材。可以将我国的高中思想政治课程标准与教材和世界各个国家或地区相应的课程标准与教材进行整体性的比较分析,充分发挥我们的优势和长处,借鉴其他国家或地区的有益经验,更好地推进思想政治课程与教学改革、课程标准与教材的完善。

2. 片断分析

课程标准与教材的片段分析,就是以课程标准与教材的某一部分、某一方面等为对象,对其进行深入分析。高中思想政治课程标准是由各个部分组成,包括课程性质、课程理念、学科核心素养、课程目标、课程结构、课程内容、实施建议、学业质量等多方面要素。高中思想政治教材也由多方面要素组成,从教材编排上看,包括模块教材、单元教材、课题教材、框题教材等;从教材内容上看,包括学科知识、典型素材等;从教材呈现方式上看,包括正文和"相关链接""探究与分享""专家点评"等辅助文栏目。这些组成课程标准与教材的部分和要素,就构成课程标准与教材的各个片段。课程标准与教材的片段分析相比于整体分析,分析对象更具体,分析要求更明确,分析程度更深入和透彻,分析目的更具有针对性和实效性,往往能够形成显性的分析成果,如教学方案中的教材分析、教材研究中的研究论文等。

三、课程标准与教材的静态分析与动态分析

高中思想政治课程标准与教材既是一个静态的存在,也会存在动态的变化。因此,课程标准与教材分析既要从静态进行,也要从动态进行。

1. 静态分析

所谓静态分析,就是把课程标准与教材作为一种现存的文本材料,对其进行客观分析和描述,主要表现为对课程标准与教材的文本解读。静态分析高中思想政治课程标准,主要是把握课程标准的基本框架,明确高中思想政治课程的性质、特点、理念、学科核心素养、课程目标,了解高中思想政治课程结构、课程内容、学业质量标准、教学与评价建议等。静态分析高中思想政治教材,可以从多方面进行。例如,各模块、单元、课题、框题教材在整个教材中的地位和功能分析,教材的内容结构和知识体系分析,教材的重点难点分析,教材中蕴含的科学思想和科学方法分析,教材中的插图、素材、辅助栏目等呈现

方式分析等。

2. 动态分析

所谓动态分析,就是把课程标准与教材看作教学系统中的一个变量,将其放在与教师、学生、教学环境、社会实际等因素的密切联系和相互作用中进行分析。高中思想政治课程标准与教材的动态分析也可以从多方面进行。例如,课程标准在教学中的指导和运用分析、教师对教材的处理分析、教材在教学中的运用分析、教材内容体系与学生认知和心理规律的协调性分析、社会形势的发展对课程标准与教材的影响分析、各个方面对课程标准与教材的评价和反映分析等。

四、课程标准与教材的常规性分析与研究性分析

高中思想政治教师既是教学者,也是教育教学研究者。由此出发,教师既要对课程标准与教材进行常规性分析,也要对课程标准与教材进行研究性分析。

课程标准与教材的常规性分析,主要是基于常规教学的需要对课程标准与教材进行的分析。高中思想政治课教学以课程标准为依据,以教材为基本的教学材料,教师进行教学设计、实施教学活动,都必须建立在分析课程标准与教材的基础上。对高中思想政治课程标准与教材的常规性分析主要针对现行的课程标准与教材展开,结合教师的常规教学进行。通过课程标准与教材的常规性分析,了解课程标准与教材中的相关内容规定及水平要求,明确教学的目标定位、内容体系以及重点难点等,以更好地遵循课程标准的要求、恰当地处理教材,有效地进行教学设计、实施教学活动。

课程标准与教材的研究性分析,主要是针对课程标准与教材在教学实践中运用面临的现实问题而展开的分析,具有较强的研究特点。这种研究性分析一般主要有四种情况:第一,课程标准与教材中的典型要素分析。例如,课程标准中学科核心素养的分析、学业质量水平的分析;教材中的插图运用分析、"探究与分享"栏目分析、人物选取的价值取向分析等。只要是课程标准与教材中对教学有特定意义的要素,都可以进行研究性分析。通过这种研究性分析,既可以为教师的教学提供启示,也可以为课程标准与教材的改进提出建议。第二,新旧课程标准与教材的比较分析。高中思想政治课具有很强的时代性,高中思想政治课程标准与教材会随着时代的进步和改革的发展不断更新和修订,由此带来课程标准与教材的新变化。广大思想政治课教师如何认识这种新变化、如何应对这些新变化,可以通过课程标准与教材的比较分析加以解决。第三,相邻学段教材的比较分析。大中小学思想政治课一体化建设是我国当今思想政治课程与教学改革中备受关注的重要问题,通过大中小学思想政治教材的比较分析,既可以促进教材的一体化建设,也可以促进教学的相互衔接。第四,课程标准与教材的中外比较分析。通过这种比较性的分析和研究,也可以为高中思想政治课程标准与教材的改革提供有

益的参考。

课程标准与教材的常规性分析与研究性分析都围绕课程标准与教材展开,在研究目的、对象、作用等方面无疑具有相同点和相似性。但一般来看,二者是有一定区别的。第一,分析的目的不同。常规性分析主要是基于常规教学展开,目的主要是服务于常规教学的需要,力图优化教学活动,提高教学质量和效果;研究性分析主要是基于教学研究的需要,目的是要解决课程标准与教材建设中存在的问题,推动课程标准与教材建设的发展,以及教师教学实践的改进。第二,分析的要求不同。常规性分析往往以教师个别的局部的经验为基础,注重实践操作,分析也常常带有一定的主观色彩和感性成分;研究性分析实质上是一种创造性的活动,要求有较强的理论色彩和创新思考,必须有严谨的科学态度和科学精神,运用严密的科学方法,注重对问题和现象进行较为深刻的理论性探讨。第三,分析的组织实施不同。常规性分析多由教师自己根据教学的进度和需要进行,一般没有严格的计划安排,也不要求具有严格的连续过程,带有一定的随时性和随机性;研究性分析则往往是有目的、有计划的研究活动,一般以课题研究的形式进行,从确定分析对象、选择分析样本、确定分析框架,到实施分析活动、得出分析结论、整理分析成果等,有一个完整连续的过程。第四,分析的成果表现不同。常规性分析往往表现在教师的教学设计中,教师个人的、经验的、感性的成分比较大,没有形成系统的理论,虽然也能够给他人以学习和借鉴,但适用的范围比较狭窄,推广运用的价值也不高;研究性分析的成果往往表现为研究论文、研究报告等形式,具有较强的科学性、准确性、创造性、系统性,推广应用的价值较大。

第四节 高中思想政治课程标准与教材分析的基本要求

高中思想政治课程标准分析与教材分析针对不同的对象进行,在分析的内容和要求上会各有不同。但一般来看,不论是课程标准分析还是教材分析,都应该坚持以钻研的思想、关联的思想、集合的思想、创新的思想等开展分析活动。

一、以钻研的思想理解课程标准与教材

课程标准与教材分析要建立在认真研读、深入理解的基础上,要体现出对课程标准与教材理解的系统全面、科学准确、深入透彻、体现新意。

1. 对课程标准与教材的分析要系统全面

高中思想政治课程标准与教材都具有系统性,都由多方面内容、多种要素组成,课程标准与教材分析要注意从整体出发,通过反复钻研,达到系统全面地把握。既要了解课程标准与教材的主要特点和基本功能,也要熟悉课程标准与教材的基本框架和主要

内容。既要在开学初认真研究课程标准与教材,以合理制订学期教学方案;也要在课前备课时认真分析课程标准与教材的相关内容和教学要求,以恰当进行教学设计,组织实施教学活动;还要在检测学习效果时,以课程标准为纲,以教材为本,考试命题范围、题目难易程度等应以课程标准与教材为基本依据。

2. 对课程标准与教材的分析要科学准确

高中思想政治课程标准与教材的内容丰富多彩,理论性和实践性都很强,课程标准与教材分析要立足学科特性和要求,通过认真钻研,达到科学准确地把握。对课程标准与教材的基本框架、内容体系要准确了解,对课程标准与教材中阐述的基本概念、基本原理、基本观点等要科学理解,对课程标准与教材中规定或蕴含的学科素养、目标要求、科学方法、思想观念要正确认识等。

3. 对课程标准与教材的分析要深入透彻

在对课程标准与教材科学准确把握的基础上,要进一步深入钻研,达到对课程标准与教材内容的全方位、深层次认识。例如,对"科学精神"这一高中思想政治课程标准规定的学科核心素养的理解,我们不仅要知道它是学生在认识世界和改造世界过程中表现出来的一种精神取向,即坚持以马克思主义的科学世界观和方法论为指导,能够对个人成长、社会进步、国家发展和人类文明作出正确的价值判断和行为选择,而且要明确它强调的是面对是非对错、美丑善恶时,能够运用科学的世界观和方法论,作出正确的价值判断和行为选择。从学科本质角度看,科学精神就是坚持辩证唯物主义和历史唯物主义的基本观点,领会习近平新时代中国特色社会主义思想,立足社会变革和创新发展的时代要求,解放思想、实事求是、与时俱进、求真务实,积极谋求对经济、政治、文化、社会和生态文明实践的规律性把握。从学科育人价值角度看,科学精神聚焦学生正确价值取向、道德定力以及辩证思维能力的培育养成,它要求学生用马克思主义的科学理论"固思想之元",用思想的力量夯实信仰之基,学生应立足于基本国情,拓展国际视野,在实践创新中增长才干,以锐意进取的态度和负责任的行动促进社会和谐。[①]

4. 对课程标准与教材的分析要体现新意

尤其是对教材的分析,要注意以新的教育教学思想和理念为指导,从新的视角、用新的方法去审视教材,或突破传统思维的束缚,提出新的观点和新的方法;或突破教材的模式,对教材内容进行新的组合,形成新的内容框架和教学思路。不可否认,教师在教学中要尊重教材,但教材结构不等于教学结构、教材内容不等于教学内容,教材结构和教材内容是教材编写者依据课程标准设计和编写的,而教学结构和教学内容是教师在分析研究课程标准和教材的基础上,根据学生实际、社会发展实际等组织和确定的,实

---

①　韩震,朱明光.普通高中思想政治课程标准(2017年版)解读[M].北京:高等教育出版社,2018:52-53.

际上是教师对教材的"二次开发",蕴含着教师对教材结构和内容的个性化演绎和独特性创造。从教材结构到教学结构、从教材内容到教学内容,它们之间存在着大量的空间,教师可以根据教学实际,充分地对教材的结构和内容进行加工和改造。

二、以关联的思想分析课程标准与教材

高中思想政治课程标准与教材不仅自身有着内在的逻辑关系,而且与多方面的外在要素有着密切的联系,课程标准与教材分析必须坚持关联的思想,从联系中去理解和把握。具体来说,在分析课程标准与教材时,一般要注意做到从上到下、瞻前顾后、左顾右盼,关注种种上下、前后、左右的联系。

(一)从上到下

高中思想政治课程标准与教材体现着上上下下多方面的意志和要求,反映着上上下下各方面的实际。课程标准与教材分析必须跳出课程标准与教材本身的圈子,延续到上下多个层面。

第一,既要分析国家的要求,也要分析学生的实际。高中思想政治课程标准是由国家最高教育行政部门组织编写和颁布实施的,反映着国家对课程的要求,体现着学生通过课程学习要达到的标准。高中思想政治教材是根据课程标准编写的,是学生进行课程学习的基本材料,也是连接国家要求和学生实际的重要环节。课程标准与教材分析要关注这种来自上层和下层因素的影响。

第二,既要分析课程标准的基本精神与教材的编写意图,也要分析学生学习基础与认知规律。高中思想政治课程标准是在新的社会背景和基础教育改革发展的新要求下研制和修订的,其中包含着许多新的教学思想和理念。课程标准分析必须把握课程标准的基本精神,促进教学思想的转变,树立起面向全体学生、使学生全面发展和终身发展的思想,确定既符合课程标准要求、又符合学生实际的教学目标和教学内容,选择适当的教学方法,全面落实课程标准的精神。教材编写者在编写教材时有特定的编写理念,在教材内容选择、编排、呈现等方面有一定的思考和主张,每一内容的设计和安排都有特定的目的和意图,教材分析不能对教材编写者编写教材时的种种考虑进行回避。同时,教材是供学生学习用的,教材编写者对教材的设计是否符合学生的学习基础和认知规律,教材分析时也需要加以关注。

(二)瞻前顾后

高中思想政治课程标准与教材有着前前后后多方面的关系。瞻前顾后,就是课程标准与教材分析要关注这些前后关系。一般主要包括以下三方面的前后关系。

第一,从课程标准与教材本身来看,要分析课程标准与教材自身的前后关系。例如,高中思想政治每一模块教材,都是按照一定的逻辑思路编排,形成了一个相对系统的教

材体系。其中每一单元、每一框都是教材体系中的重要组成部分,相邻单元、相邻框之间都有着内在的联系。分析教材的这种前后关系,有利于把握教材的内在结构体系,明确所分析的教材在整个教材体系中的地位和作用。

第二,从学生来说,要分析学生学习的已有基础和将学内容的前后关系。学生的学习是逐步进行、循序渐进的。学生在学习课程标准与教材所设计的特定内容之前,可能有一些相关的知识基础和生活经验,现有内容的学习也可能会对后续学习产生一定的影响和作用。课程标准与教材分析要注意分析学生学习的这种前后关系,这样有利于把握学生学习的发展过程,明确所分析的教材在学生发展中有什么样的地位和作用。

第三,从教学来说,要分析课程标准与教材的承上启下作用。尤其是作为教学最基本材料的教材,本身是一个有机整体,教材每部分内容都是教材的一个组成部分,是教材整体中的一个环节。从教学的角度分析教材,要注意把握进行该内容教学时,在"承上启下"方面可以做些什么、怎么做。

(三)左顾右盼

高中思想政治课具有学校德育工作的引领性,它与初中道德与法治、高校思想政治理论课等相互衔接,与时事政治教育相互补充,与高中其他学科教学和相关德育工作相互配合,共同承担思想政治教育立德树人的任务。因此,在高中思想政治课程标准与教材分析中,要注意分析与其有着共同任务和功能的种种因素。其中尤其是以下三个方面的因素值得关注。

第一,初中道德与法治和高校思想政治理论课程。初中道德与法治、高中思想政治、高校思想政治理论课都是学校德育课程,但属于相邻的不同学段。高中思想政治教师进行课程标准与教材分析,需要了解初中道德与法治、高校思想政治理论课的课程目标、课程内容、教学方式等,以更好地实现课程之间的相互衔接、逐层递进、螺旋上升,促进思想政治课一体化建设和发展。

第二,高中其他学科教学。高中各个学科都具有思想政治教育的功能,承担着立德树人的根本任务。高中思想政治课与历史、地理、语文等学科存在密切的联系,课程目标有一致之处,课程内容有相通之点。课程标准与教材分析要关注这种学科之间的联系,通过对相关学科课程目标、课程内容的分析,看有没有可供本学科教学利用的线索,能不能为本学科教学提供一些方便。

第三,学校有关的德育工作。高中思想政治课是高中德育的主要渠道,它与班主任工作、团队工作、劳动与社会实践、时事教育等共同完成学校德育任务。每一个学期、每一时段,学校德育都有一定的活动安排,思想政治教师进行课程标准与教材分析,也要注意分析课程目标和内容与学校有关德育工作安排的关系,考虑是否可以相互协调,密切配合,形成思想政治教育立德树人的合力。

三、以集合的思想研究课程标准与教材

高中思想政治课程标准与教材作为相对独立的整体,都由多方面要素组成。我们除了可以从课程标准与教材的现行框架结构和编排体系进行分析以外,还可以对现行框架结构和编排体系进行拆分,从不同的角度、不同的侧面对其进行重新归类和组合,展开新的集合分析。在这方面,关键是要把握集合的视角,确定分析的要素或主题。

应该说,构成高中思想政治课程标准与教材的每一要素,都可以进行新的集合并展开分析。如归入某类知识板块的集合、归入某类思想方法的集合、归入某类课程要求的集合、归入某类素养培育的集合、归于某类教材栏目的集合等。尤其是一些有特定价值和意义的因素,更值得进行集合分析。作为高中思想政治课教师,要有集合分析的意识,善于抓住值得集合分析的典型要素实施分析活动,为教学提供借鉴和参考。关于教材的集合分析我们将在后面有专门的章节论述,这里仅以课程标准的集合分析举例说明。

例如,活动型学科课程是高中思想政治课程标准对课程性质的基本定位,也是高中思想政治课程标准的典型特色和亮点。那么,如何打造活动型学科课程?可以围绕这一主题将课程标准中的课程理念、教学提示、教学建议、评价测试等方面的相关内容进行集合分析。具体分析可以从以下几方面进行。

第一,课程理念的规定。高中思想政治课程标准在课程理念中明确提出,要构建学科逻辑与实践逻辑、理论知识与生活关切相结合的活动型学科课程,学科课程内容采取思维活动和社会实践活动等方式呈现,即通过一系列活动及其结构化设计,实现"课程内容活动化""活动内容课程化"。从课程类型来说,活动型学科课程仍然属于学科课程,学科内容是确定的,但这种课程主要借助活动来实施,活动设计作为学科内容的载体,是可以选择和调整的;从课程实施方式来说,活动型学科课程不是活动课程和学科课程的拼凑,而是二者的有机整合,既具有活动课程尊重学生的已有知识和生活经验、自主选择与自行构建等特点,又具有学科课程尊重学科观念、知识结构、思维模式等特点。

第二,教学提示的设计。高中思想政治课程标准在课程内容部分有大量的教学提示,主要为教师教学提供参考。教学提示倡导议题教学,每一条教学提示均包括议题、内容要求、活动建议三方面内容,强调围绕一定的议题、借助系列化的活动、对学生进行相应的学科知识和思想政治观点教育。这种教学提示实际上是对议题教学的一种说明,为活动型学科课程的实施勾画了一个基本轮廓。

第三,教学建议的安排。高中思想政治课程标准在教学建议中明确提出活动型学科课程的教学设计、辨析式学习过程、综合性教学形式、系列化社会实践活动。活动型学科课程的教学设计要求围绕议题,对应结构化的学科内容,设计系列化的活动,让活动设计成为承载学科内容的重要形式,并贯穿于教学全过程,使学生在活动中体验探究过

程,获得社会实践经历。辨析式学习过程强调引导学生亲历自主辨识、分析的过程,在范例分析中展示观点,在价值冲突中深化理解,在比较鉴别中提高认识,在探究活动中拓展视野,引领学生认同、坚信社会主义核心价值观。综合性教学形式主要基于课程内容的综合性,要求既体现内容的广泛性,又关注问题的复杂性;既重视观察对象的多维度,又注重探究途径的多样性。具体操作中,既可以着眼于同一课程模块的内容,综合不同的学科核心素养要素,也可以着眼于同一学科核心素养要素,综合不同课程模块的内容。系列化社会实践活动要求学科内容的教学与社会实践活动相结合,通过志愿服务、社会调查、专题访谈、参观访问等社会实践活动,为教学提供更广阔的空间、更丰富的资源、更真实的情境,增强学生对社会的认识与理解。

第四,评价测试的意见。在教学评价、学业水平考试命题方面,高中思想政治课程标准也针对打造活动型学科课程提出了相关的建议。提出活动型学科课程的教学评价应专注学科核心素养的行为表现;学业水平考试要考查学生能否综合运用相关学科内容,参与社会实际生活,在真实情境中提出问题、分析问题和解决问题等。

再如,"公共参与"是高中思想政治学科核心素养之一。以这一学科核心素养为主题,可以对课程标准的相关内容进行集合分析。具体分析可以从以下几方面展开。

第一,公共参与的内涵界定。高中思想政治课程标准明确提出,我国公民的公共参与,就是有序参与公共事务、承担社会责任,积极行使人民当家作主的政治权利。这一界定内含着四方面的意思:一是公共参与的主体是公民;二是公共参与的目的应该是维护公共利益;三是公共参与的手段和途径应该是合法和有序的;四是公共参与的对象是公共事务,包括行使人民当家作主的政治权利、承担社会责任等。

第二,公共参与的重要意义。从国家层面看,广泛的公共参与彰显人民主体地位,是公民行使知情权、参与权、表达权、监督权的表现,有助于更好地表达民意、集中民智,提高国家立法和政府决策的科学性、民主性;从社会层面看,广泛的公共参与有助于鼓励人民热心公益活动,激发社会活力,提高社会治理水平;从中学生层面看,公共参与素养的培育有利于他们了解民主管理的程序、体验民主决策的价值、感受民主监督的作用,增强公德意识和参与能力,追求更高的思想政治境界。

第三,学生公共参与素养的目标要求。根据高中思想政治课程标准的规定,具有公共参与素养的学生,应能够:具有集体主义精神;遵循规则,有序参与公共事务;热心公益事业,践行公共道德,乐于为人民服务;积极参与民主选举、民主协商、民主决策、民主管理、民主监督的实践,体验人民当家作主的幸福感;具备善于对话协商、沟通合作、表达诉求和解决问题的能力,勇于担当社会责任。

第四,学生公共参与素养的水平划分。学生公共参与素养水平的划分,主要依据学生面对不同复杂程度的情境问题时,对公益事业、民主选举、民主协商、民主决策、民主监督等公共事务的认识程度和参与程度。根据高中思想政治课程标准的规定,学生的公共参与素养分为四级水平,分别指向面对简单情境问题、一般情境问题、复杂情境问题、具有挑战性的情境问题时,学生能够正确认识,积极参与,行使自己的权利,承担社会责任。

第五,学生公共参与素养培育的内容载体和学业要求。高中思想政治各模块课程都有培育学生公共参与素养的内容和功能,其中《政治与法治》模块更是集中承载着培育学生公共参与素养的内容,可以结合课程标准规定的课程内容进行系统梳理。通过这一模块的学习,要求学生能够结合社会实践活动,了解中国共产党的性质、宗旨和指导思想,明确党的执政地位是历史和人民的选择;阐释中国特色社会主义政治制度的基本内容、鲜明特点和主要优势;了解全面推进依法治国的总目标,知道科学立法、严格执法、公正司法、全民守法的基本要求;懂得走中国特色社会主义政治发展道路,必须坚持党的领导、人民当家作主、依法治国有机统一,理解推进国家治理体系和治理能力现代化的重要性;具备有序参与国家政治生活和社会公共生活的能力。

第六,学生公共参与素养的学业质量水平及考核。学生公共参与素养的学业质量以公共参与素养及其表现水平为主要维度,结合课程内容,总体刻画学生学业成就。依据公共参与学业成就表现的关键特征,课程标准明确将公共参与的学业质量划分为四级水平,并描述了不同水平学习结果的具体表现。学业质量是阶段性评价、学业水平合格性考试和学业水平等级性考试命题的重要依据。

四、以创新的思想对待课程标准与教材

坚持继承与创新相结合,是我国课程与教学改革的基本要求。高中思想政治课程标准与教材分析也要抓住继承与创新这两个关键环节,处理好继承与创新的关系。课程标准与教材分析的继承,主要强调课程标准与教材分析的连续性和可持续性;课程标准与教材分析的创新,主要强调的是课程标准与教材分析要适应时代和社会发展的新形势和新要求,积极开拓,体现新意。

就高中思想政治课程标准与教材本身而言,其发展演变是一个继承与创新的过程。新的课程标准与教材是在旧的课程标准与教材的基础上发展而来,一方面继承和沿用了原有课程标准与教材中好的思想、好的内容、好的要求、好的标准等;另一方面也适应时代发展和社会进步,在课程性质、课程目标、课程结构、课程内容等方面进行了新的调整,赋予了新的理论和思想,具有了新的内容和要求。课程标准与教材分析必须关注课程标准与教材本身这种继承与创新的关系,注意新旧课程标准与教材的比较分析,从课程标准与教材的变化中去认识和把握课程标准与教材。

就高中思想政治课程标准与教材分析而言,也有一个继承与创新的问题。一方面,

课程标准与教材分析是教学的常态性工作,很多教育工作者进行过深入的理论探讨,也有很多一线教师进行了大量的实践探索,积累了丰富的理论成果和实践经验,能够为广大教师进行课程标准与教材分析提供借鉴和参考。课程标准与教材分析要注意充分吸收、借鉴前人和他人探索和积累的丰富成果与优秀资源。这样,课程标准与教材分析才具有更宽的视野和更高的起点,才能更好地发现别人还没有解决或没有很好地解决的问题,也才能更好地发现自己在课程标准与教材分析方面存在的问题和不足,通过不断探索和反思,使课程标准与教材分析更加深入。另一方面,课程标准与教材是相对稳定的,会存在相对滞后于社会进步和时代发展的现象;同时,每位教师面对的教学对象、教学条件也存在差异。因此,课程标准与教材分析要尊重这种时代性和差异性,跟进时代发展的步伐,反映教学的实际需要,融入时代和社会发展的要求,关注学生的基础和特点,体现教师自己的风格和特色。

本章小结

1. 根据《普通高中思想政治课程标准(2017 年版 2020 年修订)》的规定,高中思想政治课程是落实立德树人根本任务的关键课程,以培育社会主义核心价值观为目的,是帮助学生确立正确的政治方向、提高思想政治学科核心素养、增强社会理解和参与能力的综合性、活动型学科课程。高中思想政治课程具有学科内容的综合性、学校德育工作的引领性和课程实施的实践性等特征。

2. 高中思想政治课程标准是由国家最高教育行政部门制定的,规定高中思想政治课程性质、课程理念、学科核心素养、课程目标、课程内容、学业质量、实施建议等,并用以指导、规范、评估和管理高中思想政治课程与教学活动的纲领性文件,体现着国家意志和国家对高中思想政治课程的要求。高中思想政治教材,从狭义上讲是指高中思想政治教科书,是根据课程标准编写的、系统地反映高中思想政治课程内容的教学用书。

3. 高中思想政治课程标准与教材分析有广义和狭义之分。从广义上说,是指对和课程标准与教材相关的各方面各环节问题进行的分析与认识活动;从狭义上说,是指将课程标准与教材分解为各个部分、各种要素,并加以分别考察的认识活动。

4. 高中思想政治课程标准与教材分析是思想政治课教师把握课程标准与教材的前提、进行教学准备的基础、有效组织教学活动的保证、开展教学评价的基本要求、自身发展的重要途径。

5. 高中思想政治课程标准与教材分析的方法主要包括微观分析与宏观分析、整体分析与片段分析、静态分析与动态分析、常规性分析与研究性分析等。微观分析是以特定的课程标准与教材本身为对象,对其构成要素进行深入细致地认识和解剖;宏观分析是将课程标准与教材看作课程与教学整体中的一个部分,从纵向和横向的多种联系中去认识和把握。整体分析是以相对独立完整的课程标准与教材为对象,对其进行系统分析;片段分析是以课程标准与教材的某一部分、某一方面等为对象,对其进行深入分析。静态分析是把课程标准与教材作为一种现存的文本材料,对其进行客观分析和描述,主要表现为对课程标准与教材的文本解读;动态分析是把课程标准与教材看作教学系统中的一个变量,将其放在与教师、学生、教学环境、社会实际等因素的密切联系和相互作用中进行分析。常规性分析主要是基于常规教学的需要对课程标准与教材进行的分析;研究性分析主要是针对课程标准与教材在教学实践中运用面临的现实问题而展开的分析,具有较强的研究特点。

6. 高中思想政治课程标准分析与教材分析,要坚持以钻研的思想、关联的思想、集合的思想、创新的思想等开展分析活动。

练习与思考

1. 如何理解课程和思想政治课程?高中思想政治课程有什么样的特征?

2. 如何理解课程标准与教材的含义,以及二者之间的相互关系?

3. 什么是课程标准与教材分析?思想政治课教师为什么要进行课程标准与教材分析?

4. 高中思想政治课程标准与教材分析的方法有哪些?

5. 如何理解课程标准与教材的微观分析与宏观分析、整体分析与片段分析、静态分析与动态分析、常规性分析与研究性分析?

6. 高中思想政治课程标准与教材分析要坚持哪些方面的基本要求?

第二章　高中思想政治课程标准的微观分析

高中思想政治课程标准是一个由多方面内容组成的有机整体,各内容之间相互联系、相互制约,共同体现国家对高中思想政治课程的基本规定,反映国家对高中思想政治课程的基本要求。进行高中思想政治课程标准分析,首先要对课程标准本身进行深入细致的分析,把握其基本结构和内容,明确其对课程性质、课程理念、学科核心素养、课程目标、课程结构、课程内容、学业质量标准等的规定,了解其对课程实施提出的建议,从而全面透彻地把握课程标准。本章就以《普通高中思想政治课程标准(2017 年版 2020 年修订)》(以下简称《课程标准》)为对象,对其基本结构和各个组成部分进行简要分析。

第一节　高中思想政治课程标准的基本结构

我国现行的普通高中思想政治课程标准是 2017 年颁布实施的,2020 年进行了新的修订,其基本结构如图 2-1 所示。

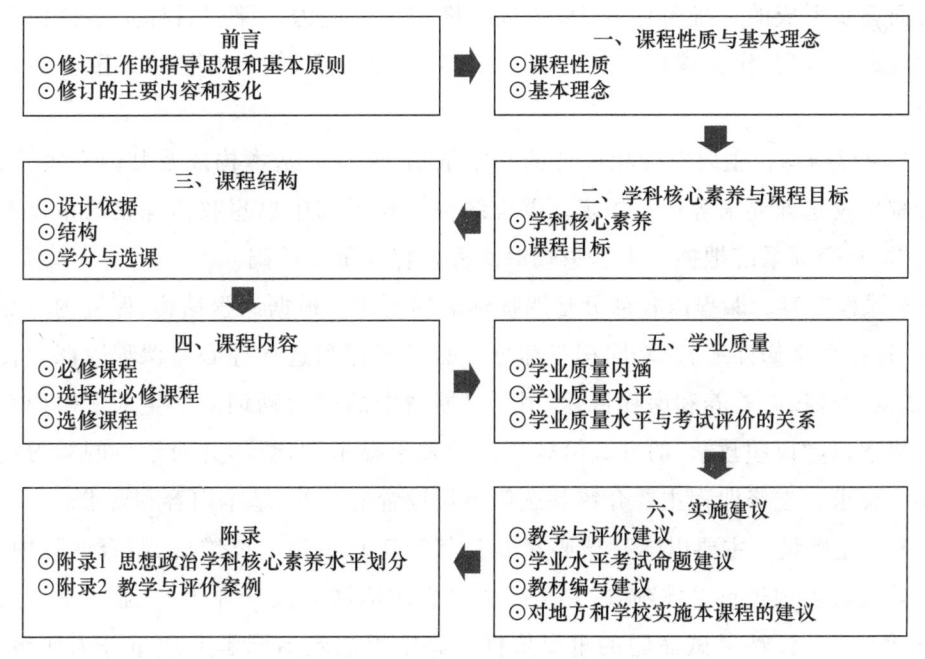

图 2-1《普通高中思想政治课程标准(2017 年版 2020 年修订)》的框架结构

从图 2-1 可见,《课程标准》的基本结构大体由前言、课程性质与基本理念、学科核心素养与课程目标、课程结构、课程内容、学业质量、实施建议、附录等部分构成。

（1）前言。主要对课程标准修订的背景、修订工作的指导思想和基本原则、修订的主要内容和变化等进行简要介绍。通过前言，可以对课程标准修订的整体情况有一个基本的认识。

（2）课程性质与基本理念。主要对高中思想政治课程的性质和基本理念进行明确的规定。课程性质与基本理念是高中思想政治课程的本质规定，具有方向性的意义，制约着学科核心素养的凝练、课程目标的确立、课程内容的选择、实施建议的提出等。例如，高中思想政治课程性质明确提出高中思想政治课是"综合性、活动型学科课程"，课程理念强调"构建以培育思想政治学科核心素养为主导的活动型学科课程"，这就决定了课程标准中课程结构的设计、课程内容的安排、教学与评价的建议等都必须按照这种规定和思路进行，在关注思想政治学科核心素养培育的基础上，坚持学科逻辑与实践逻辑、理论知识与生活关切相结合，坚持教育与生产劳动和社会实践相结合，坚持理论观点与生活经验、劳动经历相结合，让学生在社会实践活动的历练中、在自主辨析的思考中感悟真理的力量，自觉践行社会主义核心价值观。

（3）学科核心素养与课程目标。主要是凝练思想政治学科核心素养，并基于学科核心素养提出课程目标。以学科核心素养为纲，是《课程标准》的标志性追求，也是和旧的课程标准相比最大的变化。学科核心素养是学科育人价值的集中体现，是学生通过课程学习而逐步形成的正确价值观念、必备品格和关键能力。课程目标是学科核心素养在学生身上的表现，作为课程目标的每个素养，都是知识、能力和情感态度价值观目标的整合。

（4）课程结构。主要对课程设计的基本依据、课程的基本构成及其内在关系、课程的学分构成及选课要求等进行规定。课程结构反映了高中思想政治课程的整体框架和实施要求，是全面系统把握高中思想政治课程内容的重要基础。

（5）课程内容。课程内容部分是课程标准的主体。根据课程结构，课程内容分为必修课程、选择性必修课程、选修课程三部分。必修课程和选择性必修课程以课程模块为单位，依据学科核心素养和课程目标，用尽可能清晰的行为动词对学生的学习内容和要求进行描述，以"议题教学"的方式给教师进行教学提示和建议，并对学生的学习提出明确的学业要求。选修课程主要介绍各选修模块设置的目的、基本内容和要求。

（6）学业质量。主要以学科核心素养及其表现水平为主要维度，结合课程内容，对学生学业成就表现进行总体刻画，它是高中思想政治课阶段性评价、学业水平合格性考试和学业水平等级性考试命题的重要依据。高中思想政治课学业质量分为四级水平，其中水平二是高中毕业在本学科应该达到的合格要求，水平三是学业水平等级性考试的命题依据，学生达到水平四的相关表现可纳入综合素质档案，作为普通高等学校招生录取、自主招生的参考。

（7）实施建议。主要为教师、教材编写人员、教育管理者等提供有关教学与评价、学业水平考试命题、教材编写、课程实施等方面的建议。

（8）附录。主要包括"思想政治学科核心素养水平划分"和"教学与评价案例"两方面内容。"思想政治学科核心素养水平划分"基于每个素养的构成维度，依据学生在差异情境中的不同行为表现，共划分为四级水平，四级水平之间相互联系、相互依赖、逐层递进。"教学与评价案例"以教学案例的方式为教师开展议题式教学和活动型学科课程教学提供参考，以样题的方式为学业水平考试命题提供示范。

第二节　高中思想政治课程性质与基本理念

高中思想政治课是一门什么样的课程？其学科本质和基本要义是什么？这是高中思想政治课程定位首先要明确的问题。《课程标准》将课程性质与课程理念放在一起，并在《课程标准》文本的最前面加以阐述，就是凸显它们的重要性。

一、课程性质

课程性质是指学科本质的规定性，它反映高中思想政治课程的本质特点和与其他学科课程的本质区别。《课程标准》对课程性质的定位，可以从四个层面把握。

（一）基于课程地位、目的和功能的课程性质定位

从课程地位来看，高中思想政治课是落实立德树人根本任务的关键课程。立德树人是我国教育的根本任务。落实立德树人的根本任务，离不开各方力量的共同努力、各门课程的协调配合，其中思想政治课是落实立德树人根本任务的关键课程，是培养一代又一代社会主义建设者和接班人的重要保障，作用不可替代。我们党立志于中华民族千秋伟业，必须培养一代又一代拥护中国共产党领导和我国社会主义制度、立志为中国特色社会主义事业奋斗终身的有用人才。青少年阶段是人生的"拔节孕穗期"，知识体系搭建尚未完成，价值观塑造尚未成型，情感心理尚未成熟，在这个人生成长的关键时期，最需要精心引导和栽培。思想政治课正是培养担当民族复兴大任时代新人、德智体美劳全面发展的社会主义建设者和接班人的关键课程。通过思想政治课，用习近平新时代中国特色社会主义思想铸魂育人，能够引导学生增强中国特色社会主义道路自信、理论自信、制度自信、文化自信，厚植爱国主义情怀，把爱国情、强国志、报国行自觉融入坚持和发展中国特色社会主义事业、建设社会主义现代化强国、实现中华民族伟大复兴的奋斗之中。

从课程目的来看，高中思想政治课是以培育社会主义核心价值观为目的的课程。

社会主义核心价值观是社会主义核心价值体系的内核,体现社会主义核心价值体系的根本性质和基本特征,反映社会主义核心价值体系的丰富内涵和实践要求,是社会主义核心价值体系的高度凝练和集中表达。高中思想政治课以培养担当民族复兴大任的时代新人、全面发展的社会主义建设者和接班人为着眼点,必须强化社会主义核心价值观教育,实现学生对社会主义核心价值观的情感认同和行为养成。

从课程功能来看,高中思想政治课是帮助学生确立正确的政治方向、提高思想政治学科核心素养、增强社会理解和参与能力的课程。课程的功能绝不仅仅是传授知识,要打破传统的基于精英主义思想和升学取向的过于狭窄的课程定位,关注学生"全人"的发展,这也是我国基础教育课程改革的一个重要目标。高中思想政治课程标准基于本学科特性和学生全面和谐发展的要求,重点强调了帮助学生确立正确的政治方向、提高思想政治学科核心素养、增强社会理解和参与能力等方面的课程功能。

(二)基于课程类型的课程性质定位

课程类型是指课程的组织方式或课程设计的种类。课程类型多种多样,可以依据不同的标准进行不同的划分。比较典型的有以下几种:(1)学科课程与活动课程。这是根据课程的组织方式进行的分类。学科课程强调课程自身的逻辑体系,注重学科知识与技能的完整性、连续性和严密性,教学以学科知识为中心分科进行;活动课程又称"经验课程",注重学生在教学过程中的兴趣、需要与创造性,教学主要通过学生自己组织的一系列活动来实施,具有过程的实践性、活动的自主性、内容的开放性、形式的多样性等特点。(2)分科课程与综合课程。这是根据课程所涉及内容的综合程度进行的分类。分科课程又叫学科课程,强调各门课程自身的逻辑体系,教学以学科知识为中心分科进行;综合课程又称统整课程,是指将若干相邻学科的内容进行筛选、整合后按照新的体系进行编排而形成的课程形态。(3)必修课程与选修课程。这是根据课程实施的要求对课程进行的分类。必修课程是指由国家或学校规定、学生必须学习的课程,突出体现了国家或学校对学生所学课程的共同的基本要求,能够为学生全面发展打下一般的基础;选修课程是为了适应学生的兴趣、爱好及劳动就业的需要而开设的,可供学生在一定程度上自由选择学习的课程。(4)国家课程、地方课程与校本课程。这是根据课程设计、开发和管理主体的不同对课程进行的分类。国家课程是由国家教育行政部门统一规定、开发和管理的课程,它体现国家意志,是国家为学生接受教育之后所要达到的基本素质而开发的课程;地方课程是由地方教育行政部门或其授权的教育机构依据当地的政治、经济、文化等发展需要而开发和管理的课程,它注重充分利用地方教育资源、反映基础教育的地域特点、增强课程的地方适应性;校本课程是以学校为基地,以国家及地方制定的课程纲要基本精神为指导,以满足学生需要和体现学校办学理念与特色为目的,由学校自行规划、设计、实施的课程。(5)显性课程与隐性课程。这是根据课程的表现形式或影响学生的方式对课程进行的分类。显性课程是为实现一定的教育目标而正式列入学校教学计划的各门学科以及有目的、有组织的课外活动,其典型特征是计划性,列入了学校的教学计划;隐性课程是课程计划中未明确规定的、非正式和无意识的影响和经验,其典型特点是没有计划,以间接、内隐的方式呈现。

《课程标准》明确提出高中思想政治课是"综合性、活动型学科课程",这从课程类型的视角明确了高中思想政治课程性质的定位。

首先,高中思想政治课是学科课程。作为学科课程,具有自身的学科特性,有学科背景和学科知识作为支撑,是政治性与学理性、知识性与价值性、理论性与实践性相统一的课程。一方面,高中思想政治课具有突出的政治性,强调思想政治教育和价值引领,要引导学生联系社会实际,领悟马克思主义的基本观点和方法,确立正确的政治方向,提高思想政治素养,增强社会理解和参与能力,初步形成正确的世界观、人生观、价值观。另一方面,高中思想政治课具有典型的学科性,有比较系统完整的学科知识和内容体系,主要对学生进行马克思主义基本观点、有关社会科学的基本常识、社会生活的基本规范等方面的教育,这些内容是人类认识自然、社会和思维发展规律的结晶,是人类科学文化知识的重要组成部分。

其次,高中思想政治课是综合性课程。高中思想政治课程的综合性主要体现在三个方面:一是综合化的学科背景。高中思想政治课具有宽泛的学科背景,涉及马克思主义哲学、政治经济学、政治学、文化学、伦理学、法学、中国特色社会主义理论等方面内容,是多门学科、多种知识的整合。高中思想政治课的每一个必修模块、选择性必修模块和选修模块,都有自己的学科背景,都有相应的学科知识为支撑。二是多样化的目标要求。高中思想政治课在目标要求上强调知信行一体,不仅要向学生传授学科知识,解决学生知与不知的问题,更要引导学生学以致用、知以导行,解决学生信与不信、行与不行的问题。三是典型化的时代特色。高中思想政治课具有很强的时代性,强调理论与实际的结合,要关注学生的思想认识问题,聚焦社会的热点焦点问题,着力解决疑难困惑问题。

最后,高中思想政治课是活动型课程。高中思想政治课作为活动型学科课程,既具有学科课程的基本特点,如学科知识的系统性与整体性、学科自身的基本思想和思维方式等;也具有活动课程的突出优点,如尊重学生的主体地位、突出学生的学习参与等。但绝不是学科课程和活动课程的简单拼凑,而是二者的有机融合。从本质上说思想政治课依然是学科课程,但这种学科课程带有突出的活动特性和活动要求,这种活动特性和活动要求主要体现在课程实施的方式上,课程内容采用活动设计的方式呈现,即"课程内容活动化",或学科内容的课程方式就是一系列活动及其结构化设计,即"活动内容课程化"。其中的活动,既可以是思维活动,如讨论辩论活动、问题探究活动、策划设计活动等,也可以是社会实践活动,如志愿服务活动、参观访问活动、社会调查活动等。

（三）基于课程目标和内容的课程性质定位

课程目标和课程内容是课程性质的集中体现,高中思想政治课之所以是落实立德树人根本任务的关键课程,之所以是活动型学科课程,都需要通过课程目标和课程内容体现出来,《课程标准》也从这个层面对高中思想政治课程性质进行了阐述。

《课程标准》明确提出,高中思想政治课程紧密结合社会实践,讲授马克思主义基本原理,讲授马克思主义中国化成果特别是习近平新时代中国特色社会主义思想,引导学生经历自主思考、合作探究的学习过程,理解中国特色社会主义进入新时代的历史方位,了解新时代中国特色社会主义经济、政治、文化、社会、生态文明建设和党的建设进程,培育政治认同、科学精神、法治意识和公共参与等核心素养,逐步树立共产主义远大理想和中国特色社会主义共同理想,坚定中国特色社会主义道路自信、理论自信、制度自信、文化自信,基本形成正确的世界观、人生观、价值观。

（四）基于课程实施的课程性质定位

高中思想政治课既不是普通的学科课程,也不是简单的德育工作。在课程实施中,高中思想政治课既具有其独特的思想政治教育价值,又与相关的学校德育课程和德育工作密切配合。

一方面,高中思想政治课在高中德育中具有独特价值。高中思想政治课具有学科内容的综合性、学校德育工作的引领性和课程实施的实践性等特征,这些特征使得思想政治课在高中德育工作中具有不可替代的独特价值,是高中德育的主要渠道,对学生思想政治素养的提升起着基础性的作用。

另一方面,高中思想政治课与相关德育课程和德育工作密切配合。高中思想政治课是整个学校德育课程系统中的一个阶段性课程,也只是高中学段整个德育系统的一个方面。因此,高中思想政治课要与初中道德与法治、高校思想政治理论等课程相互衔接,与时事政治教育相互补充,与高中其他学科教学和相关德育工作相互配合,共同承担思想政治教育立德树人的任务。

二、基本理念

课程的基本理念,是对课程理想的追求和对课程应该成为什么样子的整体描述,在课程标准中有着重要地位。课程结构的设计、学科核心素养的凝练、课程目标的表达、课程内容的呈现、课程实施建议的提出等,无不来自课程的基本理念,或体现课程基本理念的追求。因此,研究《课程标准》,必须对《课程标准》所规定的课程基本理念进行深入细致的分析。《课程标准》提出了四方面的基本理念:坚持正确的思想政治方向;构建以培育思想政治学科核心素养为主导的活动型学科课程;尊重学生身心发展规律,改进教学方式;建立促进学生思想政治学科核心素养发展的评价机制。

（一）坚持正确的思想政治方向

坚持正确的思想政治方向，是高中思想政治课在课程目标和课程内容方面的追求。高中思想政治课作为落实立德树人根本任务的关键课程，要彰显政治属性，强化政治担当，帮助学生确立正确的政治方向。在这方面，要特别注意坚持理论与实际相结合。

一方面，要注重理论分析，用科学的理论武装学生。高中思想政治课要对学生进行马克思主义基本理论教育，用习近平新时代中国特色社会主义思想铸魂育人，培养德智体美劳全面发展的社会主义建设者和接班人，使他们理解马克思主义中国化就是马克思主义基本原理同中国具体实际相结合的过程，习近平新时代中国特色社会主义思想是马克思主义中国化的最新成果。以新时代中国特色社会主义理论体系为指导，打牢提高学生思想政治素质的理论基础，是高中思想政治课的内在要求。

另一方面，要联系社会实际，用润物无声的方式引导学生。高中思想政治课要紧密联系当今世界发展和我国社会主义现代化建设的实际，与时俱进地充实和调整课程与教学内容。尤其是面对当前社会变革和实践创新中的新挑战、新问题，要用历史的眼光、国情的眼光、辩证的眼光、文化的眼光和国际的眼光，引领学生通过观察、辨析、反思和实践，真学真懂真信真用马克思主义，在人生成长的道路上把握正确的思想政治方向。

（二）构建以培育思想政治学科核心素养为主导的活动型学科课程

构建以培育思想政治学科核心素养为主导的活动型学科课程，是高中思想政治课程设计方面的追求。在这方面，要坚持活动型学科课程的构建与学科核心素养的培育相结合。

一方面，着力构建活动型学科课程。高中思想政治课力求构建学科逻辑与实践逻辑、理论知识与生活关切相结合的活动型学科课程。课程内容采取思维活动和社会实践活动等方式呈现，即通过一系列活动及其结构化设计，实现"课程内容活动化""活动内容课程化"。

另一方面，关注学科核心素养的培育。高中思想政治课要基于活动型学科课程的构建，突出活动特色，坚持学科教育与生产劳动和社会实践相结合，着眼于学生的真实生活和长远发展，使理论观点与生活经验、劳动经历有机结合，让学生在社会实践活动的历练中、在自主辨析的思考中感悟真理的力量，自觉践行社会主义核心价值观。

（三）尊重学生身心发展规律，改进教学方式

尊重学生身心发展规律，改进教学方式，是高中思想政治课程实施方面的追求。传统的思想政治课在课程实施上是被动、静止、封闭式的，缺乏学生的活动和体验。因此，《课程标准》要求针对高中学生思想活动和行为方式的多样性、可塑性，强调改进教学方式和学习方式。在这方面，尤其要注意以下几点。

第一，注重信息技术的应用。随着现代信息技术的发展，信息技术与学科教学的深度融合成为课程与教学改革的重要趋势。高中思想政治课要充分利用现代信息技术，拓展教育资源和教育空间；借助现代信息技术优化课堂教学、转变教学方式。

第二，坚持议题式教学。高中思想政治课要通过议题的引入、引导和讨论，推动教师转变教学方式，使教学在师生互动、开放民主的氛围中进行，师生之间相互依赖、平等沟通，学生之间乐于分享、寻求共赢，促进学生学会在学习中合作，在合作中发展。

第三，加强情境教学和活动教学。高中思想政治课要通过问题情境的创设和社会实践活动的开展，促进学生转变学习方式，使学生真正成为学习活动的主体，引导和推动学生积极主动地探究，体会知识获取的过程，享受获取知识的乐趣，在合作学习和探究学习的过程中，培养创新精神，提高实践能力。

（四）建立促进学生思想政治学科核心素养发展的评价机制

建立促进学生思想政治学科核心素养发展的评价机制，是高中思想政治课程评价方面的追求。

《课程标准》强调，本课程紧紧围绕思想政治学科核心素养的形成与发展，建立激励学生不断进步的发展性评价机制。要注重学生学习、劳动和社会实践活动的行为表现，采用多种评价方式，综合评价学生的理论思维能力、政治认同度、价值判断力、法治素养和社会参与能力等，全面反映学生思想政治学科核心素养的发展状况。

建立促进学生学科核心素养发展的评价机制，体现了一种新的评价观：评价的目的不是为了排队，而是为了促进学生学科核心素养发展；评价不能只注重学习的结果，更要注重学习的过程，既要考查学生掌握和运用相关知识的水平和能力，更要考查他们在劳动和社会实践活动中的行为表现，把形成性评价与终结性评价结合起来，全面反映学生思想政治学科核心素养的发展状况；评价的主体要多元化，学生、教师、家长共同参与评价；评价方式要多样化，考试作为重要的评价方式，应注重考查学生理解和运用知识的真实能力，对学生行为表现的评价，要更为关注其发展和进步的动态过程。

第三节 高中思想政治学科核心素养与课程目标

学科核心素养与课程目标是两个紧密相关的内容，学科核心素养是学科育人价值的集中体现，课程目标以学科核心素养为导向，是学科核心素养在学生身上的表现。

一、学科核心素养

学科核心素养是中国学生发展核心素养在相关学科的具体表现，它具有学科特性，需要依托学科学习来培养。应该说，任何学科都有促进学生核心素养发展的功能，任何核心素养的培育也不是一门学科所能完成，特定学科的育人价值主要在于对特定学生发展核心素养培育上的独特贡献。

为了建立核心素养与思想政治课程的内在联系,充分挖掘思想政治课程对全面贯彻党的教育方针、落实立德树人根本任务的独特价值,《课程标准》基于思想政治学科自身的本质特性凝练了本学科的核心素养。思想政治学科核心素养是中国学生发展核心素养在思想政治学科的具体表现,是思想政治学科育人价值的集中体现,是学生通过思想政治学科学习而逐步形成的正确价值观念、必备品格和关键能力。其中,"正确价值观念"是思想政治学科核心素养的核心要素,是落实立德树人根本任务、实现核心素养培育的根本追求,也是思想政治学科的根本价值所在;"必备品格"是学生通过思想政治学科学习实现的、适应社会发展和个人成长需要的内在品质;"关键能力"是学生思想政治学科核心素养水平的外在表现。

(一)学科核心素养在课程标准中的中心地位

以学科核心素养为纲,是课程标准修订的标志性追求。学科核心素养在《课程标准》中处于中心地位,《课程标准》的主体内容都是围绕着学科核心素养的落实展开。主要体现在:课程目标是以学科核心素养为统领、三维一体进行整合和呈现;课程结构和课程内容是围绕学科核心素养进行精选和重组;学业质量标准是依据学科核心素养进行划分和描述;课程实施建议是以学科核心素养培育为导向来设计和提出。这些内容我们将在后面的相关章节具体分析,在此不进行详细阐述。

显然,学科核心素养不仅是《课程标准》的典型特点,而且在课程标准中处于中心地位,课程标准的其他各方面内容都与学科核心素养密切相关,都需要基于学科核心素养去认识和把握。

(二)学科核心素养的分项要素

根据《课程标准》的规定,高中思想政治学科核心素养包括四个方面要素:政治认同、科学精神、法治意识、公共参与。

1. 政治认同

政治认同是人们在社会政治生活和政治发展中产生的一种感情和意识上的归属感,主要包括对国家的道路认同、理论认同、制度认同等。人们在一定社会中生活,总要在一定的社会联系中去确定自己的身份,如把自己看作是某一政党的党员、某一阶级的成员、某一政治过程的参与者、某一政治信念的追求者等,并自觉地以社会的要求来规范自己的政治行为,这种表现就是政治认同。政治认同作为一种政治情感,是团结和组织社会成员齐心奋斗的凝聚力量,是激励和促进社会成员共同努力的重要思想基础。

作为思想政治学科核心素养的政治认同,就是拥护中国共产党的领导,坚持和发展中国特色社会主义,认同中华人民共和国、中华民族、中华文化,弘扬和践行社会主义核心价值观。具体来说,主要包括以下几方面内容。

第一，认同中国共产党的领导。中国共产党是中国特色社会主义事业的领导核心，中国特色社会主义最本质的特征是中国共产党领导，中国特色社会主义制度的最大优势是中国共产党领导。中国共产党的领导地位不是自封的，是历史和人民选择的，是由党的性质决定的，也是由我国宪法明文确认的。坚持党对一切工作的领导，是党和国家的根本所在、命脉所在，是全国各族人民的利益所在、幸福所在。因此，要坚决拥护中国共产党的领导，坚决维护习近平总书记党中央的核心、全党的核心地位，坚决维护党中央权威和集中统一领导，确保党始终总揽全局、协调各方。

第二，认同中国特色社会主义。中国特色社会主义是改革开放以来中国共产党的全部理论和实践的主题，是党和人民历尽千辛万苦、付出巨大代价取得的根本成就。要坚持中国特色社会主义制度，完善中国特色社会主义理论，坚定中国特色社会主义发展道路，弘扬中国特色社会主义文化。

第三，认同中华人民共和国、中华民族、中华文化。爱国主义是中华民族精神的核心，爱国主义精神深深植根于中华民族心中，是中华民族的精神基因，维系着华夏大地上各个民族的团结统一，激励着一代又一代中华儿女为祖国发展繁荣而不懈奋斗。5000多年来，中华民族之所以能够经受住无数难以想象的风险和考验，始终保持旺盛的生命力，生生不息，薪火相传，同中华民族具有深厚持久的爱国主义传统密不可分。弘扬爱国主义精神，必须理解和认同中华民族的历史和文化。

第四，认同社会主义核心价值观。社会主义核心价值观是社会主义核心价值体系的内核，是当代中国精神的集中体现，凝结着全体人民共同的价值追求，反映出社会主义核心价值体系的丰富内涵和实践要求。认同并践行社会主义核心价值观，对于巩固马克思主义在意识形态领域的指导地位、巩固全党全国人民团结奋斗的共同思想基础、集聚实现中华民族伟大复兴中国梦的强大正能量、促进社会全面进步和人的全面发展等，都具有重要意义。

我们党立志于中华民族千秋伟业，必须培养一代又一代拥护中国共产党领导和我国社会主义制度、立志为中国特色社会主义事业奋斗终身的有用人才。在当代错综复杂的国际环境中和多元激荡的思想条件下，培养青少年正确坚定的政治认同至关重要。青少年的政治认同是他们创造幸福生活的精神支柱、价值追求和道德准则。

青少年发展政治认同素养，才能牢固树立中国特色社会主义理想信念，厚植爱国主义情怀，成为社会主义合格建设者和可靠接班人。培养青少年的政治认同素养，要注意引导青少年树立坚持中国共产党领导的坚定信念，认可和接受马克思主义基本理论，认可和接受中国特色社会主义的理论思想、道路选择和制度安排，认可和接受我国政治生活的运行机制和特色优势，认可和弘扬中华民族精神和优秀文化传统，认可和践行社会主义核心价值观，从而培养爱国之情、砥砺强国之志、实践报国之行，切实担负起把我国建设成为社会主义现代化强国、实现中华民族伟大复兴的历史重担。

依据学生在差异情境中的不同行为表现，《课程标准》将高中学生的政治认同素养划分为四级水平。[①]

水平1：能够面对简单情境问题，引证走中国特色社会主义道路的成功事例；表述马克思列宁主义、毛泽东思想、邓小平理论、"三个代表"重要思想、科学发展观、习近平新时代中国特色社会主义思想是中国共产党的行动指南；叙述宪法对我国根本制度的规定；认同中国共产党是中国特色社会主义事业的领导核心，认同伟大祖国、中华民族、中华文化、中国共产党和中国特色社会主义；解释国家层面的价值目标。

水平2：能够面对一般情境问题，用中国近现代史证实只有社会主义才能救中国；明确马克思主义中国化的最新成果；分析具体事例表明中国特色社会主义制度的显著优势；运用具体事例展现中国共产党依宪执政、依法执政的方式；结合奋斗历程，解释中国特色社会主义道路、理论、制度、文化的价值表达。

水平3：能够面对复杂情境问题，比较世界各国发展道路，论证只有中国特色社会主义才能发展中国；结合改革开放的实践，阐述马克思主义中国化最新成果的时代特征；对照西方主要国家说明中国绝不能照搬其政治制度模式；着眼于中国共产党的先进性和纯洁性，阐述全面从严治党的意义；论述社会主义核心价值观体现文化自信的意义。

水平4：能够面对具有挑战性的复杂情境问题，回应各种封闭僵化或改旗易帜的主张，阐述走中国特色社会主义道路的坚定信念；辨析各种错误思潮的影响，阐述马克思主义中国化最新成果；跟进全面深化改革的进程，坚持中国特色社会主义制度不动摇；立足新时代、新征程，阐述中国共产党是最高政治领导力量；洞察不同价值观的影响，揭示其根源，阐明社会主义核心价值观是当代中国精神的集中体现，凝结着全体人民共同的价值追求。

2. 科学精神

科学精神，一般是指人所特有的理智的、自主的、反思的、实事求是、开拓创新的思维品质和行为特征，实事求是是科学精神的核心，开拓进取是科学精神的活力。科学精神的内涵非常广泛，通常包括求真精神、实证精神、进取精神、协作精神、包容精神、理性的怀疑精神、开放精神、创新精神等。

作为思想政治学科核心素养的科学精神，是指学生在认识世界和改造世界的过程中表现出来的一种精神取向，即坚持马克思主义的科学世界观和方法论，能够对个人成长、社会进步、国家发展和人类文明作出正确的价值判断和行为选择。

当代中国正经历广泛而深刻的社会变革，正进行宏大而独特的实践创新。在这一

[①]　教育部.普通高中思想政治课程标准(2017年版2020年修订)[S].北京：人民教育出版社,2020：56-57.

社会变革和实践创新的过程中发扬科学精神,必须坚持辩证唯物主义和历史唯物主义基本观点,领会习近平新时代中国特色社会主义思想,认清社会发展规律和阶段性特征,解放思想、实事求是、与时俱进、求真务实,在全面深化改革的进程中,把握发展机遇,应对各种挑战。

培养青少年的科学精神,有助于他们形成正确价值取向和道德定力,提高辩证思维能力,立足基本国情、拓展国际视野,在实践创新中增长才干。思想政治课培养学生的科学精神素养,要注意引导学生形成辩证思维品质、正确价值取向、实践创新能力等维度的素养特征,面对纷繁复杂的社会经济、政治、文化等现象,能够运用马克思主义基本立场、观点、方法去科学认识和分析,正确作出价值判断和行为选择。

依据学生在差异情境中的不同行为表现,《课程标准》将高中学生的科学精神素养划分为四级水平。[①]

水平1:能够面对简单情境问题,懂得用马克思主义哲学的基本原理,观察和理解经济、政治、文化、社会和生态等现象,解释当前的发展理念;用相关学科方法,说明有关制度运行的意义和基本原则;意识到个人在社会生活中的角色,冷静面对各式各样的矛盾争端;识别当前各种文化现象,进行恰当的文化选择。

水平2:能够面对一般情境问题,运用辩证唯物主义基本观点和方法,解释当前社会现象中的突出问题,并对相关信息和推理进行检验和评价;理性评估个人成长或社会发展面临的各种问题,阐述承担社会责任、促进社会和谐的意义;立足于中华优秀传统文化,理解并理性对待存在于区域、民族和国家间的文化差异。

水平3:能够面对复杂情境问题,坚持历史唯物主义的基本观点,阐释社会变迁的原因,把握社会发展的趋势;用开放而敏锐的眼光,辨识和分析不同信息和观点;在公共生活和私人生活领域辨识各种限制性条件,进行有理有据的研判,作出正确抉择,提出实现目标的合理方案;着眼于中华优秀传统文化的创造性转化、创新性发展,表达传承和弘扬中华文化的积极态度。

水平4:能够面对具有挑战性的复杂情境问题,把握社会历史发展的阶段性特征;用辩证思维与历史思维独立思考,以建设性批判的态度,回应社会转型的复杂变化,有所作为;针对突发事件,理性澄清有关信息和观点,回应各种不确定性,创造性地提出解决方案;在全球视野下,针对各种思想文化的交流交融交锋,表现强大的文化理解力和国际传播力。

3. 法治意识

法治意识是人们对法律发自内心的认可、崇尚、遵守和服从。我国虽然已经形成中

---

① 教育部.普通高中思想政治课程标准(2017 年版 2020 年修订)[S].北京:人民教育出版社,2020:57.

国特色社会主义法律体系,但有法不依、执法不严、违法不究现象仍然存在,部分社会成员尊法信法守法用法意识不强,法治意识还没有在全社会广泛地、牢固地树立起来。法治意识是法治国家之魂,建设社会主义法治国家必须提高全民的法治意识。党的十八大以来,我国明确提出建设社会主义法治国家,强调坚持依法治国、依法执政、依法行政共同推进,坚持法治国家、法治政府、法治社会一体建设,全面推进科学立法、严格执法、公正司法、全民守法。把这些落到实处,就要在全社会树立法治意识,弘扬社会主义法治精神,建设社会主义法治文化,增强全社会厉行法治的积极性和主动性,形成守法光荣、违法可耻的社会氛围,使全体社会成员成为社会主义法治的忠实崇尚者、自觉遵守者、坚定捍卫者。

作为思想政治学科核心素养的法治意识,是指尊法学法守法用法,自觉参加社会主义法治国家建设。

建设社会主义法治国家,是推进国家治理体系和治理能力现代化的必然要求;全面依法治国,必须坚持党的领导、人民当家作主、依法治国有机统一,坚持依法治国和以德治国相结合,实现科学立法、严格执法、公正司法、全民守法,在全社会树立法治意识。

增强青少年法治意识,有助于他们在生活中依法行使权利和履行义务,严守道德底线,维护公平正义,做社会主义法治的忠实崇尚者、自觉遵守者、坚定捍卫者。思想政治课培养学生的法治意识,要引导他们认真学习社会主义法律知识,领会社会主义法治精神,认同社会主义法治观念,按照我国法律规范和法治精神来规范和约束自己的思想和行为,用社会主义法治思维和法治方式思考和处理各种问题,自觉维护法律权威,形成尊法学法守法用法的良好氛围。

依据学生在差异情境中的不同行为表现,《课程标准》将高中学生的法治意识素养划分为四级水平。[1]

水平1:能够面对简单情境问题,讲述法治使社会更和谐的故事,表达法治是先进的国家治理方式;列举科学立法、严格执法、公正司法、全民守法的事例,描述社会主义法治国家的图景;采用生活中的实例,警示法律是不可逾越的红线;秉持自由、平等、公正、法治的价值取向,解释依法行使权利、依法履行义务的行为;引用自身的经验,表达法律的温情与威严。

水平2:能够面对一般情境问题,着眼于人类文明演进的历程,说明法治是先进的国家治理方式;阐明宪法法律至上、法律面前人人平等的法治理念;剖析多个实例,阐释权利与义务相一致的道理;联系依法治理的实际,表达法治使生活更美好的感悟;比较不同的行为方式,证实依法办事、依法维权、依法解决纠纷的好处。

---

① 教育部.普通高中思想政治课程标准(2017年版2020年修订)[S].北京:人民教育出版社,2020:58.

水平3：能够面对复杂情境问题，列举现实生活中的多种实例，阐述依法治国，建设社会主义法治国家的基本方式；阐述宪法法律至上的道理、法律面前人人平等的意义；剖析公共参与活动中的不当行为，阐释行使权利、履行义务的正确方式；针对经济、政治、文化和社会生活中的错误行为，澄清法律规范与自由的关系、法治保障与生活品质的关系。

水平4：能够面对具有挑战性的复杂情境问题，结合中国特色社会主义的实践，阐释全面依法治国对国家治理体系和治理能力现代化的意义；选用立法、执法、司法和守法的实例阐述法治思维的表现；结合法治国家、法治政府、法治社会一体建设的经验，阐明建设中国特色社会主义法治体系的总目标；以维护公平正义和法律尊严的自觉行动，投身于法治中国建设。

4. 公共参与

公共参与是公民为维护和促进社会公益，通过各种合法的途径与方式表达利益诉求、影响公共活动和公共决策的社会行为。公共参与所涉及的范围很广，包括经济、政治、文化等社会各个领域的参与，其中最根本、最核心的是社会政治生活与政治决策的参与。

作为思想政治学科核心素养的公共参与，是指有序参与公共事务，勇于承担社会责任，积极行使人民当家作主的政治权利。

广泛的公共参与，彰显人民主体地位，是公民行使知情权、参与权、表达权、监督权的表现，有助于更好地表达民意、集中民智，提高国家立法和政府决策的科学性、民主性；有助于鼓励人们热心公益活动，激发社会活力，提高社会治理水平。

培养青少年公共参与素养，有益于他们了解民主管理的程序、体验民主决策的价值、感受民主监督的作用，增强公德意识和参与能力，追求更高的道德境界。思想政治课培养学生的公共参与素养，要注意引导学生明确公共参与的核心要义和重要意义，特别要突出以下几点。

第一，公共参与的有序性。社会生活是复杂的，参与公共事务必须维护公共秩序，遵守公共规则，符合社会规范。公共参与以有序性为基本前提，要引导学生以社会普遍接受和认可的方式参与社会生活。

第二，公共参与中的责任意识。公共参与实际上是承担社会责任的一种表现，要引导学生关爱他人、关心集体、奉献社会，增强主人翁意识，勇于承担社会责任。

第三，公共参与中的权利意识。民主管理、民主决策、民主监督等是我国公民的民主权利，要引导学生了解民主管理的程序、体验民主决策的价值、感受民主监督的作用，以主人翁的态度积极行使自己的民主权利，通过合理的方式表达自己的观点，提出自己的意见，奉献自己的智慧，促进社会主义民主政治的建设与发展。

依据学生在差异情境中的不同行为表现,《课程标准》将高中学生的公共参与素养划分为四级水平。[1]

水平1:能够面对简单情境问题,识别不同领域、不同层面的公共事务;运用实例说明通过民主协商解决问题的好处;描述自己所在社区公共事务管理的经验,表现村民自治或居民自治的方式;引用经过核实的报道,表达民主决策、民主管理、民主监督的好处;基于爱国、敬业、诚信、友善的价值准则,表达乐于参与公益活动的态度。

水平2:能够面对一般情境问题,举例说明公民与各领域、各层面公共机构的关系;针对受到关注的公共事务,说明政府所持有的观点;识别政府的职能和权力,解释社会治理的方式,阐述公民直接行使民主权利的意义;从国家治理和社会治理两个层面,说明协商民主的特点和优点;分享自己公共参与的经历,表达关注公共利益的感受,展示公共精神的美好。

水平3:能够面对复杂情境问题,剖析若干实例,阐释公民参与公共事务的意义和价值,解析公民参与国家立法、政府决策、社会治理、公共服务的途径和方式;针对公共利益与私人利益发生的矛盾,阐述协商民主的意义和价值;比较公民政治参与和社会参与的角色行为,展现公共参与的理性行动能力;着眼于人民当家作主的意义,论述公共参与的责任担当精神。

水平4:能够面对具有挑战性的复杂情境问题,回应各种指向公共机构的质疑,解释公民在公共参与过程中与各领域、各层面公共机构的相互作用,阐述公民有序参与的意义和价值;回应社会上各种冷漠的表现和议论,剖析导致冷漠的思想根源;回应不同群体之间的利益冲突,揭示其历史和现实根源,并提出管控冲突、解决矛盾的办法或方案。

(三)学科核心素养的总体把握

思想政治学科核心素养包括四个基本要素,虽然每个要素各有其内涵、特点和基本要求,但都是基于落实立德树人的根本任务和培养担当民族复兴大任的时代新人展开,是中国学生发展核心素养在思想政治学科的具体表现,在明确它们各自特性的基础上,我们也需要对其进行总体把握。对思想政治学科核心素养的总体把握主要可以从两个角度进行。

第一,从落实立德树人根本任务的角度看,思想政治学科核心素养的四个要素都是落实立德树人根本任务的重要方面,在落实立德树人根本任务中具有各自独特的价值。四个要素各自的独特价值依次可以归结为有信仰、有思想、有尊严、有担当。所谓有信仰,是科学理论支撑的信仰,即基于政治认同的理想信念;所谓有思想,是源于科学理论的思想,即科学精神的集中表现;所谓有尊严,是凝结自由、平等、公正价值取向的尊严,

---

① 教育部.普通高中思想政治课程标准(2017年版2020年修订)[S].北京:人民教育出版社,2020:58-59.

唯有法治意识才能使人切实感受到这样的尊严;所谓有担当,实质上是行使人民当家作主的权利,履行法律规定的义务,唯有公共参与才能真正体现这种责任担当。

第二,从思想政治学科核心素养自身的角度看,四个核心素养要素相互联系,是一个有机整体,在内容上相互交融、在逻辑上相互依存。其中,"政治认同"关乎学生的成长方向和理想信念的确立,是"科学精神""法治意识"和"公共参与"有中国特色的共同标识;"科学精神"既显示学生认识社会、参与社会的能力和态度,也显示人自身自由发展的文明程度,体现中国特色哲学社会科学的有关原理和方法,是达成"政治认同"、形成"法治意识"、实现"公共参与"的基本条件;"法治意识"体现当代中国公民依法行使权利、履行义务的必备品质,是"公共参与"的必要前提,也是"政治认同"和"科学精神"的必然要求;"公共参与"体现人民当家作主的责任担当,是"政治认同""科学精神"和"法治意识"的行为表现。

二、课程目标

什么是目标?从字面理解,"目"即眼睛,"标"是靶子,目标就是眼睛所盯着的靶子。按照马克思主义的观点,目标是活动之前观念地存在于人们头脑中的活动结果。课程目标就是试图通过课程教学所要达到的预期结果和标准,它反映国家和社会对课程的教育宗旨和要求。一般而言,课程目标的内涵有三个基本点:第一,从目标指向看,它是指向学生,所呈现的是学生所要达到的目标,而不是教师要达到的目标;第二,从目标内容看,它是预期的结果和标准,而不是现实性的,学生还没有达到这种目标,不过这种目标的建立有其特定的基础和条件,具有切实可行性,通过努力是能够实现的;第三,它体现着课程的价值,是课程设计者对课程的一种价值选择。

《课程标准》在课程目标上,是以学科核心素养为纲,三维一体进行整合和呈现。具体来说,《课程标准》对高中思想政治课程目标的定位如下。[①]

● 具有政治认同素养的学生,应能够:认同走中国特色社会主义道路是历史的必然,坚信中国特色社会主义是国家富强、民族振兴、人民幸福的根本保障,坚定中国特色社会主义道路自信、理论自信、制度自信、文化自信;拥护党的领导,领会中国特色社会主义最本质的特征是中国共产党领导,中国特色社会主义制度的最大优势是中国共产党领导,党是最高政治领导力量;明确社会主义核心价值观是公民最基本的价值标准,自觉践行社会主义核心价值观,树立共产主义远大理想和中国特色社会主义共同理想。

● 具有科学精神素养的学生,应能够:用马克思主义基本立场、观点和方法,观察事物、分析问题、解决矛盾;解放思想、实事求是,对经济、政治、文化、社会和生态文明建设

---

① 教育部.普通高中思想政治课程标准(2017年版 2020年修订)[S].北京:人民教育出版社,2020:6-7.

的实践,作出科学的解释、正确的判断和合理的选择;感悟人生智慧,过有意义的生活;以锐意进取的态度和负责任的行动促进社会和谐。

● 具有法治意识素养的学生,应能够:理解法治是人类文明演进中逐步形成的先进的国家治理方式,全面依法治国是国家治理的一场深刻革命,明确建设社会主义法治国家的基本要求;树立宪法法律至上、法律面前人人平等的法治理念;懂得权利与义务的关系,养成依法办事、依法行使权利、依法履行义务的习惯;拥有法治使人共享尊严,让社会更和谐、生活更美好的认知和情感。

● 具有公共参与素养的学生,应能够:具有集体主义精神;遵循规则,有序参与公共事务;热心公益事业,践行公共道德,乐于为人民服务;积极参与民主选举、民主协商、民主决策、民主管理、民主监督的实践,体验人民当家作主的幸福感;具备善于对话协商、沟通合作、表达诉求和解决问题的能力,勇于担当社会责任。

把握高中思想政治课程目标,要特别注意"一个中心、三个维度":"一个中心"就是以学科核心素养为中心,课程目标是学科核心素养在学生身上的表现,是学生通过思想政治课程学习要具有的学科核心素养;"三个维度"就是知识、能力和情感态度价值观三维一体,作为课程目标的每个素养,都是知识、能力和情感态度价值观目标的整合,三维目标之间相互联系,密不可分。

第四节　高中思想政治课程结构和课程内容

课程结构和课程内容是课程标准的主体,反映高中思想政治课程内容框架及其内在关系的整体构建。因此,这部分内容往往成为广大高中思想政治课教师关注的重点。

一、课程结构

课程结构问题,应该说与教育本身一样,具有悠久的历史,夸美纽斯(J. Comenius)、赫尔巴特(J. F. Herbart)、斯宾塞(H. Spencer)、杜威(J. Dewey)等人的研究中都涉及课程结构问题。究竟什么是课程结构,人们的理解不太一致,从一般意义上看,课程结构是指各种课程类型、具体科目在学校课程体系中的地位、作用和相互关系,以及同一学科或科目中不同内容的确立及其相互关系。

高中思想政治课程结构是一种学科内容结构,是高中思想政治课程的内容构成及其相互关系。一方面,高中思想政治课程由不同的内容要素构成,如必修课程内容、选择性必修课程内容、选修课程内容等;另一方面,构成思想政治课程结构的各种内容要素之间也存在着一定的关系,如各类模块课程的比例关系、相关模块课程的开设时间安排及衔接关系等。只有构成要素合理,相互关系协调,才能使高中思想政治课程结构和谐,课程的功能得到有效发挥。

《课程标准》对课程结构的设计，主要包括设计依据、结构、学分与选课三方面内容。

（一）设计依据

关于高中思想政治课程结构，《课程标准》明确提出了六个方面的设计依据：（1）聚焦思想政治学科核心素养，讲述马克思主义基本原理，紧跟实践基础上的理论创新进程，阐明习近平新时代中国特色社会主义思想，落实立德树人根本任务，全面加强爱国主义、集体主义、社会主义教育，体现思想政治课程的性质与理念。（2）坚持改革方向、问题导向，立足当下、不忘本来、面向未来，彰显一脉相承、与时俱进的改革信念。（3）根据博采众长、为我所用的原则，在坚守本色、保持特色的同时吸收、借鉴国际教育发展的经验。（4）促进知行合一，凸显活动型学科课程的实践性和参与性。（5）贯彻整体构建、有序衔接、依次递进的思路，在统筹规划大中小学德育课程的框架中，定位高中阶段的内容目标。（6）遵循教育规律和学生成长规律，课程设计兼顾基础性与选择性、提高学习效率与减轻学业负担的要求，促进学生全面而有个性地发展。[①]

综合分析上述设计依据，体现出在课程结构设计上坚持四个方面的基本思想。

第一，聚焦学科素养，突出学科特性。思想政治课是落实立德树人根本任务的关键课程，观点教育、价值引领是思想政治课的根本特性，学科核心素养是思想政治学科育人价值的集中体现。因此，高中思想政治课程结构设计的依据特别强调要"聚焦思想政治学科核心素养，讲述马克思主义基本原理，紧跟实践基础上的理论创新进程，阐明习近平新时代中国特色社会主义思想，落实立德树人根本任务，全面加强爱国主义、集体主义、社会主义教育，体现思想政治课程的性质与理念"。

第二，遵循客观规律，促进学生发展。高中思想政治课程结构设计必须符合客观规律，包括一般教育规律、思想政治教育规律、学生成长规律等，着眼学生发展。在这方面，《课程标准》强调课程结构设计要"促进知行合一，凸显活动型学科课程的实践性和参与性""遵循教育规律和学生成长规律，课程设计兼顾基础性与选择性、提高学习效率与减轻学业负担的要求，促进学生全面而有个性地发展"。

第三，坚持系统设计，体现学段特色。大中小学思想政治课一体化建设是我国当今的热点话题，也是我国思想政治课改革创新的重要着力点。同时，青少年阶段是人生的"拔节孕穗期"，思想政治教育必须贯穿于其成长的整个过程。高中思想政治课程结构设计强调"贯彻整体构建、有序衔接、依次递进的思路，在统筹规划大中小学德育课程的框架中，定位高中阶段的内容目标"，体现了系统设计的思想，符合大中小学思想政治课一体化建设的需要。

---

① 教育部.普通高中思想政治课程标准(2017年版 2020年修订)[S].北京：人民教育出版社,2020：8.

第四,坚持继承创新,注重吸收借鉴。思想政治课程结构的设计既要保持连续性,继承已有的成功经验和好的做法,也要强调发展性,适应新时期思想政治课程发展的新要求进行大胆创新。因此,《课程标准》在课程结构设计依据上明确提出了纵向的继承创新和横向的吸收与借鉴两方面的要求:"坚持改革方向、问题导向,立足当下、不忘本来、面向未来,彰显一脉相承、与时俱进的改革信念";"根据博采众长、为我所用的原则,在坚守本色、保持特色的同时吸收、借鉴国际教育发展的经验"。

(二)结构

《课程标准》以培育思想政治学科核心素养为主导,构建课程结构。具体设计上采取模块式的组织形态,分为必修课程、选择性必修课程、选修课程三个部分。具体见表2-1。

表 2-1　高中思想政治课程结构

必修课程	选择性必修课程	选修课程
中国特色社会主义(1学分) 经济与社会(1学分) 政治与法治(2学分) 哲学与文化(2学分)	当代国际政治与经济(2学分) 法律与生活(2学分) 逻辑与思维(2学分)	财经与生活 法官与律师 历史上的哲学家

必修课程是培育全体学生学科核心素养的基本载体,在整体框架设计上是以发展中国特色社会主义为主线展开,共包括中国特色社会主义、经济与社会、政治与法治、哲学与文化四个模块。模块1"中国特色社会主义",依循历史进程,讲述为何开创和发展中国特色社会主义;模块2"经济与社会"、模块3"政治与法治"、模块4"哲学与文化",依托模块1的基本原理,讲述如何坚持和发展中国特色社会主义。基于必修课程强调实践体验的要求,采取内容与活动相互嵌入的组合方式。强调社会实践活动并不意味着减少学科内容的学习时间,而是要求采取社会实践活动的方式学习学科内容。为此,在对接内容要求的教学提示中,以议题的方式提示课程内容,并提出多种活动建议,供课程实施时选择。

选择性必修课程是对必修课程的延展,满足学生多样化的学习兴趣和升学需要。选择性必修课程设置"当代国际政治与经济""法律与生活""逻辑与思维"三个模块,与必修课程相互配合、相互补充。

选修课程更关注学生专业素养发展、高校自主招生及学生个性化发展的需要。选修课程设置"财经与生活""法官与律师""历史上的哲学家"三个模块,是对相关必修课程和选择性必修课程的进一步拓展。

(三)学分与选课

在学分安排上,必修课程和选择性必修课程作为国家课程,总计12学分。必修课程设置四个模块,共 6 学分,其中"中国特色社会主义""经济与社会"各 1 学分,"政治与法治""哲学与文化"各 2 学分。选择性必修课程设置三个模块,共 6 学分,"当代国际政治与经济""法律与生活""逻辑与思维"各 2 学分。

在选课要求上,《课程标准》注意对接学生的发展和新高考改革的需要。必修课程是全体学生必须完成的学业,普通高中必须要开设,每个学生也必须要学习。选择性必修课程是选择本课程作为学业水平等级性考试的学生应完成的学业,考试成绩计入高校招生录取总成绩;也可供对该课程有兴趣的学生选修,计入毕业学分。选修课程是学生自主选择修习的课程,涉及个人生活、职业体验、大学先修等方面的内容,可根据学生个性化发展的需求和当地经济、科技、文化发展的特点开设,纳入校本课程管理,如何选课取决于学生的志趣。

在开设顺序上,必修课程各模块应按顺序依次开设,其中模块 1 和模块 2 为一学期,模块 3 和模块 4 各为一学期;选择性必修课程模块可灵活安排。

二、课程内容

根据高中思想政治课程结构的基本框架,高中思想政治课程内容也从必修课程、选择性必修课程和选修课程三大类展开。

(一)必修课程

高中思想政治必修课程以发展中国特色社会主义为主轴,阐述每一必修模块的逻辑框架。整体来看,每一模块都围绕一定的主题、主旨、主线展开。具体见表 2-2。

表 2-2　高中思想政治必修课程的逻辑框架

模块	内容	主题	主线	主旨
中国特色社会主义	基本原则	中国特色社会主义的选择	社会形态的历史演进	树立理想信念
经济与社会	经济建设	发展中国特色社会主义经济	全面深化改革	树立新发展理念
政治与法治	政治建设	发展中国特色社会主义政治	三者统一: 党的领导 人民当家作主 依法治国	坚定政治立场和方向
哲学与文化	哲学基础	马克思主义哲学	四大观点: 实践的观点 历史的观点 辩证的观点 发展的观点	树立世界观、人生观、价值观和文化自信

在《课程标准》的具体阐述中，每一模块的课程内容均按照模块概述、内容要求、教学提示、学业要求四个方面进行统一和规范地展开，分别说明是一个什么样的模块、学习什么样的内容、经过怎样的学习、达到什么样的要求。

1. 模块概述

模块概述在每个模块课程内容的开头，主要对模块的基本框架、内容、作用等进行简要介绍，从整体上明确这是一个什么样的模块。高中思想政治课四个必修模块的模块概述分别是：

模块1：中国特色社会主义

着眼于人类社会的发展历程，立足于中国特色社会主义的伟大实践，明确中国特色社会主义是科学社会主义理论逻辑与中国社会发展历史逻辑的辩证统一，中国特色社会主义已进入新时代，帮助学生树立为共产主义远大理想和中国特色社会主义共同理想而奋斗的信念。

模块2：经济与社会

依据习近平新时代中国特色社会主义经济思想的基本原理，讲述我国社会主义基本经济制度，解析社会主义市场经济的基本特征，阐释指导我国经济社会发展的新理念，帮助学生理解全面深化改革的意义，提升在新时代参与社会主义现代化建设的能力。

模块3：政治与法治

以党的领导、人民当家作主、依法治国有机统一为主线，讲述党的领导是人民当家作主和依法治国的根本保证，人民当家作主是社会主义民主政治的本质特征，依法治国是党领导人民治理国家的基本方式，奠定学生政治立场与法治思维的基础。

模块4：哲学与文化

阐明马克思主义哲学是科学的世界观和方法论，讲述辩证唯物主义和历史唯物主义基本观点，坚持实践的观点、历史的观点、辩证的观点、发展的观点，在实践中认识真理、检验真理、发展真理；讲述社会生活及个人成长中价值判断、行为选择和文化自信的意义；为培育学生思想政治学科核心素养，奠定世界观、人生观、价值观基础。

2. 内容要求

"内容要求"即模块包括什么内容，在《课程标准》中分主题和专题两个层次，分别通过"通栏"和"左栏"呈现。高中思想政治必修模块的内容要求见表2-3。

表 2-3　必修模块的内容要求

必修模块	主题	专题
中国特色社会主义	人类社会发展的进程与趋势 中国特色社会主义的开创与发展	略
经济与社会	经济制度与经济体制 经济发展与社会进步	略
政治与法治	中国共产党的领导 人民当家作主 依法治国	略
哲学与文化	探索世界与追求真理 认识社会与价值选择 文化传承与文化创新	略

"通栏"用具有整合意义的主题表达一级内容要求,每个必修模块包括2—3个主题。

"左栏"以专题的方式表达二级内容要求,它采用不同的行为动词规范表达学生的学习行为和表现。例如,"中国特色社会主义"第一个主题"人类社会发展的进程与趋势",具体包括两个专题的内容。①

● 描述不同社会形态的本质特征;解释人类社会发展的一般过程,阐明社会发展的历史进程取决于社会基本矛盾的运动。

● 分析资本主义社会的历史地位,概述社会主义从空想到科学、从理论到现实的历史轨迹,阐明人类社会发展的趋势。

分析高中思想政治课程标准中的内容要求,要注意其中行为动词的运用。第一,行为动词指向的是学生。第二,行为动词表明了学生学习的不同水平,并且内在地包含了课程标准规定的知识内容维度。第三,课程标准中的行为动词是分层次的,不同层次的动词,对学生的要求也不同。

3. 教学提示

"教学提示"在课程标准中是以"右栏"的形式出现,主要介绍学生应经历什么样的学习过程和社会实践活动,也为教师的教学提供可选择、供参照的思路。"教学提示"与"内容要求"不仅一一对应,而且体现出对议题式教学的积极倡导,每条"教学提示"都围绕一个议题展开,内含着议题确定、活动设计、内容学习三方面的基本要素,呈现出以什么为议题、通过什么样的活动、学习什么样的内容这种议题式教学的基本思路。

例如,模块1"中国特色社会主义"的第一条教学提示:"以'怎样揭示人类社会发展的奥秘'为议题,探究社会发展的基本规律和主要阶段。可绘制展板,标识各种社会形态,比较它们的差异。可采用图说等方式,阐释生产力与生产关系、经济基础与上层建筑

---

① 教育部.普通高中思想政治课程标准(2017年版2020年修订)[S].北京:人民教育出版社,2020:11-12.

相互作用的原理,揭示生产力与生产关系的矛盾运动是社会发展的根本动力。可列举实例,反映不同社会形态的更替,证实生产关系是否适合生产力发展是衡量社会进步的标准。"①这一教学提示就内含着议题、活动、学习内容三方面基本要素。议题即"怎样揭示人类社会发展的奥秘";学习内容即"社会发展的基本规律和主要阶段";活动包括绘制展板、图说、列举实例等。

"教学提示"具有指导性、开放性和选择性。所谓指导性,就是对教学实施有指导意义,可以为教师的教学和学生的学习提供一定的参考;所谓开放性,就是教学的内容是开放性的,都是以开放性的议题、开放性的活动、开放性的材料等形式出现;所谓选择性,就是在教学中可以根据实际情况选择采用。

4. 学业要求

"学业要求"在每一模块课程内容的最后,主要说明学生学习要达到什么样的程度,形成什么样的学科素养。根据《课程标准》的规定,高中思想政治课四个必修模块的学业要求如下。②

模块1:中国特色社会主义

通过本模块的学习,学生能够结合社会实践活动,了解人类社会发展的一般过程和基本规律;确信社会主义终将代替资本主义是不可抗拒的历史趋势;懂得中国特色社会主义是科学社会主义的成功实践,是中国近代历史发展的必然选择;理解坚持和发展中国特色社会主义,是实现中华民族伟大复兴中国梦的必由之路;展现中国特色社会主义道路自信、理论自信、制度自信、文化自信;坚定中国特色社会主义共同理想,树立共产主义远大理想。

模块2:经济与社会

通过本模块的学习,学生能够结合社会实践活动,初步运用中国特色社会主义政治经济学的基本观点,观察和分析经济社会现象;了解社会主义基本经济制度的优越性;理解坚持社会主义市场经济和深化经济体制改革的意义;明确加快建设现代化经济体系的必要性;树立以人民为中心的发展思想;尝试对促进社会公正、实现共同富裕、营造良好社会风尚、完善社会保障的政策提出建议。

模块3:政治与法治

通过本模块的学习,学生能够结合社会实践活动,了解中国共产党的性质、宗旨和指导思想,明确党的执政地位是历史和人民的选择;阐释中国特色社会主义政治制度的基本内容、鲜明特点和主要优势;了解全面推进依法治国的总目标,知道科学立法、严格

---

① 教育部.普通高中思想政治课程标准(2017年版2020年修订)[S].北京:人民教育出版社,2020:11.
② 教育部.普通高中思想政治课程标准(2017年版2020年修订)[S].北京:人民教育出版社,2020:14-23.

执法、公正司法、全民守法的基本要求;懂得走中国特色社会主义政治发展道路,必须坚持党的领导、人民当家作主、依法治国有机统一,理解推进国家治理体系和治理能力现代化的重要性;具备有序参与国家政治生活和社会公共生活的能力。

模块 4:哲学与文化

通过本模块的学习,学生能够结合社会实践活动,了解马克思主义哲学的基本原理;运用辩证唯物主义和历史唯物主义观点认识自然界、人类社会、人类思维,确信实践是检验真理的唯一标准;实事求是、与时俱进地观察和分析经济、政治、文化、社会、生态等现象,在生活中作出科学的价值判断和行为选择;继承中华优秀传统文化和革命文化,发展社会主义先进文化,尊重世界文化多样性,增强中国特色社会主义文化的自觉和自信;基本形成正确的世界观、人生观、价值观。

(二)选择性必修课程

选择性必修作为国家规定课程,也和必修课程一样,在课程标准中是按照模块概述、内容要求、教学提示、学业要求进行规范陈述,分别说明是一个什么样的模块、学习什么样的内容、经过怎样的学习、达到什么样的要求。

1. 模块概述

模块概述主要对模块的基本框架、内容、作用等进行简要介绍,从整体上明确这是一个什么样的模块。高中思想政治课三个选择性必修模块的模块概述分别是①:

模块 1:当代国际政治与经济

围绕当今世界多极化与经济全球化趋势,解析不同的国家性质和国家形式,说明国际关系的主要影响因素和世界经济发展的基本特点,介绍国际组织的主要类型及其作用,引导学生在拓展国际视野的过程中,坚持总体国家安全观,坚定不移地走中国特色社会主义道路,积极贡献中国智慧和力量,推动构建人类命运共同体。

模块 2:法律与生活

聚焦公民依法维护合法权益的法律行为,介绍公民一般的民事权利和义务,了解婚姻家庭中的法律关系和法律责任、劳动关系的法律保障、社会纠纷的解决机制和法律程序,为学生进一步发展思想政治学科核心素养、增强法治意识,提供日常生活中的法律常识。

模块 3:逻辑与思维

通过科学思维的训练,引导学生掌握科学思维的基本要求,把握逻辑思维和辩证思维的方法,提高创新思维能力,学会运用科学思维探索世界、认识世界。

---

① 教育部.普通高中思想政治课程标准(2017 年版 2020 年修订)[S].北京:人民教育出版社,2020:11-21.

2. 内容要求

"内容要求"主要介绍模块的基本内容,分主题和专题两个层次。与必修课程不同的是没有采用表格的方式,而是采用观点分列的方式分层次呈现。每个选择性必修模块包括四个主题,每个主题包括若干个专题内容。高中思想政治选择性必修模块的内容要求见表2-4。

表 2-4　选择性必修模块的内容要求

选择性必修模块	主题	专题
当代国际政治与经济	各具特色的国家 世界多极化 经济全球化 国际组织	略
法律与生活	民事权利与义务 家庭与婚姻 就业与创业 社会争议解决	略
逻辑与思维	学会科学思维 遵循逻辑思维要求 运用辩证思维方法 提高创新思维能力	略

3. 教学提示

选择性必修课程的"教学提示"主要介绍学生应经历什么样的学习过程和社会实践活动,为教师的教学提供可选择、供参照的思路,具有指导性、开放性和选择性。但与必修课程存在不同之处,主要表现在两点:一是将"教学提示"统一列在"内容要求"之后,与内容要求不是一一对应;二是对议题式教学的要求相对不太高,议题式教学的提示和建议相对比较少。

例如,"逻辑与思维"模块的"教学提示"如下。[①]

● 联系实际,探究人的思维的特征、思维形态的差异,说明不同思维形态的独特功用、彼此相辅相成的关系。

● 列举生活中正、反两方面的事例,通过故事讲述、主题演讲等形式,分享如何运用科学思维处理生活、学习中遇到的困难。

● 联系科学思维与文学想象的差异,讨论逻辑思维与形象思维的特点,探究二者的关系。

● 辨析"飞矢不动""白马非马"等论题。运用所学逻辑知识,分析日常生活中常见

---

① 教育部.普通高中思想政治课程标准(2017年版2020年修订)[S].北京:人民教育出版社,2020:31.

的各类逻辑和推理错误,培养逻辑思维能力。

● 结合学习、生活实际,从如何平衡和运筹长远目标和阶段目标、整体目标和具体目标的角度,体会辩证思维就是复杂性思维,是在关系、矛盾、运动、变化过程中进行思考。

● 可比较"刻舟求剑"等寓言故事与"草船借箭"等智慧故事中的思维方法。可开展调研活动,了解当地存在的发展问题,学会运用辩证思维的方法制订解决方案。

● 搜集科技发明背后的故事,了解科学家探究未知现象时的思维方法,尝试运用"头脑风暴"等创新思维的方法和技巧,举办创意大赛。

4. 学业要求

"学业要求"主要说明学生学习要达到什么样的程度,体现学科素养导向。根据《课程标准》,高中思想政治课三个选择性必修模块的学业要求如下。[①]

模块1:当代国际政治与经济

通过本模块的学习,学生能够在全球视野中观察不同国家的政治制度,坚定中国特色社会主义道路自信、理论自信、制度自信、文化自信;理解各国相互联系的程度空前加深,全球越来越成为相互依存的命运共同体,懂得和平与发展是时代主题、合作共赢是时代潮流;解析当今世界多极化和经济全球化进程,理解国际组织在国际事务中的作用;明确国家利益和国家实力是决定国际关系的主要因素;具有融入国际社会的积极意愿和开放态度,自觉维护国家主权、安全、发展利益。

模块2:法律与生活

通过本模块的学习,学生能够结合生活实际,更加全面地认识公民的民事权利与义务;更为具体地理解婚姻家庭中的法律责任,以及与创业和就业相关的法律制度;更为理性地看待生活中的矛盾和纠纷,懂得调解、仲裁、诉讼等不同的纠纷解决机制;进一步提高主动学法的意愿、自觉用法的能力。

模块3:逻辑与思维

通过本模块的学习,学生能够经历探究过程,明确科学思维的重要意义;学会遵循逻辑思维的规律;把握辩证思维的方法;提高创新思维的能力;提升自己的思维品质;正确运用科学思维方法观察和理解社会,处理学习和生活中遇到的问题。

(三)选修课程

高中思想政治选修课程包括"财经与生活""法官与律师""历史上的哲学家"三个模块,每个模块的内容要求由模块概述、内容要求两个方面构成。

"模块概述"主要介绍提供这些模块的基本目的。例如,"财经与生活"模块的概述是:提供本课程模块,目的是帮助学生在中国特色社会主义新时代,更好地立足于社会

---

① 教育部.普通高中思想政治课程标准(2017年版2020年修订)[S].北京:人民教育出版社,2020:27-32.

主义市场经济运行和社会主义现代化建设的需要,了解经济生活的基本概念和原理,提升学生正确理解和积极参与经济生活的能力,帮助学生进一步树立正确的财富观与人生观,坚持公正、法治的价值取向,践行敬业、诚信的价值准则。

"内容要求"主要介绍模块的基本内容,分主题和专题两个层次,采用观点的方式分层次呈现。每个模块包括四个主题,每个主题又包括若干个专题。高中思想政治选修模块的内容要求见表 2-5。

表 2-5 选修模块的内容要求

选修模块	主题	专题
财经与生活	货币与市场 收入与支出 投资与理财 企业与就业	略
法官与律师	法官的职责 审判程序 律师的职责 辩护和代理	略
历史上的哲学家	百家争鸣的时代 理学与心学的演变 西方哲学的起源 西方哲学的发展	略

第五节 高中思想政治课程学业质量

学业质量是课程标准的新增内容,主要阐述学业质量的内涵、学业质量标准、学业质量水平、学业质量水平与考试评价的关系等问题。

一、学业质量

学业质量是学生在完成本学科课程学习后的学业成就表现。把握学业质量这一概念,需要注意三点。

第一,学业质量是学生的学习质量,主体是学生而不是教师。以往我们在教学评价上往往强调教师的教,对学生的学关注不够。事实上,教师的教不等于学生的学,教师教了学生不一定学了,教师教得多学生不一定学得多,教师教得好学生不一定学得好。学业质量是以学生的学为基本依据,通过学生学的情况进行衡量与评价。

第二,学业质量的基础是课程学习。学生的发展成就可以从各个方面、各种渠道获得,课程学习是其中最基本的渠道。一门课程的学业质量与该课程内容密切相关,学业质量是学生学习一门课程之后进步的表现,学业质量以课程学习为基础,学业质量的衡量以具体课程内容的掌握和运用为标准,离开了课程学习,就无所谓学业质量。

第三,学业质量的关键是学业成就表现。以往我们对教学的评价较多强调的是学习内容,偏重学科知识层面。而学业质量更强调学生在课程学习之后的学业成就表现,即学生在经历学科知识内容学习后实际达到的状态或结果。

二、学业质量标准

学生的学业质量如何?学业成就表现怎么样?需要借助一定的标准进行衡量。学业质量标准是以学科核心素养及其表现水平为主要维度,结合课程内容,对学生学业成就表现的总体刻画。把握学业质量标准这一概念,也需要注意三点。

第一,学业质量标准是以学科核心素养为基础。以学科核心素养为纲,是课程设计、实施、评价的基本导向。学科核心素养是整合课程目标、设计课程结构、精选课程内容等的基本依据,也是学业质量标准确定的基础,是学业质量水平划分的依据。

第二,学业质量标准与课程内容密切相关。学业质量是学生课程学习的成就表现,必须落实到具体的课程内容中,体现在课程内容学习后的行为表现上。

第三,学业质量是学生学业成就表现的总体刻画。这种刻画的总体性主要表现在两方面:一是学业成就的总体性,不只是强调学科知识的掌握,更强调行为活动表现,通过可观测、可衡量的行为表现来描述学生的学业成就;二是行为表现的总体性,不是局限于学生某一具体的行为,而是着眼于学生行为的整体表现来描述学生的学业成就。

三、学业质量水平

学业质量水平基于学科核心素养,聚焦学生课程学习后表现出来的关键特征。学生的学业成就表现是各不相同的。依据不同水平学业成就表现的关键特征,《课程标准》明确将高中思想政治课学业质量划分为四级水平,并描述了不同水平学习结果的具体表现。

由于学业质量水平是基于学科核心素养水平来进行确定和划分,所以对学业质量水平不能孤立地去分析,而必须结合学科核心素养水平来全面理解。学业质量水平和学科核心素养水平存在着一一对应的关系,这种对应关系可以从呈现方式、内容要求等方面体现出来。

从呈现方式看,在《课程标准》中,学业质量水平采用编码的方式呈现。以"1""2""3""4"说明水平层级,即学业质量的四级水平;以"1-1""1-2""1-3""1-4"对不同学科核心素养要素的学业质量水平进行描述,学业质量水平的呈现在结构上与学科核心素养水平是一一对应的,这种对应关系见表2-6。

表 2-6 学业质量水平与学科核心素养水平的对应关系

水平层级	水平描述			
1	1-1(政治认同)	1-2(科学精神)	1-3(法治意识)	1-4(公共参与)
2	2-1(政治认同)	2-2(科学精神)	2-3(法治意识)	2-4(公共参与)
3	3-1(政治认同)	3-2(科学精神)	3-3(法治意识)	3-4(公共参与)
4	4-1(政治认同)	4-2(科学精神)	4-3(法治意识)	4-4(公共参与)

从内容要求上看,《课程标准》对不同层级学业质量水平的描述是以学科核心素养为主线,结合课程内容展开,体现出四个学科核心素养要素基本内容的一致性和学业质量水平的逐层递进关系。具体来看,对应政治认同、科学精神、法治意识、公共参与四个学科核心素养要素的学业质量水平层级和水平描述见表 2-7 至表 2-10。

表 2-7 "政治认同"的学业质量水平

水平层级	水平描述
1	1-1 引用典型事例,证实选择中国特色社会主义道路的正确性;回顾改革开放的发展历程,表明中国特色社会主义理论体系是指导党和人民沿着中国特色社会主义道路实现中华民族伟大复兴的正确理论,习近平新时代中国特色社会主义思想是马克思主义中国化最新成果;引述宪法对我国根本制度的规定,了解社会主义制度的特征;结合典型事例,说明中国共产党是中国特色社会主义事业的领导核心;描绘全面建成小康社会的图景,解释国家富强民主文明和谐美丽的价值目标,表达中国特色社会主义是全国各族人民的共同理想。
2	2-1 通过对中国近现代史的回顾,依循历史逻辑证实走中国特色社会主义道路是历史和人民的选择;叙述马克思主义"一脉相承、与时俱进"的发展,明确习近平新时代中国特色社会主义思想是对马克思列宁主义、毛泽东思想、邓小平理论、"三个代表"重要思想、科学发展观的继承和发展,是马克思主义中国化最新成果;分析具体事例,归纳中国特色社会主义政治制度、经济制度的特点和优点;运用具体事例,展示中国共产党依法执政的方式,说明加强和改善党的领导的意义;结合为实现中华民族伟大复兴中国梦而奋斗的历程,解释社会主义核心价值观是中国特色社会主义道路、理论、制度和文化的价值表达。
3	3-1 选择恰当论据,在全球视野中比较各国发展道路,论证只有中国特色社会主义才能发展中国;结合改革开放的实践,阐述习近平新时代中国特色社会主义思想的精神实质;对照西方主要国家的政治制度,阐述人民代表大会制度的组织和活动原则,说明绝不能照搬西方政治制度模式的道理;阐明党的执政理念和全面从严治党的意志,阐述中国共产党永远保持先进性和纯洁性的意义;论证社会主义核心价值观既体现了社会主义本质要求,继承了中华优秀传统文化,也吸收了世界文明有益成果,体现了时代精神。
4	4-1 综合运用各种论据,辨析各种错误思潮,有创见地批驳封闭僵化或改旗易帜的主张,阐明走中国特色社会主义道路的坚定信念;阐述习近平新时代中国特色社会主义思想的丰富内涵,表达坚守本色、保持特色、锐意进取的意志;跟进全面深化改革的进程,论证坚持中国特色社会主义制度不动摇的理由;引用全面从严治党的各种数据,评析中国共产党领导全国各族人民长期奋斗、不忘初心、继续前进的业绩;论证中国特色社会主义文化源自于中华优秀传统文化,熔铸于革命文化和社会主义先进文化,植根于中国特色社会主义伟大实践,阐明道路自信、理论自信、制度自信都是文化自信的表现。

由表 2-7 可见，"政治认同"四个等级学业质量水平的描述，都是围绕"政治认同"这一学科核心素养的基本要点展开，都重点涉及五方面的内容要求：中国特色社会主义道路；中国特色社会主义理论和习近平新时代中国特色社会主义思想；中国特色社会主义制度；中国共产党的领导；中国特色社会主义文化及社会主义核心价值观。

例如，在"中国特色社会主义道路"这一内容要求上，水平 1 要求"引用典型事例，证实选择中国特色社会主义道路的正确性"；水平 2 要求"通过对中国近现代史的回顾，依循历史逻辑证实走中国特色社会主义道路是历史和人民的选择"；水平 3 要求"选择恰当论据，在全球视野中比较各国发展道路，论证只有中国特色社会主义才能发展中国"；水平 4 要求"综合运用各种论据，辨析各种错误思潮，有创见地批驳封闭僵化或改旗易帜的主张，阐明走中国特色社会主义道路的坚定信念"。四级水平描述均指向"政治认同"素养，体现出素养水平逐层递进的要求。

表 2-8 "科学精神"的学业质量水平

水平层级	水平描述
1	1-2 依据马克思主义哲学基本原理，观察并解释经济、政治、文化、社会和生态等现象，阐释创新、协调、绿色、开放、共享的新发展理念；运用相关学科的方法，表述相关体制运行的意义，在实践中识别决策目标和主要限制性条件，确认合理的选择方案；面对各种矛盾争端，把握个人在社会生活中的角色，评价既遵守规范、遵循程序，又不盲从、敢于质疑的行为；识别当前各种文化现象，理解存在于区域、民族和国家间的文化差异，表明认同中华文化、尊重域外文化、选择先进文化的态度。
2	2-2 运用辩证唯物主义基本观点和方法，回应当前经济、政治、文化、社会和生态文明建设中的突出问题，并对相关信息或推理进行检验和评价；运用相关学科的方法，在实践中反思各领域既有政策和体制、机制方面的限制性条件，解放思想，评估其对国家和社会发展的影响；关注当前热点问题和事件，科学论证选择方案，既表达担当社会责任的态度，又表现促进社会和谐的智慧；辨析继承中华优秀传统文化、不同文化交流互鉴、践行与传播先进文化的行为，表达文化创新的意义，揭示事物的文化价值以及各种文化现象背后的重要影响因素。
3	3-2 运用历史唯物主义基本观点和方法，阐释社会发展的基本规律和趋势，用历史思维评价不同信息和观点，辨明事实真伪；针对经济、政治、社会活动中的重要议题，运用相关学科原理辨识各种选择方案，预测未来发展的走向，作出恰当的研判；针对生活实践中各种不确定的具体问题，用矛盾分析的方法权衡利弊，作出正确的价值判断和行为选择；在积极开展国际文化交往的过程中，对如何继承中华优秀传统文化和革命文化、发展中国特色社会主义文化等议题，发表持之有故、言之成理的见解，并提出可行的建议。
4	4-2 运用辩证唯物主义和历史唯物主义原理，揭示社会变革的原因，把握历史发展的阶段性特征，论述因势而谋、应势而动、顺势而为的意义；直面经济、政治、文化、社会和生态文明建设中的各种问题和挑战，秉持建设性批判的态度，解放思想、实事求是，采用相关学科的探究方法进行正确判断和选择；应对成长过程中遭遇的复杂情境和突发事件，运用辩证思维，掌控分歧及各种不确定性，澄清有关信息和观点的误导，提出有创见的解决方案；响应各种思想文化交流交融交锋的态势，在全球视野下表现文化理解力和传播力，对创造性转化与创新性发展中华优秀传统文化、坚持中国特色社会主义文化发展道路发表见解。

由表 2-8 可见,"科学精神"四个等级学业质量水平的描述,都是围绕"科学精神"这一学科核心素养的基本要点展开,都重点涉及四方面的内容要求:科学的世界观和方法论;相关学科的方法;正确的价值判断和行为选择;对各种文化的正确态度。

例如,在"科学的世界观和方法论"这一内容要求上,水平 1 要求"依据马克思主义哲学基本原理,观察并解释经济、政治、文化、社会和生态等现象,阐释创新、协调、绿色、开放、共享的新发展理念";水平 2 要求"运用辩证唯物主义基本观点和方法,回应当前经济、政治、文化、社会和生态文明建设中的突出问题,并对相关信息或推理进行检验和评价";水平 3 要求"运用历史唯物主义基本观点和方法,阐释社会发展的基本规律和趋势,用历史思维评价不同信息和观点,辨明事实真伪";水平 4 要求"运用辩证唯物主义和历史唯物主义原理,揭示社会变革的原因,把握历史发展的阶段性特征,论述因势而谋、应势而动、顺势而为的意义"。四级水平描述均指向"科学精神"素养,体现出素养水平逐层递进的要求。

表 2-9　"法治意识"的学业质量水平

水平层级	水平描述
1	1-3 讲述法治使国家更强大的典型事例,表明法治是先进的国家治理方式;列举科学立法、严格执法、公正司法、全民守法的事例,描绘社会主义法治国家的图景;列举实例,说明任何组织或者个人都没有超越宪法和法律的特权;秉持自由、平等、公正、法治的价值取向,解释公民依法行使权利、依法履行义务的行为;引用自身的经验,推荐依法办事、依法维权、依法解决纠纷的案例,表明法治让社会更和谐。
2	2-3 描述法治国家、法治政府、法治社会的基本表征,说明依法治国是党领导人民治理国家的基本方式;归纳违法犯罪的主要种类及其成因,阐明宪法法律至上、法律面前人人平等的法治理念;剖析实例,比较不同的涉法行为,预测其后果,阐释权利与义务的关系;联系依法治理的实际,证实依法办事、依法维权、依法解决纠纷的好处,表达法治生活更美好的感悟。
3	3-3 列举生活中立法、执法、司法和守法的实例,阐述全面依法治国的总目标;基于法律的本质和功能,选择恰当的论据和论证方式,阐释宪法法律至上、法律面前人人平等的含义;针对民事活动与公共参与过程中的不当行为,解释相关权利和义务的法律意义,明辨依法行使权利、履行义务的正确方式;针对经济、政治、文化、社会生活中的行为误区,辨析法律与自由的关系,阐明法治保障对提高生活品质的作用。
4	4-3 反思历史经验,立足于发展中国特色社会主义的实践,阐释全面依法治国对推进国家治理体系和治理能力现代化的意义;选用立法、执法、司法和守法中体现法律面前人人平等的实例,阐述运用法治思维的意义,论证尊崇宪法和法律在治国理政中的作用和价值;了解生活中主要民事法律规范,列举解决纠纷的有效途径和方式,论证依法行使权利、依法履行义务、依法办事的意义;描绘法治中国的蓝图,阐述法治信仰的价值,提出维护公平正义和法律尊严的行动方案。

由表 2-9 可见,"法治意识"四个等级学业质量水平的描述,都是围绕"法治意识"这一学科核心素养的基本要点展开,都重点涉及四方面的内容要求:治理国家的基本方式

（依法治国）；维护宪法的权威；依法行使权利和履行义务；建设法治社会。

例如，在"治理国家的基本方式（依法治国）"这一内容要求上，水平1要求"讲述法治使国家更强大的典型事例，表明法治是先进的国家治理方式"；水平2要求"描述法治国家、法治政府、法治社会的基本表征，说明依法治国是党领导人民治理国家的基本方式"；水平3要求"列举生活中立法、执法、司法和守法的实例，阐述全面依法治国的总目标"；水平4要求"反思历史经验，立足于发展中国特色社会主义的实践，阐释全面依法治国对推进国家治理体系和治理能力现代化的意义"。四级水平描述均指向"法治意识"素养，体现出素养水平逐层递进的要求。

表 2-10　"公共参与"的学业质量水平

水平层级	水平描述
1	1-4 引用主流媒体的报道，确认公民参与国家立法、政府决策、社会治理、公共服务的途径、方式和规则；引用经过核实的报道，解释公民参与民主决策、民主管理、民主监督的必要条件和重要意义；阐述爱国、敬业、诚信、友善的价值准则，表明参加公益活动、践行公共道德的积极态度；结合各层面、各领域公民参与的情境，表明公共参与是体现人民主体地位的应有之义。
2	2-4 举例说明各领域、各层级公共机构与公民生活的关系，并表达对这些机构的工作方式和规则的期望；针对人们当前关注的公共事务，评议政府履行职责的行为；解释基层群众自治的价值，阐述公民有序参与、直接行使民主权利的意义；分享公共参与的体验，表达参与公益事业的幸福感和成就感；评析公共参与的实例，展现我国人民的主人翁意识和社会责任感。
3	3-4 剖析公共机构制定公共政策的实例，阐释公民有序参与不同领域、不同层级公共事务的意义和价值；列举公共利益与私人利益发生矛盾的实例，阐述协商民主的意义和价值，评估合理解决矛盾的方案；列举不同情境下的各种冷漠表现和议论，剖析导致冷漠的思想根源，彰显践行公共道德的勇气；抨击漠视、损害公共利益的行为，表达公共参与的强烈意愿，提出率先垂范的行动方案。
4	4-4 评析各种指向公共机构的质疑，解释公民在公共参与过程中与各领域、各层级公共机构的互动关系，系统归纳参与国家立法、政府决策、社会治理的途径和方式；列举不同群体间利益冲突的实例，揭示其历史和现实根源，并提出管控冲突、化解矛盾的方法；评述有序政治参与的过程，既解释公民行使权利、履行义务的意义，又强调人民主体地位的保障；全面阐述公共参与对公民直接行使民主权利的意义，论证公共参与是人民当家作主的必然表现和重要标志，是当代中国公民责任担当的宝贵品格和关键能力。

由表 2-10 可见，"公共参与"四个等级学业质量水平的描述，都是围绕"公共参与"这一学科核心素养的基本要点展开，都重点涉及四方面的内容要求：公共参与的意义、途径和方式；公共事务中利益冲突与各种矛盾的化解；公共参与的积极态度和践行要求；公共参与的主人翁意识和责任担当。

例如，在"公共参与的主人翁意识和责任担当"这一内容要求上，水平1要求"结合各层面、各领域公民参与的情境，表明公共参与是体现人民主体地位的应有之义"；水平2

要求"评析公共参与的实例,展现我国人民的主人翁意识和社会责任感";水平 3 要求"抨击漠视、损害公共利益的行为,表达公共参与的强烈意愿,提出率先垂范的行动方案";水平 4 要求"全面阐述公共参与对公民直接行使民主权利的意义,论证公共参与是人民当家作主的必然表现和重要标志,是当代中国公民责任担当的宝贵品格和关键能力"。四级水平描述均指向"公共参与"素养,体现出素养水平逐层递进的要求。

四、学业质量水平与考试评价的关系

《课程标准》明确提出:思想政治学科学业质量是阶段性评价、学业水平合格性考试和学业水平等级性考试命题的重要依据。

阶段性评价是对学生一定阶段的学习效果进行的评价,实质上是一种过程评价。阶段性评价的方式很多,其中最典型、最重要的是阶段性考试,如单元考试、期中考试等。阶段性考试的主要目的在于考查学生对阶段性学习内容的掌握和运用情况、在学习过程中还存在哪些问题、如何解决这些问题等。显然,阶段性考试命题以学业质量标准为依据,才能真正了解学生的学业质量水平和教学中对学科核心素养的落实程度,有效调整教学的方向、调控教学的进程。

学业水平合格性考试是检验学生是否达到普通高中课程方案规定的基本学业要求的水平考试,是确定学生课程学习效果的重要方式,考试成绩是高中学生毕业的主要依据。《课程标准》明确提出,学业质量水平二是高中毕业生在本学科应该达到的合格要求。这就意味着学业水平合格考试的命题要瞄准学业质量的二级水平,试题对学生学业成就的考核要与学业质量二级水平相适应。

学业水平等级性考试是在"强化基础"的前提下,具有较好区分功能的水平考试,考试成绩计入普通高校统一考试招生录取的考生总成绩,是高校招生录取、学生继续升学的重要依据。《课程标准》明确提出,学业质量水平三是学业水平等级性考试的命题依据;学生达到水平四的相关表现可纳入综合素质档案中予以呈现,作为普通高等学校招生录取、自主招生的参考。这也就意味着学业水平等级性考试的命题要瞄准学业质量三级水平,试题对学生学业成就的考核要与学业质量三级水平相匹配。

第六节　高中思想政治课程实施建议

在《课程标准》中,提出了多方面的课程实施建议,主要包括教学与评价建议、学业水平考试命题建议、教材编写建议、对地方和学校实施本课程的建议等。

一、教学与评价建议

教学与评价是密切联系的两个方面,都必须以课程标准为基本依据,体现课程标准的基本精神。《课程标准》将这两方面的建议放在一起,也体现了它们之间密不可分的关系。课程标准在这方面提出的建议主要从两个层次、两个方面展开。两个层次即总体建议和具体建议;两个方面即教学建议和评价建议。两个层次、两个方面的建议相互联系、相互交织,密不可分,这里主要以总体建议和具体建议为基本思路进行简要介绍。

(一)教学与评价的总体建议

《课程标准》就教学与评价提出了一些总体性的建议和要求,主要包括以下几方面。

第一,以"六要"为基本标准,提升思想政治课教师的专业素养。讲好思想政治课关键在教师。习近平总书记不仅先后对教师提出了"四有"(有理想信念、有道德情操、有扎实学识、有仁爱之心)好老师标准和"四个引路人"(做学生锤炼品格的引路人,做学生学习知识的引路人,做学生创新思维的引路人,做学生奉献祖国的引路人)的要求,而且在学校思想政治理论课教师座谈会上提出了对思想政治课教师的"六要"新要求,即政治要强、情怀要深、思维要新、视野要广、自律要严、人格要正。这六个方面的要求既层次清晰、结构完整、内涵深刻,又相互关联、相互促进、相得益彰,构成了新时代思想政治课教师的专业标准和专业内涵。《课程标准》明确要求思想政治课教师应发挥积极性、主动性、创造性,按照"六要"的要求,不断提高自己的专业素养,这是开展好思想政治课教学与评价的关键。

第二,以"八个统一"为根本遵循,推进思想政治课教学与评价的改革创新。习近平总书记在学校思想政治理论课教师座谈会上明确提出了"八个统一"的具体要求,即坚持政治性和学理性相统一、价值性和知识性相统一、建设性和批判性相统一、理论性和实践性相统一、统一性和多样性相统一、主导性和主体性相统一、灌输性和启发性相统一、显性教育和隐性教育相统一。"八个统一"是对我国思想政治课建设长期以来形成的规律性认识和成功经验的深刻总结,也是对多年来思想政治课教学与评价中所遇到的问题和难题的明确回应,为思想政治课的改革创新指明了方向。《课程标准》明确要求教学与评价要坚持"八个统一",增强思想政治课的思想性、理论性和亲和力、针对性。

第三,以课程标准为依据,以发展学生思想政治学科核心素养为目标,力求将学业质量转化为具体的教学要求,体现教学与评价的一致性。就教学而言,要运用多种方式方法,引导学生自主学习、合作学习和探究学习,强调学生的活动体验是其思想政治学科核心素养发展的重要途径;从评价来看,要将过程性评价与终结性评价相结合,着重评估学生解决情境化问题的过程和结果,反映学生所表现出来的思想政治学科核心素养发展水平。

（二）教学与评价的具体建议

《课程标准》在提出教学与评价总体要求的基础上，提出了四个方面的教学与评价的具体建议：活动型学科课程的教学设计；辨析式学习过程的价值引领；综合性教学形式的有效倡导；系列化社会实践活动的广泛开展。

1. 围绕议题，设计活动型学科课程的教学

高中思想政治课是活动型学科课程，这种课程性质主要通过活动设计体现出来。因此，高中思想政治课程的教学与评价要关注活动设计，使活动设计成为教学设计和承载学科内容的重要形式。

（1）在教学方面

在教学方面，《课程标准》倡导教学设计围绕议题进行，实施议题式教学。所谓议题式教学，就是以议题为依托、以活动为载体、实现对学生的观点教育和价值引领的教学方式。显然，在活动型学科课程的教学设计中，重点需要注意议题的确定、活动的设计、内容目标的落实三方面的问题。

第一，议题的确定。教学设计能否反映活动型学科课程实施的思路，关键在于能否恰当确定开展活动的议题。议题，就是对教学内容进行活动化设计的主题。一般而言，议题应该符合以下基本要求：从内容看，议题应该既蕴含学科教学的具体内容，又展示价值判断的基本观点，既体现教学的重点，又针对学习的难点；从功能看，议题应该具有联结学科知识与生活实际的桥梁作用，显现价值引领和行为引导的教育作用，成为培育学生学科核心素养的重要路径；从特性看，议题应该具有开放性和探究性，有思维空间和探究价值，值得学生去探究，学生也能够探究。

第二，活动的设计。这里的活动，是指围绕议题所设计的系列化活动，贯穿于教学全过程。就活动类型看，可以是课堂上的活动，如辩论辨析活动、讨论交流活动、问题探究活动、角色扮演活动、策划设计活动等；也可以是社会实践活动，如志愿服务活动、参观访问活动、社会调查活动等。就活动设计的内容看，围绕议题展开的活动设计，应该包括提示学生思考问题的情境、运用资料的方法、共同探究的策略，并提供表达和解释的机会。就活动设计的要求看，活动设计应有明确的目标和清晰的线索，统筹议题涉及的主要内容和相关知识，并进行序列化处理；要了解学生对议题的认识状况及原有经验，以提高教学的针对性、实效性；还要了解议题的实践价值，创设丰富多样的教学情境，引导学生面对生活世界的各种现实问题。

第三，内容目标的落实。活动型学科课程的教学设计必须瞄准教学目标、基于课程内容，议题的确定、活动的设计都要对应结构化的学科内容、导向性的价值目标。以议题为依托，以活动为载体，教学内容活动化，活动设计内容化，让教学在活动设计的轨道上运行，使学生在活动中感悟、体验、探究、创造，达成基本观点，符合活动型学科课程的特征，也是引导学生经历过程、达成观点、提升学科核心素养的基本路径。

（2）在评价方面

在评价方面，《课程标准》强调教学评价要专注学科核心素养的行为表现。以生为本，以学评教，已经成为人们在教学评价方面的共识。但教学评价究竟以学生的什么为本、怎样才是以生为本？以什么样的学评教，怎样才是以学评教？还值得我们进一步认真思考。活动型学科课程的教学评价强调要突出反映学生的学科核心素养，重点考查学生学科核心素养的行为表现。在具体实施中需要注意以下两点。

第一，在评价方式上，一般采用"求同"取向与"求异"取向相结合的验证思路。所谓"求同"，就是教学评价有统一标准，即教学必须能够提升学生的学科核心素养，实现对学生的马克思主义基本观点教育和思想政治方向引领。所谓"求异"，就是教学评价没有标准答案，鼓励学生运用相关学科知识和技能，基于不同经验、出自不同视角、运用不同素材、表达不同见解、提出不同问题解决方案。不能简单地以"标准答案"束缚学生的手脚、限制学生的发展空间。

第二，在评价内容上，既评价达成基本观点的过程，也评价实现教学设计的效果。活动型学科课程的教学以议题为依托，以活动为载体，引导学生经历活动过程、达成基本观点、提升学科核心素养。因此，教学评价必须既重过程，关注学生在学习中的态度和表现；也重结果，关注学生通过学习是否达成了学习目标，提升了学科核心素养。

2. 强化辨析，选择积极价值引领的学习路径

高中思想政治课是落实立德树人根本任务的关键课程，以培育社会主义核心价值观为目的，着力引导学生在人生成长的道路上把握正确的思想政治方向。因此，思想政治课程的教学与评价必须凸显价值引领的意义，用支撑思想政治学科核心素养的基本观点统整、统筹学科知识。有些学科概念旨在引导学生思考和行动，无须要求学生从理论上掌握其内涵。可通过范例分析展示观点，在价值冲突中深化理解，在比较鉴别中提高认识，在探究活动中拓展视野，引领学生认同、坚信社会主义核心价值观。

（1）在教学方面

在教学方面，《课程标准》要求强化辨析式教学。所谓辨析式教学，就是针对特定的教学内容，确定具有争议性、探究性的问题作为辩点，引导学生在独立思考的基础上进行分析、辨别、论证、交流，作出正确的价值判断和价值选择的教学方式。辨析式教学的基本路径主要包括三个步骤：确定辨析点、进行辨别分析与交流研讨、作出价值判断和价值选择。高中思想政治课教学要立足于当今信息化环境下学习的新特点，直面社会思想文化的影响相互交织、相互渗透，学生接受信息的渠道明显增多的新态势；要着眼于学生思想活动的独立性、选择性、多变性、差异性和高中阶段成长的新特点，引导他们步入开放的、辨析式的学习路径，理性面对不同观点。只有使学生亲历自主辨识、分析的过程,并作出判断,才能真正实现有效的价值引领。

(2)在评价方面

在评价方面,《课程标准》强调要处理好过程与结论、导向性与开放性、思想内涵与辨析形式三方面的关系。

第一,过程与结论的关系。既要关注过程,考查学生是否能够积极参与辨析的过程,是否能够针对辨析点准确运用学科知识、结合已有经验进行讨论辩论,是否能够充分发表自己的见解、展示自己的价值判断;又不忽略结论,考查学生通过辨析所得到的结论是否在"求异"的基础上实现了"求同",是否符合正确的价值标准,是否能够实现正确的价值导向。

第二,导向性与开放性的关系。既要注重开放性,考查辨析的问题是否具有争议性、探究性,能够引发学生的价值两难选择;辨析的过程是否体现师生之间、生生之间的和谐平等,能够引导学生积极思维和交往互动;预设与生成的关系是否处理得当,能够动态生成各种教学资源并积极捕捉和恰当利用。又要强调导向性,考查辨析的最终目的是否指向马克思主义基本观点教育和正确的思想政治方向的引领,能够有效地发展学生的学科核心素养。

第三,思想内涵与辨析形式的关系。既要注重辨析的形式,考查在辨析式教学的过程中,教师是否采用丰富多彩的形式引导学生进行学习,提高学生的学习兴趣和学习质量;又要强调学习的意义,学生思想政治课程学习的根本价值和最终意义在于提升学科核心素养和确立正确的价值观,辨析式教学不论采用什么样的形式,都必须服务于这种教学目标和内容,严格遵循意义优先、兼顾形式的原则。

3. 优化案例,采用情境创设的综合性教学形式

高中思想政治课程具有综合性,课程内容既涉及马克思主义哲学、政治经济学、政治学、文化学、法学等多个学科,也与纷繁复杂的社会现实和学生实际密切联系。因此,高中思想政治课教学和评价既要体现内容的广泛性,又要关注问题的复杂性;既要多维度观察对象,又要多途径进行探究。

(1)在教学方面

在教学方面,《课程标准》倡导以案例为载体的综合性教学。所谓综合性教学,就是从思想政治课程的综合性特点出发,通过给学生提供具有综合视点的案例,引导学生进行多维度的合作探究,积极主动地获取综合性的学科知识,发展综合能力,提升综合素养。显然,这里有两方面的问题值得注意:对"综合"准确把握和对"案例"进行优化。

综合性教学的"综合"突出表现在三个方面:一是学科知识的综合把握和综合运用;二是典型案例和社会现象的多维度、多层面分析和判断;三是学生学科核心素养的综合发展。因此,综合性教学要突出学科知识的整体构建、学科知识与能力的综合运用、学科核心素养的综合培育。既要着眼于同一课程模块的内容,综合不同的学科核心素养要素,又要着眼于同一学科核心素养要素,综合不同课程模块的内容,最终实现学生学科核心素养的综合发展。

综合性教学以案例为载体,教学中必须注重案例的优化,使案例具有综合性的功能,符合综合性教学的要求。这种"综合"的功能和要求集中表现在:能有效地支持、服务于学科核心素养的综合培育;能综合性地承载教学内容、贯穿逻辑线索;其内在意涵具有丰富的、现实的、可扩展的解释空间,可以从不同的层面和角度进行综合分析;能围绕议题,组织实施系列化的活动;能显现生活中真实的情境,体现学科知识与社会实际的有机联系。

(2)在评价方面

在评价方面,《课程标准》强调要重点考查学生整合知识、理论联系实际、分析和解决问题的能力。

第一,重点考查整合知识的能力。整合知识就是将分散的知识通过一定的方式联系起来,构建新的知识体系、形成知识网络。整合知识具有典型的综合性特点,也是综合性教学的基本要求。进行综合性教学评价,要重点考查学生是否具有基于学科逻辑、教学逻辑等整合知识,将学科知识系统化、结构化的意识和能力,是否养成用联系的、整体的观点认识和分析事物的良好习惯。

第二,重点考查理论联系实际的能力。理论联系实际是思想政治课教学的重要原则,也体现思想政治课程的综合性特点和教学的基本要求。进行综合性教学评价,要重点考查学生对学科知识的掌握情况、对社会实际的敏锐程度,以及运用学科知识分析现实问题、借助社会实际印证学科道理的能力。

第三,重点考查分析和解决问题的能力。分析和解决问题的能力是思想政治课最典型的学科能力之一,它要求综合运用学科知识分析解决纷繁复杂的社会现象和问题,尤其是综合运用马克思主义立场、观点、方法分析社会生活中的热点焦点问题和人生发展中的认识问题、思想问题,作出正确的价值判断和价值选择。进行综合性教学评价,要重点考查学生是否具有马克思主义立场、观点和方法,是否能够灵活运用马克思主义立场、观点和方法分析和解决问题,把握正确的思想政治方向。

此外,实施综合性教学评价,也要考查对情境的创设和案例的选取是否恰当。进行综合性评价的过程,也是反思和评估情境创设和案例选取是否合理、是否高效的过程,据此可以进一步优化情境和案例,不断提高教学效率和效果。

4. 走出教室,迈入社会实践活动的大课堂

学科内容的教学与社会实践活动相结合,是活动型学科课程的显著特点。高中思想政治课教学与评价要体现活动型学科课程的特点,注重社会实践活动的价值。

（1）在教学方面

在教学方面，《课程标准》倡导活动教学。所谓活动教学，就是在教学中通过组织实施一定的活动，引导学生积极参与和体验、思考和实践，实现学生综合素质的发展。高中思想政治课活动教学可以在课堂上进行，基于课堂上的学生活动展开，包括讨论辩论活动、角色扮演活动、策划设计活动等；也可以在课外进行，基于社会实践活动展开，包括志愿服务、社会调查、专题访谈、参观访问，以及各种职业体验等。社会实践活动为教学提供了更广阔的空间、更丰富的资源、更真实的情境，是实施活动型学科课程的社会大课堂。开展社会实践活动，要从学生的成长需要出发，注重通过乡土资源的开发与利用，丰富教学内容，加深学生对社会的认识与理解。

（2）在评价方面

在评价方面，《课程标准》倡导发展性评价。具体从三方面提出要求：第一，在评价内容上，以议题为纽带，以活动任务为依托，不仅要评价有关学科内容的学习效果，而且要评价学生在社会实践活动中表现出来的情感、态度、能力。第二，在评价主体上，可以学生的自我记录、自我小结为主，兼顾同学、教师、家人、社区工作人员等的评价。第三，在评价重点上，关注学科核心素养能否得到提升，具体要看学习目标是否明确，活动设计是否合理，活动组织是否恰当，活动资源是否充分利用，学生的主体性、创造性是否得到充分发挥，学生的交往能力是否得到增强，学生是否有获得感、成就感。

二、学业水平考试命题建议

学业水平考试是根据课程标准和教育考试规定，由省级教育行政部门组织实施的考试，主要考查学生达到国家规定学习要求的程度，是保障教育教学质量的一项重要制度，也是衡量学校教育教学质量的重要参考。学业水平考试成绩是学生毕业和升学的重要依据，考试命题具有重要的导向作用，直接影响到教学活动的开展、学生综合素质的提升、教学改革的推进。为了提高学业水平考试的命题质量和水平，《课程标准》从命题的指导思想、命题框架、命题、评分四个方面对学业水平考试命题提出了建议。

（一）把握学业水平考试的目标和要求

命题首先要明确考试的目标。高中思想政治课的考试多种多样，不同的考试对命题会有不同的要求。例如，达标性考试的试题一般难度较小，区分度较低，试题形式可以更灵活多样；而选拔性考试则要求试题有较大的难度和较高的区分度，试题形式也相对稳定。因此，命题首先必须明确考试的目标，这是命题工作的基本出发点。

根据《课程标准》，高中思想政治学业水平考试的目标是：坚持以学生的思想政治学科核心素养发展水平为考查对象，考查学生能否综合运用相关学科内容，参与社会实际生活，在真实情境中提出问题、分析问题和解决问题；重点关注能否坚持正确的思想政治方向,形成正确的世界观、人生观、价值观,是否展现出了适应当代社会发展和终身发展所需要的、必备的思想政治学科核心素养。[①]

高中思想政治学业水平考试要实现这一目标,在命题中应遵循以下基本要求。

1. 根据完成任务的表现评价学科核心素养发展水平

学业水平考试以学生的学科核心素养发展水平为考查对象。学科核心素养作为人的内在品质和能力,往往具有隐蔽性,不能直接观测和度量,但它可以在学生执行具体任务的过程中,通过外显行为表现出来。因此,我们可以根据学生完成任务的表现评价学生学科核心素养发展水平。

需要注意的是:一方面,学生完成任务会有不同的外显行为表现和行为特征,不同的外显行为表现和行为特征通常能够体现出学科核心素养的不同发展水平;另一方面,学科核心素养的行为表现与具体任务类型并非一一对应,完成同一项任务时的行为表现,可以反映多个学科核心素养要素的发展水平,同一个学科核心素养要素的发展水平,也可以通过完成不同类型任务的外显行为体现出来。因此,测试思想政治学科核心素养发展水平,需要把握学科核心素养每个水平等级的行为表现和行为特征。

2. 注重情境对展示学科核心素养发展水平的价值

考查学生的学科核心素养发展水平,需要以具体的真实情境作为执行特定任务和运用学科内容的背景与依托,学科内容也只有与具体的问题情境相融合,才能体现出它的素养意义,反映学生真实的价值观、品格和能力。考查学生学科核心素养发展水平的情境多种多样,《课程标准》根据情境的复杂程度划分为简单情境、一般情境、复杂情境、具有挑战性的复杂情境,学生在不同情境中的行为表现对应不同的学科核心素养水平,评价学生的学科核心素养就是看学生能否运用学科内容应对各种社会生活情境中的问题和挑战。

需要注意的是:学科核心素养的行为表现与情境之间的关系是复杂的。同一个情境,可以展现出不同学科核心素养要素或同一个学科核心素养要素的不同水平;同一个学科核心素养要素及其水平,也可以通过不同的情境表现出来。

3. 注重学科内容的整合性对评价学科核心素养的意义

考查学生的学科核心素养,必须强调学生对学科内容的整体理解、把握和运用。在学业水平考试中,学生应对特定的问题情境、执行特定的目标任务,都需要建立在整合相关学科内容的基础上,要综合运用学科的相关知识去分析情境、完成任务。因此,要明确学科核心素养是学科整体内容的结晶,每个课程模块内容都具有培育学科核心素养的价值,每一学科核心素养培育也有赖于所有课程模块内容来实现。

[①] 教育部.普通高中思想政治课程标准(2017年版2020年修订)[S].北京:人民教育出版社,2020:49.

　　总之,准确把握学科核心素养与任务、情境、学科内容之间的关系,是依据学业质量标准测试学科核心素养发展水平的前提。其中,执行任务是将内在的学科核心素养外显为可观测行为表现的媒介,情境是运用学科内容、执行任务、展现学科核心素养发展水平的平台,学科内容是印证与考查学科核心素养发展水平的依托。

(二)制定学科任务导向型的学业水平考试命题框架

　　高中思想政治学业水平考试命题框架,以学科任务导向为标志,由关键行为表现、学科任务、评价情境和学科内容等四个基本维度构成,目的在于有效测试思想政治学科核心素养的真实发展水平。显然,这个命题框架由关键行为表现、学科任务、评价情境和学科内容四个基本要素构成,以学科内容为依托,以评价情境为平台,以学科任务为媒介,通过学生完成学科任务的质量来观察和推断学生的学科核心素养发展水平。由此出发,制定学业水平考试命题框架要重点做好四个方面的工作。

1. 构建评价学科核心素养发展水平的关键行为表现指标体系

　　学生学科核心素养发展水平的评价需要借助学生在执行具体任务中的关键行为表现来进行,但展现核心素养及其发展水平的学生行为表现是丰富多样的,而且受众多因素的影响,这些行为表现与学科核心素养各要素之间的内在关联程度并不相同。因此,学业水平考试命题框架的制定,必须强调构建评价学科核心素养发展水平的行为表现指标体系。

　　在操作思路上,可以根据敏感性强、随机性小两个要求,兼顾纸笔测试,筛选与每个学科核心素养要素有关、可纸笔测试的关键行为表现构成指标体系,作为推断学科核心素养发展水平的基础,从而保证素养水平测试的准确与便捷。

2. 界定学科任务的类别及影响任务难度的因素

　　体现学科核心素养及其发展水平的学生行为表现是在任务完成过程中展现出来的。思想政治学科任务的类别多种多样,可以从不同角度进行分类。为了在测试中获得预期的关键行为表现,应该基于思想政治学科性质和育人价值,界定基本的学科任务类别,并逐一分析影响其任务难度的基本因素,作为设计不同类型试题的参考。

　　基于思想政治学科性质和育人价值,思想政治学科任务主要有描述与分类、解释与论证、预测与选择、辨析与评价等几个类别。"描述与分类"回答的是"是什么"的问题,要求学生对一定情境中的事物或问题的表现、特征等进行描述;"解释与论证"回答的是"为什么"的问题,要求学生针对一定情境中的事物或问题,运用学科知识和技能分析原因、理清关系、论证说明等;"预测与选择"回答的是"怎样做"的问题,要求学生结合具体情境,预测事物发展的趋势、提出问题解决的方案等;"辨析与评价"回答的是"应该怎样做"的问题,要求学生结合具体的情境,分析事物的价值与功能、辨析事物之间的异同优劣、评析事物和现象及其影响等。

影响学科任务难度的因素多种多样,不同类型学科任务难度的影响因素也不尽相同。一般而言,情境的复杂程度与不确定程度、学生对情境的熟悉程度、要求学生对情境进行分析的维度、学生对学科知识和技能的掌握程度等,是影响学科任务难度的基本因素。情境越复杂,情境的不确定性越大,学生对情境越不熟悉,要求学生对情境进行分析的维度越多,学生对学科知识的掌握程度越低,学科任务的难度就越大。

3. 确定复杂程度不同的典型情境

考查学生的核心素养发展水平以学科任务为导向,思想政治课学科任务的设计,总是基于一定的问题情境。思想政治课学业水平考试的命题,需要根据课程目标和内容,筛选一定的典型情境,以此作为提出学科任务的背景和依托。

典型情境多种多样,复杂程度各不相同。基于学科核心素养的水平划分和考查要求,《课程标准》根据复杂程度将情境划分为简单情境、一般情境、复杂情境、具有挑战性的复杂情境四个层次,四类情境分别适用于提出难度不同的学科任务,考查学生学科核心素养的不同水平。简单情境适用于提出简单学科任务,考查学生是否达到学科核心素养一级水平;一般情境适用于提出一般学科任务,考查学生是否达到学科核心素养二级水平;复杂情境适用于复杂学科任务,考查学生是否达到学科核心素养三级水平;具有挑战性的复杂情境适用于提出具有挑战性的学科任务,考查学生是否达到学科核心素养四级水平。

情境的复杂程度受多方面因素的影响,主要有以下七方面:①情境涉及的行为主体;②主体之间的相互作用;③决策要实现的相互竞争的目标;④影响决策及其结果的因素;⑤情境的不确定性;⑥立场观点或价值观、利益的多样性;⑦情境所蕴含的价值、功能、作用。一般来说,情境涉及的行为主体越多,主体之间的相互作用越强烈,决策要实现的相互竞争的目标越多,影响决策及其结果的因素越多,情境的不确定性越大,立场观点或价值观、利益越多样且相互冲突越大,情境所蕴含的价值、功能、作用越丰富多样,情境的复杂程度就会越高。学业水平考试中筛选情境要综合考虑这些要素,选择适合考查学科核心素养相应水平的典型情境。

4. 明确要考查的学科内容及其结构

学科核心素养并不见之于孤立的、碎片式的学科知识和技能的习得,而是见之于能否综合地、系统地运用学科知识和技能应对来自真实生活的问题。评价学生的学科核心素养水平,需要考查学生能否综合运用学科知识和技能去应对真实情境中的现象、解决现实生活中的问题。

学业水平考试命题必须着眼于思想政治课程的综合特性,根据学科内容之间的内在关联,按照课程内容要求与学业质量标准,梳理学科的基本概念、基本原理、基本观点、基本方法,明确它们之间的内在结构,据此确定学科内容的考查范围和形式。通过试题能够考查学生对学科内容的整合情况,以及综合运用学科知识分析和解决问题的能力。

总之,能够有效测试思想政治学科核心素养发展水平的试题,必定是指向核心素养及其关键行为表现,实现学科任务、评价情境、学科内容三者有机融合的试题。

(三)测试学科核心素养发展水平的命题要求

命制试题是学业水平考试命题工作的核心环节。具体的试题命制要依据考试目标和命题框架进行,尤其是要重点考虑以下几方面要求。

1. 恰当选择学科任务,任务指向要明确

学科任务是考查学生学科核心素养水平的载体,学生完成学科任务中的关键行为表现体现学生学科核心素养的发展水平。因此,学业水平考试命题必须注意学科任务的选择和确定。首先,要根据不同学科核心素养要素的测试目标,恰当选择学科任务的类型。其次,要根据所测试的学科核心素养要素的水平,合理确定学科任务的难度,认真分析学科任务对学生的要求,确保通过学生完成学科任务的关键行为表现能够准确推断学生的学科核心素养水平。最后,学科任务要含义清晰,指向明确,不能引起歧义。既方便学生准确理解和努力完成,也有利于在评价中对学生的学科核心素养水平作出正确推断。

2. 创设评价情境,情境设置要结构化

典型情境是承载学科任务、考查学生学科核心素养的依托,学生完成学科任务需要在一定的典型情境中进行。因此,学业水平考试命题必须巧妙创设适合于评价的典型情境。首先,情境要源于真实生活,是真实生活的再现。情境只有真实,才能使学生在情境中愿意真实地表达自己的看法,真实地表现自己的素养发展水平。其次,要对情境进行有针对性的建构。源于真实生活的情境不是真实生活原封不动的照搬,而需要依据考查的学科核心素养及其水平进行有针对性的加工,保留关键性的事实与特征,剔除无关紧要的细枝末节。最后,情境要提供必要的信息支持。情境是学生完成学科任务的背景,学生要能够从情境中获取必要的信息,并以此为基础有效完成学科任务。

3. 确保试题的科学性、公平性和难度适宜

学业水平考试命题既要符合课程标准的要求,遵循考试的命题框架,也要符合教育测量科学性、公平性和难度适宜的一般要求。首先,试题要有科学性。例如,试题的内容不能有知识性的错误,不能与本学科的概念、原理、观点相悖;试题的表述要做到简洁精练、题意明确、思路清楚、逻辑严密、语言规范,不出现模棱两可、不明题意的障碍。其次,试题要体现公平性。例如,试题要兼顾地区差异和城乡差异、兼顾国家的要求和学生的发展水平等。最后,命题要难度适宜。例如,试题创设的情境应该是高中学生能够理解的、要尽量避免使用学生不熟悉的术语、要充分考虑试题难度分布和区分度等。

（四）制定基于学科任务完成质量的试题评分标准

根据题型的不同,学业水平考试既要有答案唯一的试题,又要有答案开放的试题;既要有只需呈现最终答案的试题,又要有需要解释答案理由与展现解题过程的试题。

就思想政治学科而言,学业水平考试应该有相当数量的开放性试题。制定这种试题的评分标准,要兼顾共同性与差异性。所谓"共同性",是指评价标准的共同性,即要有共同的基本立场、观点和价值观,有共同的评价尺度,这是必须坚持的最根本标准,也是思想政治课的根本特性所在。所谓"差异性",是指在共同评价尺度的前提下可以体现差异性,学生可以采用不同视角、运用不同素材、采取不同思路、表达不同见解、提出不同的问题解决方案等,透过这种有差异的解题过程与思维过程,划分评价等级,判断学生在特定情境中学科任务完成的不同质量,推断其学科核心素养发展水平。

针对不同类型的学科任务制定试题评分标准,要根据划分思想政治学科核心素养水平的基本原则,建立评价不同学科任务完成质量的具体指标体系,以提高评价的科学性、公正性和可操作性。

三、教材编写建议

教材是教学的基本材料,是教学实施的重要载体,对落实立德树人的根本任务和学科核心素养的培育具有重要的意义。因此,《课程标准》对教材的编写提出了若干方面的建议。

（一）突出立德树人要求,着力培育思想政治学科核心素养

教材编写要立足于立德树人根本任务,以社会主义核心价值观为根本价值标准,以思想政治学科核心素养为育人的主导目标。立德树人是教育的根本任务,思想政治课是落实立德树人根本任务的关键课程,坚持立德树人是思想政治课最根本要求;社会主义核心价值观是社会主义核心价值体系的高度凝练和集中表达,体现"立什么德、树什么人"的问题,是立德树人根本任务完成情况的检验标准;学科核心素养是立德树人根本任务和社会主义核心价值观在课程中的具体体现。思想政治教材编写要以学科核心素养的培育为目标指向,具体落实社会主义核心价值观的培育,促进立德树人根本任务的完成。

同时,教材编写要处理好政治性和学理性、价值性和知识性、建设性和批判性、理论性和实践性、显性教育和隐性教育的关系。一方面,要强调教材内容的导向性,旗帜鲜明讲政治,彰显政治属性,明确政治立场,强调价值引领,教材知识点的选择和配置要服务于学科核心素养培育的目标,在彰显中华优秀传统文化的同时,强化有关中国特色社会主义道路自信、理论自信、制度自信、文化自信的内容安排。另一方面,又要注意教材呈现方式的生活化,通过学生喜闻乐见的鲜活案例阐述新时代中国特色社会主义经济、政

治、文化、社会和生态文明等内容,发掘丰富生动的课程资源和学生活动,让学科核心素养真正在教材中落实落细,使思想政治教育不仅有高度、有力度,而且有温度、有效度。

(二)依据课程标准,体现课程理念

课程标准是国家教育行政部门制定和颁布的规范课程与教学的纲领性文件,具有法规性质。就课程标准与教材的关系而言,课程标准是教材编写的基本依据,教材编写要依据课程标准进行。

首先,教材编写要充分体现课程标准阐述的基本理念。课程的基本理念是课程标准基本精神的集中体现,教材编写在框架设计、内容确定、素材选择、呈现方式等方面,都要依据课程标准提出的基本理念,表达课程改革的基本追求,反映高中阶段学生的特点,体现思想政治课程的本质。

其次,教材编写要遵循课程标准的设计。课程标准不仅对课程性质、课程基本理念等有明确的定位,而且对学科核心素养及其表现水平、课程结构与课程内容、课时安排与呈现方式、教学实施与学习评价等进行了系统的设计。教材编写必须遵循课程标准的设计,全面落实课程标准的要求。

最后,教材编写要体现特色。课程标准对课程内容的规定是具体明确、统一规范的,但这些内容在教材中如何呈现是可以灵活处理的。我国幅员辽阔,地区之间、城乡之间存在差异。在教材编写中,既要坚持统一标准,遵循课程标准的统一规定和要求,创造性地编写出高水平的教材,又要考虑城乡差异和地区差异,参照课程标准的有关提示和建议,创造性地编写出有特色的教材。

(三)利用多种课程资源,拓展学生视野

学科建设的历史发展和社会生活的复杂多样,为思想政治教材的编写提供了丰富的资源基础,教材编写必须精心筛选资源内容,恰当运用资源呈现方式。

就资源内容而言,教材编写要善于融通古今中外各种资源,特别是要把握好马克思主义、中华优秀传统文化和国外哲学社会科学三种资源。要按照立足中国、借鉴国外,挖掘历史、把握当代,关怀人类、面向未来的思路,精选相关资源,使教材既有深厚历史底蕴,又有鲜明时代特点;既彰显中国立场,又开阔国际视野。

就资源呈现方式而言,教材编写要跟进时代发展,方便教学进行。既要贴近学生生活,又要反映当代社会进步的新发展和科技发展的新成果;既要有利于教师进行创造性的教学,又要有益于学生潜能的发挥,满足不同类型学生发展的需求。

(四)体现活动型学科课程实施的新要求

首先,教材编写要体现课程定位。高中思想政治课是活动型学科课程,教材编写必须反映这种活动型学科课程实施的特点,既符合学科课程的基本要求,又注意活动型课程的典型特性,坚持学科内容与活动设计相融合、课堂教学与社会实践活动相对接。

其次,教材编写要注重活动设计。要通过设置开放的教学情境,提供多种课内外探究活动设计。通过活动设计,既为学生的学习留下空间,促进学生自主学习能力的发展;又为教师的教学提供参考,促进教师教学能力的提升。

最后,教材编写要关注学生发展。教材内容的选择、素材的选用、活动的设计等,都要体现以学生为中心的学习观和转变学习方式的要求,能够引导学生主动学习、合作探究、澄清概念、深化认识,从而体现出教材作为教学依据、引领教学活动的价值,发挥思想政治课程特有的育人功能。

(五)坚持政治性与科学性相统一的原则组织编写队伍

为了保证教材编写的质量,增强教材编写的科学性和适用性,要重视教材编写队伍的优化。

首先,在编写人员的素质上,要坚持政治立场坚定和德才兼备的遴选标准和要求。思想政治教材编写是一项政治性、业务性都很强的工作,作为编写者,既要政治素质过硬,具有鲜明的政治立场和政治担当,也要业务素质过硬,精通学科理论和教育教学规律。

其次,在编写队伍的构成上,要广泛吸纳学科专家、教育教学专家和具有丰富教学经验的教师、教研员参与。学科专家主要解决学科内容问题,对学科内容的科学性把关;教育教学专家主要解决学科内容的教育教学问题,对教育教学理论及其在思想政治学科中运用的合理性把关;具有丰富教学经验的教师和教研员主要解决学科内容在教学实践中的落实方式问题,对教材内容选择及呈现方式在中学思想政治课教学中的适用性把关。

四、对地方和学校实施本课程的建议

高中思想政治课程的实施,需要党的坚强领导和地方教育行政部门、教研机构、学校的有力保障。因此,《课程标准》也对地方和学校实施思想政治课程提出了几方面的建议。

(一)加强党对课程实施的全面领导

首先,要坚持统一性和多样性相统一。所谓统一性,就是思想政治课程实施要遵循国家对该课程的统一要求,包括教学目标、课程设置、教材使用、教学管理等方面的统一要求;所谓多样性,就是思想政治课程实施要考虑不同地区、不同时期、不同学生的实际,做到因地制宜、因时制宜、因材施教。

其次,要形成协同共管的合力和氛围。思想政治课程的实施是一项系统工程,需要各方面共同努力。要建立党委统一领导、党政齐抓共管、有关部门各负其责、全社会协同配合的工作格局,推动形成全党全社会努力办好思想政治课的良好氛围。

最后,要发挥党的领导核心作用和领导干部的模范带头作用。学校党委要坚持把从严管理和科学治理结合起来;学校党委书记、校长要带头走进课堂,带头推动思想政治课建设,带头联系思想政治课教师。

(二) 全面落实课程标准的要求,加大课程实施的培训指导

思想政治课程实施离不开教师的参与,从一定意义上说,教师甚至是影响课程实施的关键因素。因此,地方和学校在课程实施中要加强教师的培训指导。一方面,要通过培训促进教师理解课程标准。课程标准是教材编写、教师教学、学生学习和考试命题的依据,教师只有全面系统准确地理解了课程标准,才能更好地在教学中落实课程标准,充分发挥课程标准引领教学的作用。另一方面,要通过培训提高教师素质。教师是教学活动的设计者、组织者,在教学中起主导作用。各级教育行政部门、教研机构要根据课程标准对思想政治课教师专业素质的要求,切实做好教师培训和校本研修工作,促进教师更新课程理念和知识结构,转变教学方式,确保课程实施的效果。

(三) 根据课程方案,开足开齐必修课程,开好选修课程

必修课程是培育学生学科核心素养的基本载体,是体现国家意志、落实立德树人根本任务的主要途径,也是全体学生必须完成的学业。学校应该按照国家要求开设必修课程,不得随意减少课时。

选择性必修课程是对必修课程的延展,满足学生多样化的学习兴趣和升学需要,是选择本课程作为学业水平等级性考试的学生应完成的学业;选修课程是相关必修课程和选择性必修课程的进一步拓展,关注学生专业素养发展和学生个性化发展的需要。学校要开好选择性必修和选修课程,建立选课指导制度,编写《选课指导手册》,帮助学生根据个人兴趣、爱好和人生规划选择合适的课程。

(四) 结合实际,确保社会实践活动的有效开展

高中思想政治课是活动型学科课程,必须注重社会实践活动的价值,确保社会实践活动的有效开展。

首先,地方各级教育行政部门、教研机构以及学校要确保社会实践活动的开展。社会实践活动的开展需要学生走出教室和校门,深入社会进行切身体验,这仅仅靠思想政治课教师的力量是不够的,地方各级教育行政部门、教研机构以及学校有责任作为主体去组织和实施。

其次,采用灵活多样的社会实践活动方式。社会实践活动方式包括志愿服务、社会调查、专题访谈、参观访问,以及各种职业体验等。不论什么样的活动方式,都必须坚持社会实践活动的本土化特征和探究式要求,这是思想政治课教学富有典型的现实性与实践性、强大的生命力与吸引力的关键。要鼓励和支持教师采取灵活多样的活动方式,充分结合当地的环境条件、社会生活等实际特点,选择学生感兴趣的主题,开展深入的活动探究。

最后,积极为社会实践活动的开展提供支持。社会实践活动的开展需要有时间来进行,有的社会实践活动还需要有经费和其他各种条件来保障。学校可以根据社会实践活动的需要,灵活安排课时;对富有创造性的探索活动,给予更多资金保障和活动条件的支持。

(五) 采取多种方式,加强课程资源建设

课程资源是课程实施的基本保障。在思想政治课程实施中,地方和学校要采取多种方式,加强课程资源建设。

第一,学校要发挥教师课程资源建设的主体作用。课程资源的建设,不只是特定部门和人员的专业行为,更是教师主导的活动,教师是课程资源建设的主体。学校要发挥教师课程资源建设的主体作用,鼓励和支持教师根据当地实际,充分挖掘并有效利用一切可以利用的课程资源,为学生学习和教师教学的有效实施创造有利条件。

第二,教育行政部门、教研机构要统筹规划、指导和管理课程资源的开发和建设。一方面,要充分发挥不同地区、不同学校的优势,开发和建设丰富多样、新颖独特的课程资源;另一方面,要充分考虑地区与学校的差异,对资源开发能力不足的地区和学校给予全面而有力的支持,运用信息化技术,实现课程资源的共享。

本章小结

1. 我国现行的《普通高中思想政治课程标准(2017 年版 2020 年修订)》,基本结构大体由前言、课程性质与基本理念、学科核心素养与课程目标、课程结构、课程内容、学业质量、实施建议、附录等部分构成。

2. 高中思想政治课程的性质可以从课程地位、目的、功能、类型、实施等多个角度把握。其中最基本的课程性质定位是:高中思想政治课程是落实立德树人根本任务的关键课程,以培育社会主义核心价值观为目的,是帮助学生确立正确的政治方向、提高思想政治学科核心素养、增强社会理解和参与能力的综合性、活动型学科课程。

3. 高中思想政治课程的基本理念是:坚持正确的思想政治方向;构建以培育思想政治学科核心素养为主导的活动型学科课程;尊重学生身心发展规律,改进教学方式;建立促进学生思想政治学科核心素养发展的评价机制。

4. 学科核心素养是学科育人价值的集中体现,是学生通过学科学习而逐步形成的正确价值观念、必备品格和关键能力。思想政治学科核心素养主要包括政治认同、科学精神、法治意识、公共参与,每个学科核心素养要素划分为四级水平。四个学科核心素养要素既是一个有机整体、在内容上相互交融、在逻辑上相互依存,又在落实立德树人根本任务中具有各自独特的价值。

5. 高中思想政治课程目标是以学科核心素养为纲,三维一体进行整合和呈现。课程目标是学科核心素养在学生身上的表现,是学生通过课程学习要具有的学科核心素养。

6. 高中思想政治课程结构设计聚焦学科素养,突出学科特性;遵循客观规律,促进学生发展;坚持系统设计,体现学段特色;坚持继承创新,注重吸收借鉴。具体设计上采取模块式的组织形态,分为必修课程、选择性必修课程、选修课程。必修课程包括中国特色社会主义、经济与社会、政治与法治、哲学与文化四个模块;选择性必修课程包括当代国际政治与经济、法律与生活、逻辑与思维三个模块;选修课程包括财经与生活、法官与律师、历史上的哲学家三个模块。

7. 必修课程和选择性必修课程的内容,在《课程标准》中均按照模块概述、内容要求、教学提示、学业要求四个方面进行统一和规范的描述,分别说明是一个什么样的模块、学习什么样的内容、经过怎样的学习、达到什么样的要求;选修课程每个模块的课程内容描述由模块概述、内容要求两个方面构成。

8. 学业质量是学生在完成本学科课程学习后的学业成就表现。学业质量标准是以学科核心素养及其表现水平为主要维度,结合课程内容,对学生学业成就表现的总体刻画。基于学科核心素养,聚焦学生课程学习后表现出来的关键特征,高中思想政治课学业质量划分为四级水平。思想政治学科学业质量是阶段性评价、学业水平合格性考试和学业水平等级性考试命题的重要依据。

9. 高中思想政治课程的教学与评价,必须提升教师的素质,坚持"八个统一"的基本要求,以课程标准为依据,以发展学生思想政治学科核心素养为目标,力求将学业质量转化为具体的教学要求,体现教学与评价的一致性。要围绕议题,设计活动型学科课程的教学;强化辨析,选择积极价值引领的学习路径;优化案例,采用情境创设的综合性教学形式;走出教室,迈入社会实践活动的大课堂。

10. 高中思想政治课学业水平考试命题,要把握学业水平考试的目标和要求;制定学科任务导向型的学业水平考试命题框架;测试学科核心素养发展水平的命题要求;制定基于学科任务完成质量的试题评分标准。

11. 高中思想政治教材的编写,要突出立德树人要求,着力培育思想政治学科核心素养;依据课程标准,体现课程理念;利用多种课程资源,拓展学生视野;体现活动型学科课程实施的新要求;坚持政治性与科学性相统一的原则组织编写队伍。

12. 对地方和学校在实施思想政治课程中,要加强党对课程实施的全面领导;全面落实课程标准的要求,加大课程实施的培训指导;根据课程方案,开足开齐必修课程,开好选修课程;结合实际,确保社会实践活动的有效开展;采取多种方式,加强课程资源建设。

练习与思考

1. 简要介绍我国现行思想政治课程标准的基本结构。

2. 如何理解高中思想政治课程的性质和基本理念?

3. 基于对课程标准的分析,谈谈如何打造活动型学科课程。

4. 什么是思想政治学科核心素养? 简要分析思想政治学科核心素养要素之间的关系。

5. 基于对课程标准的分析,谈谈思想政治课程与教学如何坚持以培育学科核心素养为主导。

6. 简要分析高中思想政治课程结构设计的依据。

7. 简要分析高中思想政治课程结构及其内在关系。

8. 简要介绍高中思想政治必修课程、选择性必修课程的内容和学业要求。

9. 什么是学业质量和学业质量标准? 高中思想政治课学业质量水平是如何划分的?

10. 简要介绍高中思想政治课教学与评价的基本要求。

11. 谈谈高中思想政治课学业水平考试命题的基本规范和要求。

12. 地方和学校在思想政治课程实施方面要注意做好哪些方面的工作?

第三章 高中思想政治课程标准的宏观分析

高中思想政治课程标准的宏观分析,就是将高中思想政治课程标准看作高中思想政治课程与教学系统中的一个部分,从纵向和横向的多种联系中去全面、系统、准确地认识和把握。高中思想政治课程标准自身有一个演变发展的历程,其研制和实施也与多方面因素有着密切的关系,因此,高中思想政治课程标准的宏观分析可以从纵向和横向两个角度进行。

第一节 高中思想政治课程标准的纵向考察

高中思想政治课程标准的纵向考察,就是对高中思想政治课程标准的历史发展进行客观分析,追寻其演变过程,探求其变化规律和发展特点,从历史的视角为科学把握课程标准提供借鉴。

一、高中思想政治课程标准的历史演变

高中思想政治课程标准作为规范高中思想政治课程设置、课程内容安排等的课程文件,是随着高中思想政治课程的建设和发展而逐步产生、完善和发展的。为了考察的方便,我们把高中思想政治课程标准演变发展的历史分为几个历史时期。

(一)清朝末年

清朝末年,随着新式学堂制度在我国的建立,开始按照学科相对固定地设置课程,也开始出现一些规定课程设置、课程内容的课程文件,最典型的是《钦定学堂章程》和《奏定学堂章程》。

《钦定学堂章程》又称"壬寅学制",由清末管学大臣张百熙主持拟定,1902年8月颁布,包括《钦定蒙学堂章程》《钦定小学堂章程》《钦定中学堂章程》《钦定高等学堂章程》《钦定京师大学堂章程》及《考选入学章程》,把学校分为七级:蒙学堂、寻常小学堂、高等小学堂、中学堂、高等学堂或大学预科、大学堂、大学院,并详细规定了各级各类学堂的目标、性质、年限、入学条件、课程设置及相互衔接关系。这里没有我们今天的初中和高中的划分,只有中学堂的规定,明确提出中学堂4年,设置的宗旨在于加深高等小学毕业生的教育程度,增添其科目,为进一步深造打基础。中学堂的课程有12门,其中包括修身、讲经两门。《钦定学堂章程》颁布不到两年就被废止。

《奏定学堂章程》又称"癸卯学制",由张百熙、张之洞、荣庆等以日本学制为蓝本拟定,1904年1月公布,包括《初等小学堂章程》《高等小学堂章程》《中学堂章程》《高等学堂章程》《大学堂章程》《蒙学院及家庭教育法》《初级师范学堂章程》《优级师范学堂章程》《初等农工商实业学堂章程》《实业教员讲习所章程》《译学馆章程》《进士馆章程》,还有《学务纲要》《各学堂管理通则》《各学堂奖励章程》《各学堂考试章程》等。该学制规定学堂的立学宗旨是"以忠孝为本,以中国经史文学为基,俾学生心术壹归于纯正,而后以西学瀹其知识,练其艺能,务期他日成才,各适实用"。还规定了各级各类学堂的性质任务、修业年限及相互衔接和关系。①

《中学堂章程》是《奏定学堂章程》的一部分,包括立学总义、学科程度、计年入学、屋场图书器具、教员管理员5章,共35节。中学堂属于普通教育性质,兼有升学和就业两重任务,分官立、公立、私立3种,修业年限5年。课程有修身、读经讲经、中国文学、外国语、历史、地理、算学、博物、图画、体操、理化、法制及理财等,以"忠君、尊孔、尚公、尚武、尚实"为教育宗旨。其中"修身"摘讲陈宏谋《五种遗规》,即《养正遗规》《教女遗规》《训俗遗规》《从政遗规》和《在官法戒录》,读有益风化之古诗词;"法制及理财"讲法制大意、理财大意。

清末各级新学堂所订章程,是中国近代第一个以教育法令公布并在全国实行的学制,有对课程门类及课时的相关规定和说明,可以视为我国近代意义上的课程标准的雏形,但还不是严格意义上的课程标准。在中国,严格意义上的文本形态的课程标准,是在近代学制和教育体系的形成过程中,伴随着严格意义上的课程的明确化和系统化而产生的。

(二)民国时期

中华民国成立后,在蔡元培的主持下,教育部对教育制度进行了大的革新。

1912年1月,中华民国教育部公布了《普通教育暂行办法通令》和《普通教育暂行课程之标准》,这是中国资产阶级首次以政府的名义发布教育管理文件或规章,是民国初年实施教育改革的指导性文件。《普通教育暂行办法通令》是南京临时政府发布的第一个改革教育的法令,一共14条,很多条反映了资产阶级民主派的进步要求。例如,该法令规定"初等小学,可以男女同校";"凡各种教科书,务合乎共和民国宗旨,清学部颁行的教科书,一律禁用";"小学读经科,一律废止";"高等小学以上体操科,应注重兵式";"中等学校为普通教育,文、实不必分科";"废止旧时奖励出生"等。②《普通教育暂行课程之标准》是一个从课程内容上改造封建教育的法令,也是我国历史上第一次正式使用"课程标准"名称的文本形态。在这个文件中,具体规定了初等小学校、高等小学校、中学校以及师范学校的科目、课时、课程表与教学要求。

---

① 中国大百科全书《教育》编辑委员会.中国大百科全书·教育[M].北京:中国大百科全书出版社,1985:112-113.
② 中国大百科全书《教育》编辑委员会.中国大百科全书·教育[M].北京:中国大百科全书出版社,1985:422.

　　1912 年 9 月,中华民国教育部公布了教育宗旨:"注重道德教育,以实利教育、军国民教育辅之,更以美感教育完成其道德。"新教育宗旨否定了清末公布的"忠君、尊孔、尚公、尚武、尚实"的旧教育宗旨,第一次完整地提出了资产阶级德、智、体、美全面发展的方针。

　　1912 年 9 月和 12 月,中华民国教育部分别颁布《中学校令》和《中学校令施行规则》。《中学校令》是民国初年关于中学校的第一个通令,《中学校令施行规则》是依据《中学校令》对中学各种事项作出的具体规定。《中学校令》规定,中学校以完成普通教育,造成健全国民为宗旨。《中学校令施行规则》规定,中学校的教学科目为修身、国文、外国语、历史、地理、数学、博物、物理、化学、法制经济、图画、手工、乐歌、体操等,女子中学校加课家事、园艺、缝纫科目。外国语以英语为主,因地方条件可任择法、德、俄语之一种。①

　　显然,在思想政治课程方面,民国初期的中学校课程设置与晚晴时期相比,一个典型的变化是废除了晚清充满封建意识、宣传"忠君""尊孔"的读经讲经科,设修身、法制经济等课程。《中学校令施行规则》明确规定:"修身要旨在养成道德上之情操,并勉以躬行实践,完成国民之品格。修身宜授以道德要领,渐及对国家社会家族之责务,兼授伦理学大要,尤宜注意本国道德之特色。""法制经济要旨在养成公民观念及生活上必需之知识。法制经济宜授以现行法规及经济之大要。"②

　　从 1912 年到 1949 年,我国教育经历多次改革,出台了多个有关中学课程设置、课程内容、课时安排等的课程文件,颁布有多个与高中思想政治课相关的课程标准。具体见表 3-1。

表 3-1　民国时期颁布实施的高中思想政治课程标准

实施时间	课程标准或教学大纲名称
1913 年	中学校课程标准
1923 年	新学制课程标准纲要 高级中学公共必修的人生哲学课程纲要
1923 年	新学制课程标准纲要 高级中学公共必修的社会问题课程纲要
1923 年	新学制课程标准纲要 高级中学第一组必修的论理学初步课程纲要
1923 年	新学制课程标准纲要 高级中学第一组必修的心理学初步课程纲要
1932 年	高级中学公民课程标准
1936 年	高级中学公民课程标准
1940 年	修正高级中学公民课程标准
1941 年	六年制中学公民课程标准草案
1948 年	修订高级中学公民课程标准

---

　　① 中国大百科全书《教育》编辑委员会.中国大百科全书·教育[M].北京:中国大百科全书出版社,1985:423.

　　② 课程教材研究所.20 世纪中国中小学课程标准·教学大纲汇编:思想政治卷[M].北京:人民教育出版社,2001:135.

1913 年,中华民国教育部发布《中学校课程标准》,这是在《普通教育暂行课程标准》的基础上颁布的针对中学校教育的课程标准,也是我国首次颁布中等学校课程标准。《中学校课程标准》将中学生的学习阶段分四个学年,开设了修身、国文、外国语、历史、地理、数学、博物、物理化学、法制经济、图画、手工、家事园艺、缝纫、乐歌、体操 15 门课程,对每一学年每个科目的教学内容、课时数量等均做出明确规定。其中关于修身、法制经济课程的相关规定见表 3-2。

表 3-2　《中学校课程标准》(摘录)①

	第一学年		第二学年		第三学年		第四学年	
	每周时数	教学内容	每周时数	教学内容	每周时数	教学内容	每周时数	教学内容
修身	1	持躬处世,待人之道	1	对国家之责务,对社会之责务	1	对家族及自己之责务,对人类及万有之责务	1	伦理学大要,本国道德之特色
法制经济							2	法制大要,经济大要

这种早期的课程标准文本,内容比较简单,篇幅也较短,但比较充分地体现出民主思想性、全面发展性和生活实践性特点。尤其在思想政治教育方面,适应社会变革和时代发展,突出民主思想性。中华民国成立后,废除了清朝以"忠君、尊孔"为主导的教育方针,强调以培养国民民主意识为目的,突出"注重道德教育,以实利教育、军国民教育辅之,更以美感教育完成其道德"的新教育宗旨。以此为依据,《中学校课程标准》设置"修身"科,第一学年讲授"持躬处世,待人之道",第二学年讲授"对国家之责务,对社会之责务",第三学年讲授"对家族及自己之责务,对人类及万有之责务",第四学年讲授"伦理学大要,本国道德之特色",每学年思想教育层层深入,帮助中学生形成良好的思想道德,以便于"培养民德,开通民智"。此外,还规定开设"法制经济",讲授"法制大要,经济大要"。

1922 年 11 月,中华民国北洋政府颁布《学校系统改革案》,规定了新的学制系统,主要是采取当时美国一些州已经实行了 10 多年的"六三三制"。为区别于壬子癸丑学制,又称新学制。《学校系统改革案》对各级学校制度分别做了说明。初等教育修业年限为 6 年,分初高两级;中等教育修业年限为 6 年,分初高两级;高等教育修业年限 4—6 年。从中等教育来看,规定中学校修业年限为 6 年,分初高两级,各为 3 年。初级中学施行普通教育,得单设,并得视地方需要,兼顾各种职业科。高级中学分为普通、农、工、商、师范、家事等科,但得酌量地方情况,单设一科或兼设数科。职业学校的期限和程度,得酌

---

① 课程教材研究所.20 世纪中国中小学课程标准·教学大纲汇编:思想政治卷[M].北京:人民教育出版社,2001:136.

量各地方实际需要而定。师范学校修业年限为6年,得单设后两年或后三年,后者得酌行分组选修制。① 新学制的颁布和实施,标志着中国资产阶级新教育制度的确立和中国近代以来的学制体系建设的基本完成。

为了实施新学制,全国教育会联合会组织成立了新学制课程标准起草委员会,1923年刊布了新学制课程标准纲要。其中规定高级中学分普通科和职业科(有师范、商业、工业、农业、家事等科)。普通科以升学为目的,又分为两组:第一组注重文学和社会科学,相当于以前的文科;第二组注重数学和自然科学,相当于以前的实科,课程均分公共必修、分科专修、纯粹选修3部分。② 《新学制课程标准纲要》中包括《高级中学公共必修的人生哲学课程纲要》《高级中学公共必修的社会问题课程纲要》《高级中学第一组必修论理学初步课程纲要》《高级中学第一组必修心理学初步课程纲要》,每个"课程纲要"均对授课时间及学分、目的、纲目等进行了规定。

这个时期的课程标准文本相比于民国初期的《中学校课程标准》,各门课程有了自己独立的课程纲要,内容也相对趋于独立和完整。例如,以下是由黄炎培起草的《新学制课程标准纲要·高级中学公共必修的人生哲学课程纲要》的基本结构和内容,透过这一课程纲要,我们可以感受这一时期课程标准的特点。

新学制课程标准纲要
高级中学公共必修的人生哲学课程纲要③

(一)授课时间及学分

每周授课三小时,一学年授毕。(最好第三学年)共四学分。

(二)目的

在使学者渐明人生之真象,与修养之方法。

(三)纲目

1. 概论。先使学者各自唤起其对于人生之疑问。

2. 人之外观。

甲. 空间与人生。由身而家,而国,而地球,而太阳系,而诸星,而太空,列举诸学说,以明人生在空间之地位。

乙. 时间与人生。人之寿命,自有文字以来的历史,人类之历史,地球之历史,列举诸学说,使明人生寿命与世界总时间之比较。

---

① 中国大百科全书《教育》编辑委员会.中国大百科全书·教育[M].北京:中国大百科全书出版社,1985:295.
② 中国大百科全书《教育》编辑委员会.中国大百科全书·教育[M].北京:中国大百科全书出版社,1985:296.
③ 课程教材研究所.20世纪中国中小学课程标准·教学大纲汇编:思想政治卷[M].北京:人民教育出版社,2001:140-141.

丙.人与他物。人与他动物进化状态之比较,人与植物生命营养之异同,以及关于一切物平等诸学说,以明人与他物之比较观。

3.人之内观。

甲.身与心。人身之原则,诸器官之构造,生命之营养等,使明肉体分析与综合之真相。儒家所言性,与道家之精气神,佛家之八识,以及最近心理学家关于心灵之种种研究。使渐明心灵之为何物。

乙.生与死。生元,胎产,长大,老,死之原理,旁及长生,轮回,复活诸说,使略知生死之故。

4.人生之价值及其修养。人生客观的价值,主观的价值,以及关于心灵与肉体之各种修养法,使明人生对己对群之责任。

兼使获得尽此责任之途径。

1932年到1949年,以蒋介石为首的国民政府基本上都是在高级中学开设"公民"科,先后颁布了多个相应的高级中学公民课程标准。主要包括:1932年,国民政府教育部颁布《高级中学公民课程标准》;1936年,国民政府对课程标准进行修订,颁发《高级中学公民课程标准》;1940年,颁布《修正高级中学公民课程标准》;1941年,根据第三次全国教育会议"设六年制中学,不分初高中"的精神,颁布《六年制中学公民课程标准草案》;1948年,颁布《修订高级中学公民课程标准》。

这一时期的高级中学公民课程标准,在文本框架结构上进一步规范和完善,基本由目标、时间支配、教材大纲、实施方法概要等部分组成;在课程目标和内容上有过多次调整,但基本是将政治、经济、道德等方面内容结合起来,讲究系统性、规范性,注重知行统一,尤其注重国民党之主义纲要政策教育,表现出鲜明的政治意识形态色彩。

例如,以下是1940年颁布的《修正高级中学公民课程标准》的基本结构和内容(其中"教材大纲"部分的第三级目录省略),透过这一课程标准,我们可以了解这一时期公民课程标准的基本特点。①

修正高级中学公民课程标准
民国二十九年七月公布
第一　目标

(一)使学生认识中华民族之构成因素及其固有道德与国际之关系,以养成其伟大

---

① 课程教材研究所.20世纪中国中小学课程标准·教学大纲汇编:思想政治卷[M].北京:人民教育出版社,2001:172-174.

之民族意识。

（二）使学生明了政治制度、宪法运用、法律常识以及中国国民党之政纲、政策，以培养其使用民权之能力。

（三）使学生习得国民经济之常识，本国农、工商业及资源之情形，以启发其正确之民生观念。

第二　时间支配

每学期每周一小时，共三学年。

第三　教材大纲

一、第一学年第一、二学期

（一）公民与三民主义

（1）三民主义之涵养及其理论体系

（2）三民主义之演进与完成

（3）三民主义之国家学说

（4）三民主义与建国

（5）三民主义与全国全民

（二）公民与民族主义

（1）民族主义之要义

（2）民族之构成及其组织

（3）民族精神与公民道德

（4）民族问题与人口问题

（5）民族与国际关系

二、第二学年第一、二学期

（三）公民与民权主义

（1）民权主义之要义

（2）政治

（3）政党

（4）宪法

（5）现行法律

三、第三学年第一、二学期

（四）公民与民生主义

（1）民生主义之要义

（2）中国经济社会之特质

（3）中国之农业

（4）中国之工业

（5）中国之商业

（6）中国之金融及财政

（7）中国经济之改进

附注：

编辑教科书时，应多采用具体而与我国实际问题有关之材料，力避空泛之议论。

第四　实施方案概要

一、作业要项

（一）公民教育应与学校训育密切联络，并注重日常生活之实践。

（二）公民教材应与训育纲要取得联系。

（三）学生自治团体及课外活动应由学校指导进行，以实践公民训练。

（四）社会各种组织（包括政治、法律、经济及农、工、商业等），应令学生于可能范围内前往参观，俾从教室内之公民教学获得社会生活之印证，以养成其视察及评判之能力。

（五）学校应设备适于高中学生阅读有关公民教学之良好社会科学及青年修养书籍。遇有关公民教学之题材，并应举行讲演、研究等集会。

（六）培养学生组织能力与自治方法。

（七）酌授关于公民科应有之特殊教材（例如非常时期社会各项救济问题、社会金融之调剂以及工、商业管理等）。

二、教法要点

（一）正确青年思想起见，教材内容应本为三民主义、总理遗训及总裁训示，作有系统之编订，不得采用偏激性教材。

（二）一切教材应以适合本国国情政治信仰者为主，国外学说介绍时，须详释慎解，融会贯通，而以三民主义为依归。

（三）学校环境对于普通及特殊训练，应有适当之布置与设备，使学生观感接触，能获得良好之公民训练。

（四）教员应考察学生个性，指导其课外阅读有关之良好书籍，以满足其兴趣而善导其思想。

（五）讲解教材时，应注意实际社会调查材料及事实。

（三）新中国成立后的社会主义时期

新中国成立后，我国高中一直开设有思想政治课程，但是规定课程设置和课程内容的课程标准或教学大纲变动多次，具体的课程设置和教学内容变动频繁。总体来看，高中思想政治课课程标准或教学大纲的主要演变情况见表3-3。

表 3-3　新中国成立以来思想政治课课程标准或教学大纲的演变情况

实施时间	课程标准·教学大纲名称
1959 年	中等学校政治课教学大纲(试行草案)
1982 年	高级中学政治经济学常识教学大纲(试行草案)
1982 年	高级中学辩证唯物主义常识教学大纲(试行草案)
1986 年	中学思想政治课改革实验大纲(初稿)
1988 年	高级中学《科学人生观》改革实验教学大纲
1988 年	高级中学《经济常识》改革实验教学大纲
1988 年	高级中学《政治常识》改革实验教学大纲
1992 年	全日制中学思想政治课教学大纲(试用)
1996 年	全日制普通高级中学思想政治课课程标准(试行)
2004 年	普通高中思想政治课程标准(实验)
2018 年	普通高中思想政治课程标准(2017 年版)
2020 年	普通高中思想政治课程标准(2017 年版 2020 年修订)

1949 年中华人民共和国成立后,全国各地均根据自己的实际情况开设政治课,选定政治课教学内容。从 1949 年到 1958 年,我国也出台了一系列规定中学政治课课程设置、内容安排等的相关文件,如 1951 年教育部《关于改定中学政治课名称、教学时数及教材的通知》、1957 年《教育部关于 1957—1958 学年度中学教学计划的通知》《关于中学、师范学校设置政治课的通知》《教育部、团中央关于对中学和师范学校学生进行社会主义思想教育的联合通知》等。但是,由于这个时期我国政治运动频繁,思想政治课程的课程设置和内容安排受政治运动的影响较大,我们也还没有顾及政治课教学大纲或课程标准的编制,没有严格意义上的课程标准或教学大纲的颁布和实施。

1959 年 7 月,教育部制定并颁发了《中等学校政治课教学大纲(试行草案)》,这是新中国成立以后的第一个全国中学思想政治课教学大纲。教学大纲提出,政治课是党在学校中的思想政治工作的重要组成部分,中等学校政治课是思想政治教育和道德品质教育的重要课程,并对中等学校政治课的任务、课程设置和时间安排、编写教材的原则、教学注意事项、成绩考查和操行评定等作了明确规定。在课程设置方面,明确中等专业学校、师范学校和高中设"政治常识""经济常识""辩证唯物主义常识"课,并对课程内容以纲目的形式进行了规定。虽然当时我国的教育遭受极左思想的影响,但教学大纲的颁布,无疑使我国中等学校的政治课课程建设进入了一个规范化新阶段,促进我国中等教育的政治课课程建设提高到了一个新水平。

1961 年，教育部颁布了《关于改进中等学校政治课教学的意见》和《关于 1961—1962 学年度中等学校政治课课程设置和教学用书的通知》，对 1959 年的教学大纲作了适当的调整。1964 年，中央宣传部、高教部党组、教育部临时党组联合发布《关于改进高等学校、中等学校政治理论课的意见》，对政治理论课的根本任务、课程与教材的改进、教学方法的运用、教师队伍的培养、党对政治理论课的领导等提出了明确的要求。此后，由于受"文化大革命"的影响，思想政治课教学大纲长时期没有得到完善和发展。

1979 年，教育部召开全国中小学思想政治教育工作座谈会，发布《全国中小学思想政治教育工作座谈会纪要》，强调要加强中小学思想政治教育工作。

1980 年 9 月，教育部发出《关于印发改进和加强中学政治课的意见的通知》，对中学政治课的地位和任务、课程设置、教材编写、教学时数、教学原则、教学形式与方法、考试考查、教师队伍建设、加强党对政治课的领导等进行了明确的规定。根据中等教育的实践经验、中学的培养目标及政治课的任务，考虑学生的年龄特点、知识水平，政治课与其他学科的关系，提出了新的中学政治课课程设置方案。其中高中一年级开设《政治经济学常识》，高中二年级开设《辩证唯物主义常识》。并提出根据确定的课程设置方案，教育部组织力量编订教学大纲，供各地试用；教育部根据课程设置方案和教学大纲，统编全国使用的中学政治课教材和教学参考资料，供各年级使用。

1982 年，教育部组织编制和颁发了中学各课程的教学大纲，其中包括《高级中学政治经济学常识教学大纲（试行草案）》《高级中学辩证唯物主义常识教学大纲（试行草案）》。这是继 1959 年之后，教育部第二次颁发全国性的规范的高中政治课教学大纲。教学大纲不仅说明了教学目的和要求、处理教学内容的原则、教学中应注意的问题，而且以纲要的形式对教学内容要点进行明确的规定。

1985 年 5 月，《中共中央关于教育体制改革的决定》发布，指出我国教育体制在教育事业管理权限的划分、教育结构、教育思想、教育内容、教育方法上存在诸多弊端；教育体制改革的根本目的是提高民族素质，多出人才、出好人才；教育必须为社会主义建设服务，社会主义建设必须依靠教育。1985 年 8 月，中共中央下发《关于改革学校思想品德和政治理论课程教学的通知》，明确提出在高中阶段，要进行初步的经济学和其他社会科学的教育，使学生正确认识人生的意义以及个人和社会、权利和义务、主观和客观、自由和必然、幸福和牺牲、革新和传统、成功和失败、感情和理智、环境和毅力、精神和物质、先进性和群众性、理想和现实、现象和本质、中国和世界等一系列相互关系，初步学习运用马克思主义的观点、方法分析和观察社会现象，逐步树立为建立高度民主、高度文明的社会主义现代化国家和实现共产主义事业而奋斗的远大理想。1985 年 11 月，国家教委发布《关于落实中学思想政治课改革实验的通知》，决定在部分地方首先进行中学思想政治课改革的实验，并在调查研究的基础上确定了进行改革实验学校思想政治课的设置方案。由此开始,我国高中思想政治课开始了改革的历程,且改革一直延续至今。随着改革的不断深入,我国最高教育行政部门颁布和实施了多个课程标准或教学大纲,对高中思想政治课的课程设置和课程内容进行了多次调整。

1986 年,国家教委制定和颁布了《中学思想政治课改革实验大纲(初稿)》,规定"中学思想政治课是在马克思主义指导下对学生进行思想品德和社会科学基础知识教育的重要课程",提出了中学思想政治课改革实验的课程设置方案,其中高中思想政治课改革实验的课程设置方案为:高中一年级《共产主义人生观》、高中二年级《经济常识》、高中三年级《政治常识》,并对每一门课程的教学目的要求、处理教学内容的原则、教学内容要点进行了明确规定。

1988 年,国家教委对改革实验教学大纲进行了修订,对高中一年级的课程名称进行了变更,将《共产主义人生观》改为《科学人生观》,对各年级课程内容也进行了一定的调整。

1992 年 3 月,国家教委在总结中学思想政治课改革实施的经验的基础上,重新制定和颁发了《全日制中学思想政治课教学大纲(试用)》。大纲明确提出思想政治课是中学的一门主要学科,是对学生进行马列主义毛泽东思想基本常识和社会主义政治、思想、道德教育的课程,它对帮助学生确立正确的政治方向,培养学生社会主义的思想品德起着奠基作用,是中学德育主要途径之一。根据该教学大纲的规定,全日制中学从初中一年级至高中三年级,各年级不再分列具体的课程名称,统称"思想政治",但各年级内容相对集中,其中高中一年级进行马克思主义政治经济学常识教育,高中二年级进行辩证唯物主义世界观和科学人生观教育,高中三年级进行马克思主义政治学常识教育。教学大纲以纲要的形式对各年级的教学内容进行了比较具体和系统的安排。

1996 年,国家教委组织制定并颁布了《全日制普通高级中学思想政治课课程标准(试行)》,这是新中国成立以后,我国首次以课程标准取代教学大纲。该课程标准在基本结构上包括序言、教学内容和基本要求、教学原则与方式方法、教材编写与选用、学习评价与考核等部分。课程标准明确提出,思想政治课是对中学生系统进行公民品德教育和马克思主义常识教育的必修课程,是中学德育工作的主要途径,它对帮助学生确立正确的政治方向,树立科学的世界观、人生观、价值观,形成良好的道德品质起着重要的导向作用;高中思想政治课的教学简明扼要地讲授马克思主义经济学、哲学和政治学的基本观点,以及我国社会主义现代化建设常识,帮助学生初步形成观察社会、分析问题、选择人生道路的科学世界观、人生观和价值观,逐步提高参加社会实践的能力,使其成为具有良好政治、思想、道德素质的公民。课程标准不仅明确规定高中三个年级的教学内容分别为经济常识、哲学常识、政治常识,而且以表格的形式具体呈现了各年级教学的具体内容,以及教学内容的基本要求,基本要求按照"识记""理解""运用"三个基本层次或三级水平进行确定。

2004年,适应我国新世纪基础教育课程改革的需要,教育部颁发了《普通高中思想政治课程标准(实验)》。课程标准明确提出高中思想政治课进行马克思列宁主义、毛泽东思想、邓小平理论和"三个代表"重要思想的基本观点教育,以社会主义物质文明、政治文明、精神文明建设常识为基本内容,引导学生紧密结合与自己息息相关的经济、政治、文化生活,经历探究学习和社会实践的过程,领悟辩证唯物主义和历史唯物主义的基本观点和方法,切实提高参与现代社会生活的能力,逐步树立建设中国特色社会主义的共同理想,初步形成正确的世界观、人生观、价值观,为终身发展奠定思想政治素质基础。在课程设计上强调以生活为基础,以学科知识为支撑,以模块课程的方式,构建课程内容,把课程内容分为必修和选修两部分。必修部分包括经济生活、政治生活、文化生活、生活与哲学四个课程模块;选修部分包括科学社会主义常识、经济学常识、国家和国际组织常识、科学思维常识、生活中的法律常识、公民道德与伦理常识六个课程模块。

2018年年初,教育部颁发了《普通高中思想政治课程标准(2017年版)》。课程标准明确提出高中思想政治以立德树人为根本任务,以培育社会主义核心价值观为根本目的,是帮助学生确立正确的政治方向、提高思想政治学科核心素养、增强社会理解和参与能力的综合性、活动型学科课程。强调构建以培育思想政治学科核心素养为主导的活动型学科课程,课程结构由必修课程、选择性必修课程、选修课程构成,必修课程包括"中国特色社会主义""经济与社会""政治与法治""哲学与文化"四个模块,选择性必修课程包括"当代国际政治与经济""法律与生活""逻辑与思维"三个模块,选修课程包括"财经与生活""法官与律师""历史上的哲学家"三个模块。

2020年,教育部颁布了《普通高中思想政治课程标准(2017年版2020年修订)》,对2017年版的课程标准进行了修订。修订的课程标准明确提出思想政治课是落实立德树人根本任务的关键课程,并根据我国社会发展的实际对课程内容进行了一些新的调整,进一步突出了习近平新时代中国特色社会主义思想教育。

分析高中思想政治课程标准演变发展的历史,我们可以得出以下几点结论。

第一,从产生看,课程标准源自规范课程或教育内容的需要。课程标准不是从来就有的,从历史的角度看,课程标准的产生受课程演进状况的影响,受课程系统化和规范化程度及水平的驱动。只有当各级各类学校不断建立和发展,学科课程体系不断完善,学校课程设置趋于系统化,对学校课程设置加以规范和管理变得越来越必要的时候,作为对学校课程加以规范和管理的课程标准才得以产生。我国最初的课程标准,也是伴随着新式学堂制度的建立、近代学制和教育体系的形成,以及学校课程的明确化和系统化而产生的。

第二,在结构上,课程标准的文本结构逐步完善。早期的课程标准不仅结构比较简单,篇幅也比较简短,而且课程标准文本是综合性的,各学科的课程标准合在同一文本中,没有各学科独立的课程标准,高中思想政治课程也不例外。例如,民国政府1913年3月颁布的《中学校课程标准》,就是典型的综合性的课程标准文本。后来,课程标准逐步演变得比较具体和完善,不仅各学科有自己独立的课程标准,而且课程标准在结构上不断完善。例如,我国现行的《普通高中思想政治课程标准(2017年版2020年修订)》,既有课程性质与基本理念、学科核心素养与课程目标的规定,也有课程结构的设计、课程内容的安排、学业质量的要求,还有教学与评价、学业水平考试命题、教材编写、地方和学校对课程实施等多方面的建议。

第三,在内容上,课程标准的内容趋于系统化和具体化。早期的课程标准内容比较简单,基本上只是涉及设置的课程、课时,以及各有关科目的内容的简要陈述和要求。演变到现在,课程标准的内容明显系统化和具体化,不只是规定课程的设置和基本内容安排,而且包括对课程性质、课程理念、学科核心素养、课程目标、课程内容、教学时间、教学方法方式、学业质量等的规定和说明。就课程设置和课程内容安排而言,也不只是简单提出基本内容要义,而是对学科知识的教学内容目标及学业要求等都有明确的规定。

第四,在特性上,高中思想政治课程标准体现社会和时代发展的要求。高中思想政治课本身具有很强的阶级性和时代性,课程标准的研制和实施受国家和社会时局变化的影响自然在所难免。例如,清朝末年以"忠君、尊孔、尚公、尚武、尚实"为教育宗旨,《奏定学堂章程》设"读经""讲经"科,宣传"忠君""尊孔"等思想,充满封建意识。中华民国成立后,废除了清朝以"忠君、尊孔"为主导的教育方针,强调以培养国民民主意识为目的,确立了"注重道德教育,以实利教育、军国民教育辅之,更以美感教育完成其道德"的新教育宗旨。由此出发,中华民国教育部发布的《中学校课程标准》以"修身"科代替了清朝末年的"读经""讲经"科,体现出突出的民主思想性。再如,我国近年对高中思想政治课程标准的修订中,强调要坚持正确的政治方向,坚持党的领导,坚持社会主义办学方向,充分体现马克思主义的指导地位和基本立场,充分反映习近平新时代中国特色社会主义思想,有机融入坚持和发展中国特色社会主义、培育和践行社会主义核心价值观的基本内容和要求,继承和弘扬中华优秀传统文化、革命文化,发展社会主义先进文化,加强法治意识、国家安全、民族团结、生态文明和海洋权益等方面的教育,培养良好政治素质、道德品质和健全人格,使学生坚定中国特色社会主义道路自信、理论自信、制度自信和文化自信,引导学生形成正确的世界观、人生观、价值观,也都是着力体现时代发展的新要求、社会发展新变化、新时代中国特色社会主义理论和建设新成就。

二、高中思想政治课程标准与教学大纲的比较分析

从上述关于课程标准的历史考察来看,课程标准和教学大纲是两个我们不得不面对的概念,在我国不同的时期有不同的提法。1912年,由蔡元培任总长的南京临时政府教育部颁布《普通教育暂行课程标准》,我国课程史上第一次有了作为指导性文件来规范和管理课程的课程标准,此后,"课程标准"一词在中国一直沿用了40余年。新中国成立后,我国学习苏联的教育模式,将"课程标准"改成"教学大纲"。1996年,国家教委颁布《全日制普通高级中学思想政治课课程标准(试行)》,高中思想政治课率先开始了以课程标准取代教学大纲的探索。1999年1月,国务院批转了教育部《面向21世纪教育振兴行动计划》,要求到2000年初步形成现代化的基础教育课程框架和课程标准,改革教育内容和教学方法等。由此,"课程标准"以正式文件的形式再次载入史册。伴随着新世纪基础教育课程改革的推行,我国基础教育领域各学科全面以课程标准取代教学大纲。

从世界各国来看,究竟使用"教学大纲"还是"课程标准",也没有统一的提法,主要视各个国家的教育传统与理论背景而定。例如,最早使用"教学大纲"的德、法等国,现在还在沿用,只是这一词的内涵发生了很大变化,从原来的"教与学的内容纲要"演变为现在的"学生的学习结果纲要"。

应该说,课程标准和教学大纲都是教育行政部门颁布的纲领性文件,都是规范课程和教学的基本标准,它们具有基本一致的地位和功能,但结合教学大纲和课程标准的文本分析,可以发现它们之间是存在明显区别的。

第一,性质上的差异。教学大纲是教学文件,是根据课程内容及其体系和教学计划的要求编写的教学指导文件,关注的是教学目标和任务、教学内容及体系结构、教学进度和教学法的基本要求。课程标准是课程文件,是国家对课程的基本规范和质量要求,明确规定课程性质、课程基本理念、课程目标、课程结构、内容目标、实施建议等,尤其关注学生通过课程学习应该具有的基本素质。

第二,内容结构上的差异。我国近些年研制和修订的几个高中思想政治课程标准在内容结构上虽然不完全相同,但基本框架大体一致,主要包括前言、课程性质与基本理念、学科核心素养与课程目标、课程结构、课程内容、实施建议等部分。相比而言,教学大纲的结构比较简单一些,一般主要有"说明"和"大纲本文"两部分,前者说明教学目的要求、教材的编选原则、教学中应注意的问题等,后者依据知识的逻辑体系和学生认识过程的规律,系统安排课程的内容要点、教学时数等。以《普通高中思想政治课程标准(2017年版2020年修订)》和《全日制中学思想政治课教学大纲(试用)》为例,二者的基本框架结构比较见表3-4。

表 3-4　课程标准与教学大纲框架结构比较

课程标准		教学大纲	
前言	修订工作的指导思想和基本原则		
	修订的主要内容和变化		
课程性质与基本理念	课程性质		
	基本理念		
学科核心素养与课程目标	学科核心素养		
	课程目标		
课程结构	设计依据		
	结构		
	学分与选课		
课程内容	必修课程	教学内容和教学要求	
	选择性必修课程		
	选修课程		
学业质量	学业质量内涵		
	学业质量水平		
	学业质量水平与考试评价的关系		
实施建议	教学与评价建议	教学建议	*课时安排 *教学中应注意的问题 *考核与评价
	学业水平考试命题建议		
	教材编写建议		
	对地方和学校实施本课程的建议		
附录	附录1　思想政治学科核心素养水平划分		
	附录2　教学与评价案例		

　　第三，目标要求上的差异。教学大纲重点关注学生对知识与技能的掌握，且往往体现的是"最高要求"，是目标要求的上限，教学不能超越大纲。课程标准着眼于未来社会对国民素质的要求，重点关注的是学生的学科核心素养，是学生知识与技能、过程与方法、情感态度价值观方面的综合发展，而且往往体现的是学生通过课程学习要达到的基本要求，而不是最高要求，是目标要求的下限，教学可以根据实际在一定程度上超越标准。

　　第四，服务对象上的差异。教学大纲主要服务于教师的教，它对学科教学内容、教学要求等进行了十分具体细致的规定，对教师的教学工作真正能够起到具体直接的指导作用，便于教师学习和直接运用。课程标准主要服务于学生的学，它是国家制定的学生通过课程学习要达到的共同的、统一的基本要求,是学生通过学习应该而且能够达到的最低标准,便于学生明确课程学习的目标。

第五,作用方式上的差异。应该说,教学大纲和课程标准都是教材编写的依据、教学的依据、教学评价的依据,都对教材建设和教学活动开展具有重要的规范作用。但教学大纲对教学内容、教学要求的规定具体细致,"刚性"太强,缺乏弹性和选择性,没有给教材的特色化、教学的个性化、教学评价的分层化等留下足够的空间,难以适应不同地区发展极不平衡的状况、不同教师的个性特点和不同学生的个性发展的要求。而课程标准关注的是学生通过课程学习要达到的基本要求,主要对课程目标、课程内容、教学实施、教材编写、教学评价等提出指导和建议,具有较大的弹性,为教材编写、教学实施和教学评价等留下了较大的选择余地和灵活空间。

三、高中思想政治新旧课程标准的比较分析

21世纪以来,我国先后颁布了两个普通高中思想政治课程标准,分别是2004年颁布的《普通高中思想政治课程标准(实验)》和2018年颁布的《普通高中思想政治课程标准(2017年版)》,其中《普通高中思想政治课程标准(2017年版)》又于2020年进行了修订。这里我们就最新的《普通高中思想政治课程标准(2017年版2020年修订)》(以下简称新《课标》)与《普通高中思想政治课程标准(实验)》(以下简称旧《课标》)进行比较分析,探寻高中思想政治课程标准的变化和发展。

(一)结构体系比较

在课程标准的体系结构方面,旧《课标》由前言、课程目标、内容标准、实施建议四部分构成,其中前言又包括课程性质、课程的基本理念、课程设计思路;新《课标》由前言、课程性质与基本理念、学科核心素养与课程目标、课程结构、课程内容、学业质量、实施建议、附录八部分组成。新《课标》与旧《课标》结构体系比较见表3-5。

表3-5 新《课标》与旧《课标》结构体系比较

新《课标》		旧《课标》	
前言	课程标准修订的背景 修订工作的指导思想和基本原则 修订的主要内容和变化	前言	课程标准研制的背景 课程标准制定的依据
课程性质与 基本理念	课程性质 基本理念		课程性质 课程的基本理念 课程设计思路
学科核心素养 与课程目标	学科核心素养 课程目标	课程目标	总目标 分类目标:知识;能力; 情感态度价值观

续表

	新《课标》		旧《课标》
课程结构	设计依据 结构 学分与选课		前言部分：课程设计思路
课程内容	必修课程 选择性必修课程 选修课程	内容标准	必修课程 选修课程
学业质量	学业质量内涵 学业质量水平 学业质量水平与考试评价的关系		
实施建议	教学与评价建议 学业水平考试命题建议 教材编写建议 对地方和学校实施本课程的建议	实施建议	教学建议 评价建议 教科书编写建议 课程资源的开发与利用建议
附录	思想政治学科核心素养水平划分 教学与评价案例		

显然,新《课标》和旧《课标》在基本框架上大体一致,内容结构大同小异。相比而言,新《课标》比旧《课标》结构更完整,内容更丰富,最主要的变化表现在增加了"学科核心素养"和"学业质量"两个内容,这也是新《课标》体现出来的两大亮点和相比以往在结构体系方面的两大重要变化。

(二) 课程性质与基本理念比较

1. 课程性质比较

在课程性质方面,新旧课程标准都注重马克思主义基本原理特别是马克思主义中国化最新成果的教育、中国特色社会主义共同理想教育、正确的世界观人生观价值观教育,强调与初中思想品德(道德与法治)、高校思想政治理论课相互衔接,与时事政治教育相互补充,与高中其他学科教学和相关德育工作相互配合,共同承担思想政治教育的任务。但与旧《课标》相比,新《课标》对课程性质的规定更具体和完善,主要表现在以下三个方面。

第一,课程地位更突出。新《课标》明确提出"高中思想政治课程是落实立德树人根本任务的关键课程,以培育社会主义核心价值观为目的",显然将高中思想政治课的地位提高到了一个新的层次。

第二,课程类型更体现学科属性。新《课标》明确提出高中思想政治课属于"综合性、活动型学科课程","活动型学科课程"的课程性质定位是新《课标》的典型特色,是与旧《课标》相比最具创新意义的亮点之一,也是思想政治课聚焦学科核心素养培育的关键抓手。

第三，课程特征更明确。新《课标》明确提出"高中思想政治课程具有学科内容的综合性、学校德育工作的引领性和课程实施的实践性等特征"，这也是旧《课标》没有明确涉及的内容。

2. 基本理念比较

在课程理念方面，新旧课程标准都强调坚持正确思想政治方向的引导、尊重学生的成长特点和身心发展规律、转变教学方式、建立发展性评价体系等。但基于对课程性质的新认识和学科核心素养的凝练，新《课标》在课程理念上也体现出一些与旧《课标》的不同，主要表现在以下三个方面。

第一，突出学科核心素养的中心地位。在课程构建上强调"构建以培育思想政治学科核心素养为主导的活动型学科课程"，在评价机制上强调"建立促进学生思想政治学科核心素养发展的评价机制"，课程的构建和评价都明确凸显了学科核心素养的中心地位，这是旧《课标》所不曾有的内容。

第二，强调课程构建的活动要求。旧《课标》提出"构建以生活为基础、以学科知识为支撑的课程模块"，关注学生生活与学科知识的结合；新《课标》强调"构建以培养思想政治学科核心素养为主导的活动型学科课程"，要求构建学科逻辑与实践逻辑、理论知识与生活关切相结合的活动型学科课程，学科内容采取思维活动和社会实践活动等方式呈现，实现"课程内容活动化""活动内容课程化"，体现出突出的活动型学科课程特点。

第三，更加关注学生的主体地位。旧《课标》虽然也提到了学生的主体性，但是在教学过程中教师往往过分重视知识目标的实现，忽视对学生能力的培养。新《课标》将立德树人的根本任务摆在首位，把思想政治课看作落实立德树人根本任务的关键课程，从课程实施方式、评价方式等环节入手，突出核心素养的培育，从课程观的角度看更强调课程的育人价值，从教学观的角度说更要求从"为了知识的教学"转向"基于知识的教学"。

（三）学科核心素养与课程目标比较

1. 核心素养比较

研究学生发展核心素养是落实立德树人根本任务的一项重要举措，也是适应世界教育改革发展趋势、提升我国教育国际竞争力的迫切需要。2016年，中国学生发展核心素养研究成果发布，以"全面发展的人"为核心，分为文化基础、自主发展、社会参与三个方面，综合表现为人文底蕴、科学精神、学会学习、健康生活、责任担当、实践创新等六大素养，具体细化为国家认同等18个基本要点。

中国学生发展核心素养是党的教育方针的具体化、细化，是连接宏观教育理念、培养目标与具体教育教学实践的中间环节。党的教育方针通过核心素养这一桥梁，可以转化为教育教学实践可用的、教育工作者易于理解的具体要求，明确学生应具备的必备品格和关键能力，从中观层面深入回答"立什么德、树什么人"的根本问题，引领课程改革和育人模式变革。

新《课标》与旧《课标》相比,增加了学科核心素养这一重要内容。通过凝练学科核心素养,挖掘本学科课程教学对全面贯彻党的教育方针、落实立德树人的根本任务、发展素质教育的独特育人价值,明确学生学习本学科课程后应达成的正确价值观念、必备品格和关键能力。并以学科核心素养为纲,整合课程目标、精选和重组课程内容、明确内容要求、指导教学设计、提出考试评价和教材编写建议等。

2. 课程目标比较

在课程目标方面,新《课标》和旧《课标》都有明确的规定,在目标内容上都体现出知识、能力、情感态度价值观三个维度,在陈述方式上都采用行为目标的陈述方式。但新《课标》与旧《课标》相比,课程目标体现出明显的不同,主要表现在以下两个方面。

第一,体现"三维合一"。旧《课标》按三维目标展开,知识、能力、情感态度价值观三个维度界限分明。新《课标》不再将课程目标简单地划分为知识、能力、情感态度价值观三个维度,而是以核心素养为纲对其进行整合,依照四个学科核心素养的固有内涵,着眼于课程目标的三个维度,强调三个维度之间的密不可分,形成"三维合一"的目标体系,更加注重学生的全面发展。

第二,凸显育人价值。旧《课标》将知识目标摆在首位,容易导致教师在教学过程中过于注重知识的传授,忽视对学生综合素养的培育。新《课标》的课程目标定位以学科核心素养为纲,课程目标是学科核心素养在学生身上的表现,通过培育学生的学科核心素养,使之形成正确的价值观念、必备品格和关键能力,有利于更好地发挥思想政治课作为立德树人关键课程的作用。

(四) 课程结构与课程内容比较

课程结构和课程内容是课程标准的主体内容,也是密切联系的两个组成部分。在课程结构和课程内容方面,新《课标》保留了旧《课标》中的合理因素和好的做法。例如,采取模块式的组织形态,构建模块课程;强调选择性,坚持必修课程与选修课程相结合;突出基础性,力求为学生的发展奠定基础;体现时代性,注意增加新的具有时代性的内容;保留思想政治课的一些核心课程模块和内容,包括经济、政治、哲学、文化等方面内容等。但与旧《课标》相比,新《课标》对课程结构和课程内容的规定有一些典型的变化,主要表现在以下四个方面。

第一,课程设计依据的变化。旧《课标》只有"课程设计思路",没有明确提出课程设计依据。新《课标》明确提出了课程设计的依据,强调高中思想政治课程设计要聚焦思想政治学科核心素养、彰显一脉相承和与时俱进的改革信念、保持特色的同时吸收和借鉴国际教育发展的经验、凸显活动型学科课程的实践性和参与性、在统筹规划大中小学德育课程的框架中定位高中阶段的内容目标、遵循教育规律和学生成长规律等。

第二,课程结构的调整。新《课标》相比旧《课标》,在课程结构上进行了调整,主要有三方面的变化:一是在课程类别结构上,增加了"选择性必修课程";二是在课程模块结构上,增加了《中国特色社会主义》《法官与律师》《历史上的哲学家》,删除了《公民道德与伦理常识》等;三是在课程内容结构上,适应我国社会需要和时代发展,也进行了一些调整,尤其强化了中国特色社会主义教育、法治教育等方面的内容。例如,专门设置了"中国特色社会主义"这一必修课程模块,系统阐述坚持和发展中国特色社会主义的内容,对学生进行中国特色社会主义教育;通过"政治与法治"这一必修课程模块,集中阐述法治教育的内容,对学生加强法治教育。具体课程结构的调整情况见表 3-6。

表 3-6 新旧《课标》课程结构的比较

	旧《课标》	新《课标》
必修课程	政治生活 经济生活 文化生活 生活与哲学	中国特色社会主义 经济与社会 政治与法治 哲学与文化
选择性必修课程		当代国际政治与经济 法律与生活 逻辑与思维
选修课程	科学社会主义常识 经济学常识 国家和国际组织常识 科学思维常识 生活中的法律常识 公民道德与伦理常识	财经与生活 法官与律师 历史上的哲学家

第三,必修课程整体框架设计思路的变化。旧《课标》是围绕经济生活、政治生活、文化生活的主题设置三个模块,对应社会主义物质文明、政治文明、精神文明协调发展的要求;以马克思主义哲学常识为主要内容,设置生活与哲学模块。新《课标》以发展中国特色社会主义为主线,设计必修课程的整体框架,模块 1"中国特色社会主义",依循历史进程,讲述为何开创和发展中国特色社会主义;模块 2"经济与社会"、模块 3"政治与法治"、模块 4"哲学与文化",依托模块 1 的基本原理,讲述如何坚持和发展中国特色社会主义。

第四,各类课程实施要求的变化。新《课标》在课程结构设计时对接新高考改革的要求,明确提出必修课程是全体学生必须完成的学业;选择性必修课程是选择本课程作为学业水平等级性考试的学生应完成的学业,考试成绩计入高校招生录取总成绩,也可供对该课程有兴趣的学生选修;选修课程是学生自主选择修习的课程,涉及个人生活、职业体验、大学先修等方面的内容,可根据学生个性化发展的需求和当地经济、科技、文化发展的特点开设,纳入校本课程管理,如何选课取决于学生的志趣。

（五）学业质量比较

新《课标》相比旧《课标》，增加了学业质量，这也是新《课标》的一大创新点。学业质量是学生在完成本学科课程学习后的学业成就表现。学业质量标准是以本学科核心素养及其表现水平为主要维度，结合课程内容，对学生学业成就表现的总体刻画。思想政治学科学业质量是阶段性评价、学业水平合格性考试和学业水平等级性考试命题的重要依据。

学业质量水平共分为四个等级，其中水平二是高中毕业生在本学科应该达到的合格要求，水平三是学业水平等级性考试的命题依据，水平四可作为高校招生录取、自主招生的参考。

学业质量水平的划分与思想政治学科核心素养水平划分相辅相成，其中，水平1—4分别对应学科核心素养水平的"简单情境""一般情境""复杂情境""挑战性复杂情境"，而水平1中的1-1、1-2、1-3、1-4分别体现的是在简单情境中，学生表现出的政治认同、科学精神、法治意识、公共参与。水平2、3、4以此类推。

（六）实施建议比较

新旧课程标准都对课程实施提出了多方面的建议，主要包括教学建议、评价建议、教材编写建议等。具体的实施建议内容框架比较见表3-7。

表3-7　新旧《课标》实施建议内容框架的比较

旧《课标》	新《课标》
教学建议	教学与评价建议
评价建议	学业水平考试命题建议
教科书编写建议	教材编写建议
课程资源的开发与利用建议	对地方和学校实施本课程的建议

二者比较来看，新《课标》与旧《课标》相比也有一些变化，主要包括以下四个方面。

第一，将教学与评价建议融为一体。新《课标》强调本课程的实施，以课程标准为依据，以发展学生思想政治学科核心素养为目标，力求将学业质量转化为具体的教学要求，体现教学与评价的一致性。教学要运用多种方式、方法，引导学生自主学习、合作学习和探究学习，强调学生的活动体验是其思想政治学科核心素养发展的重要途径；评价要将过程性评价与终结性评价相结合，着重评估学生解决情境化问题的过程和结果，反映学生所表现出来的思想政治学科核心素养发展水平。新《课标》提出四条教学与评价的具体建议，均是在教学建议的基础上提出评价要求，给教师提供具体的指导，充分体现了教学与评价的一致性。

第二，新增了学业水平考试命题建议。学业水平考试命题建议是在学科内容的基础上,结合思想政治学科核心素养对考试命题提出的具体要求。新《课标》对接新高考改革的需要,从学业水平考试的目标和要求、命题框架、命题要求、试题评分标准四个维度,对学业水平考试命题提出建议。

第三,调整了教材编写的建议。与旧《课标》相比,尤其在两方面体现出新的要求:一是强调教材编写要突出立德树人要求,着力培育思想政治学科核心素养。要立足于立德树人根本任务,以社会主义核心价值观为根本价值标准,以思想政治学科核心素养为育人的主导目标,处理好政治性和学理性、价值性和知识性、建设性和批判性、理论性和实践性、显性教育和隐性教育的关系,知识点的选择和配置服务于思想政治学科核心素养的目标,凸显课程政治方向的引领,在彰显中华优秀传统文化的同时,强化有关中国特色社会主义道路自信、理论自信、制度自信、文化自信的内容安排。二是教材编写要体现活动型学科课程实施的新要求。教材要体现其作为教学依据的意义,同时要积极发掘其引领教学活动的功能,着力反映活动型学科课程实施的特点。

第四,变"课程资源的开发与利用建议"为"对地方和学校实施本课程的建议"。旧《课标》侧重于对课程资源的开发与利用提出建议,新《课标》则主要对地方和学校实施本课程提出建议和要求,具体包括加强党对课程实施的全面领导、加大课程实施的培训指导、开足开齐必修课程、开好选修课程、确保社会实践活动有效开展、加强课程资源建设等。显然,新《课标》在这方面提出的实施建议比旧《课标》内容更丰富、更全面。

第二节 高中思想政治课程标准的横向分析

高中思想政治课程标准是高中思想政治课程与教学系统中的一个要素,它与很多要素都存在密切的联系。高中思想政治课程标准的横向分析,就是将课程标准与这些密切联系的要素进行相关分析,从而更好地把握课程标准的功能和变化。

一、高中思想政治课程标准与高中思想政治教材

课程标准和教材有着密切的关系。《中华人民共和国义务教育法》第五章第三十八条规定:"教科书根据国家教育方针和课程标准编写,内容力求精简,精选必备的基础知识、基本技能,经济实用,保证质量。"这从法律的角度明确了课程标准与教科书的关系。

一般来说,课程标准是教材编写的依据,教材是课程标准的具体体现。课程标准不仅明确规定了课程性质与课程理念、学科核心素养与课程目标、课程结构与课程内容,为教材编写提供了基本的方向,而且明确提出了教材编写的建议,为教材编写的具体实施提供了可行的操作思路。例如,《普通高中思想政治课程标准(2017 年版 2020 年修订)》不仅就教材编写提出了"突出立德树人要求,着力培育思想政治学科核心素养""依

据课程标准,体现课程理念""利用多种课程资源,拓展学生视野""体现活动型学科课程实施的新要求""坚持政治性与科学性相统一的原则组织编写队伍"等方面的建议,而且特别强调教材的编写"要以课程标准为依据,充分体现课程标准阐述的基本理念,表达课程改革的追求,反映高中阶段学生的特点,体现思想政治课程的本质""要遵循课程标准的设计,在课时安排与呈现方式、内容选择与课程结构、核心素养及其表现水平、教学流程与学习评价等方面,全面落实课程标准的要求"。

在教材编写中,必须深入研究课程标准,紧扣课程标准规定的课程理念、学科核心素养、课程目标和课程内容,保持与课程标准的协调性和一致性,绝不能抛开课程标准另搞一套。同时,教材编写要以课程标准为依据,绝不意味着教材编写时生搬硬套课程标准,而只是强调要贯彻课程标准的要求和精神。教材是对课程标准的一次再创造、再组织,教材编写在符合课程标准的前提下,可以多样化。《普通高中思想政治课程标准(2017 年版 2020 年修订)》也明确提出:要考虑城乡差异和地区差异,参照课程标准的有关提示和建议,创造性地编写高水平、有特色的教材。

事实上,教材编写中以什么为指导思想、编写哪些内容、选用什么样的材料、采用什么样的编写体例等,都体现着课程标准的基本精神和要求。

第一,教材充分体现了课程标准规定的课程性质。高中思想政治教材立足于立德树人的根本任务,以社会主义核心价值观为根本标准,以思想政治学科核心素养为育人的主导目标;处理好思想性和知识性的关系,知识点的选择与配置服务于思想政治学科核心素养目标,凸显课程政治方向的引领;通过鲜活的案例阐述新时代中国特色社会主义经济、政治、文化、社会和生态文明等内容,在克服说教式的同时,表达明确的立场,在彰显中华优秀传统文化的同时,强化中国特色社会主义道路自信、理论自信、制度自信、文化自信的内容安排等,这些都体现了高中思想政治课程标准对课程性质的定位,也体现了思想政治课程改革的目标追求。

第二,教材充分体现了课程标准对课程的设计。在教材整体结构上,遵循课程标准的课程结构设计,形成了比较系统完整的教材体系,包括必修课程教材和选择性必修课程教材;在内容选择和呈现方式上,依据课程标准的规定,体现活动型学科课程的特点,实现学科内容与活动设计的融合;在课时安排和教学流程上,体现课程标准的要求,以单元、课、框、目为基本框架,采用与高中阶段学生特点和高中生认知规律相适应的教材编排方式;在学科核心素养及其表现水平上,反映课程标准的规定,将学科核心素养充分落实到教材之中。

第三,教材注意适应多样化需求。课程标准只是一种最低限度的要求,是学生通过课程学习应该而且能够达到的最低标准。高中思想政治教材在依据课程标准、坚持统一性的基础上,也充分考虑城乡差异、地区差异和学生差异,参照课程标准的有关提示和建议,在内容选择、学生发展要求等方面具有一定的弹性,尤其是通过教材中的活动设计、辅助文栏目等,为不同地区的多样化需求、不同学生的多样化发展提供一定的空间,形成了既符合课程标准的统一要求,又体现多样化发展需求的高水平、有特色的教材。

二、高中思想政治课程标准与高中思想政治课教学

从历史的角度来看,我国的教学主要有基于教师经验的教学、基于教材的教学和基于课程标准的教学。尤其是基于教材的教学在我国有着比较深远的影响,不少教师进行教学设计和实施教学活动时,习惯于依据教材和各种教学参考书,而将课程标准丢在一边、重视不够,这种做法显然没有体现出课程标准的应有价值,也不能适应我国教育改革发展的需要。

高中思想政治课程标准规定了课程性质、课程理念、学科核心素养、课程目标、课程内容、教学和评价建议等,体现了国家对学生思想政治课程学习结果的基本要求,是高中思想政治教材编写、教学实施和教学评价的基本依据。因此,以课程标准为基本依据,基于课程标准开展教学活动,应该成为思想政治课教师教学的基本方式。

基于课程标准的思想政治课教学,要求教师在整个教学过程和各项教学活动中都坚持依据课程标准展开,包括依据课程标准确定教学目标、进行教学设计、组织教学活动、实施教学评价等。为此,教师在教学中必须做好以下几点。

第一,全面把握课程标准的内容。高中思想政治课程标准内容丰富,理论性和实践性都很强,教师必须反复阅读,认真领会。同时,要尽量多阅读一些与本学科课程标准有关的研究文章,以开拓思路,准确理解其精神实质。做到不仅了解课程标准的主要特点,而且熟悉课程标准的主要内容,明确高中思想政治课程的性质、理念、学科核心素养,了解课程目标和课程内容,把握课程教学、评价中应注意的问题等。

第二,认真贯彻课程标准的精神。高中思想政治课程标准是在新的社会背景和基础教育改革发展的新要求下修订的,其中包含着许多新的教学思想和理念,必须在深入学习的基础上认真贯彻,促进教学思想的转变,树立起面向全体学生、使学生德智体美劳全面发展的思想,确定好既符合课程标准要求又符合学生实际的教学目标和教学内容,选择好适当的教学方法,全面落实课程标准的精神。例如,高中思想政治课程标准提出要"构建以培育思想政治学科核心素养为主导的活动型学科课程",因此教学中要切实关注思想政治学科核心素养的培育,坚持教育与生产劳动和社会实践相结合,着眼于学生的真实生活和长远发展,使理论观点与生活经验、劳动经历有机结合,让学生在社会实践活动的历练中、在自主辨析的思考中感悟真理的力量,自觉践行社会主义核心价值观。

第三,严格执行课程标准的要求。教师要用课程标准来指导自己的教学工作,做到教学不离课程标准。一方面平时教学不随意拔高,也不随意降低教学要求;另一方面要运用课程标准这把尺子检查、评价自己的教学情况,努力完成好教学的任务。为此,教师在整个教学过程中都要加强对课程标准的研究,在开学之初,教师要认真学习课程标准,明确课程标准的各项规定,用以指导学期教学方案的制订;在课前备课时,教师要重点分析课程标准规定的课程内容及其教学要求,以确定教学目标和重点难点,把握好教学的度;在检测学习效果时,教师要根据课程标准的有关规定来命题,命题范围、题目难易程度等应符合课程标准的要求等。

三、高中思想政治课程标准与《中学德育大纲》

一般来说,《中学德育大纲》规定了国家对中学德育工作和学生思想政治与品德的基本要求,是学校、家庭、社会对中学生进行思想政治与品德教育的基本依据,也是各级教育部门、督导部门对中学德育工作进行督导评估的基本标准,是中学德育工作的"母纲"。高中思想政治课程标准规定的是国家对高中思想政治课程及学生学习的基本要求,是对中学德育工作中具有特殊重要地位的思想政治课程的具体规定,可以说是中学德育工作的"子纲"。

高中思想政治课程标准和《中学德育大纲》都是国家关于中学德育工作的文件,二者在目标定位、内容要求、实施途径等的规定上有着密切联系。

第一,目标定位的一致性。《中学德育大纲》明确指出中学阶段的德育目标是:热爱祖国,拥护党在社会主义初级阶段的基本路线;初步树立为人民服务的思想和为实现社会主义现代化而奋斗的志向;具有良好的道德品质和文明行为;具有诚实正直、自尊自强、勤劳勇敢、开拓进取等品质和一定的道德判断能力及自我教育能力;成为有理想、有道德、有文化、有纪律的社会主义公民。高中思想政治课程标准强调要紧密结合社会实践,讲授马克思主义基本原理,讲授马克思主义中国化的成果特别是习近平新时代中国特色社会主义思想,引导学生经历自主思考、合作探究的学习过程,理解中国特色社会主义进入新时代的历史方位,了解新时代中国特色社会主义经济、政治、文化、社会、生态文明建设和党的建设进程,培育学生的政治认同、科学精神、法治意识和公共参与等学科核心素养,逐步树立共产主义远大理想和中国特色社会主义共同理想,坚定中国特色社会主义道路自信、理论自信、制度自信、文化自信,基本形成正确的世界观、人生观、价值观。显然,高中思想政治课程目标与中学德育目标是一致的。

第二,内容要求的相通性。根据《中学德育大纲》,高中阶段德育的主要内容包括马克思主义常识教育、爱国主义教育、国际主义教育、理想教育、道德教育、劳动教育、民主法制与纪律教育、身心卫生与个性发展教育等,尤其是其中的马克思主义常识教育,主要涉及初步的科学人生观和世界观教育、经济常识教育、政治常识教育等。显然,这些内容也正是高中思想政治课程的基本内容。

第三,实施途径的相关性。中学德育的途径很多,包括思想政治课、其他各科教学、班主任工作、共青团、少先队、学生会、劳动与社会实践、课外活动、校外教育、家庭教育、社会教育等,中学德育各个途径均应以《中学德育大纲》为指导,发挥各自的功能,互相配合,形成合力,共同完成中学德育的任务。在中学德育各个途径中,思想政治课居于特殊重要的地位,是中学德育的主要途径。它有统一的课程标准和比较系统、相对稳定的教学内容,有统一的教学计划和教学进度,并且以课堂教学为基本形式,由专门的教师对学生进行由浅入深、循序渐进、有的放矢的思想政治教育。这种教育具有系统性和完整性,能从根本上提高学生的政治思想道德觉悟,是其他德育途径所无法比拟和替代的。当然,我们不能把思想政治课等同于中学德育,它不是中学德育的全部,而是中学德育的有机组成部分,是中学德育的核心和主要途径。也正因如此,高中思想政治课程标准强调高中思想政治课程要与初中道德与法治、高校思想政治理论等课程相互衔接,与时事政治教育相互补充,与高中其他学科教学和相关德育工作相互配合,共同承担思想政治教育立德树人的任务。

四、高中思想政治课程标准与相关学段的课程标准

我国学校教育是分学段进行的,主要包括义务教育阶段、高中阶段、大学阶段等。长期以来,我国比较注重中小学各学科课程标准建设,有义务教育和高中学段的课程标准,包括义务教育学段道德与法治和高中学段思想政治课程标准。但就大学而言,基本还只有高校思想政治理论课程设置的相关规定,缺乏具体明确的课程标准。推进标准化建设,完善中小学思想政治(道德与法治)课程标准,研制高校思想政治理论课的课程标准,应该成为思想政治课改革发展的内在要求。

近几年来,大中小学思想政治课一体化建设成为我国的热点话题。习近平总书记在学校思想政治理论课教师座谈会上指出,要把统筹推进大中小学思政课一体化建设作为一项重要工程,推动思政课建设内涵式发展。中共中央办公厅、国务院办公厅印发的《关于深化新时代学校思想政治理论课改革创新的若干意见》,进一步为各学段思想政治课一体化建设明确了基本框架和方向,尤其在课程目标、课程体系、课程内容、教材建设等方面明确了思想政治课程的一致性和不同学段的层次性要求。高中思想政治课程标准与相邻学段课程标准要体现这种一致性和层次性的要求。具体来说,这种一致性和层次性要求表现在以下几个方面。[1]

---

① 中共中央办公厅 国务院办公厅.关于深化新时代学校思想政治理论课改革创新的若干意见.2019-08-14.

首先,整体规划思政课课程目标。在大中小学循序渐进、螺旋上升地开设思政课,引导学生立德成人、立志成才,树立正确世界观、人生观、价值观,坚定对马克思主义的信仰,坚定对社会主义和共产主义的信念,增强中国特色社会主义道路自信、理论自信、制度自信、文化自信,厚植爱国主义情怀,把爱国情、强国志、报国行自觉融入坚持和发展中国特色社会主义事业、建设社会主义现代化强国、实现中华民族伟大复兴的奋斗之中。大学阶段重在增强使命担当,引导学生矢志不渝听党话跟党走,争做社会主义合格建设者和可靠接班人。高中阶段重在提升政治素养,引导学生衷心拥护党的领导和我国社会主义制度,形成做社会主义建设者和接班人的政治认同。初中阶段重在打牢思想基础,引导学生把党、祖国、人民装在心中,强化做社会主义建设者和接班人的思想意识。小学阶段重在启蒙道德情感,引导学生形成爱党、爱国、爱社会主义、爱人民、爱集体的情感,具有做社会主义建设者和接班人的美好愿望。

其次,调整创新思政课课程体系。加强以习近平新时代中国特色社会主义思想为核心内容的思政课课程群建设。在保持思政课必修课程设置相对稳定基础上,结合大中小学各学段特点构建形成必修课加选修课的课程体系。全国重点马克思主义学院率先全面开设"习近平新时代中国特色社会主义思想概论"课。博士阶段开设"中国马克思主义与当代",硕士阶段开设"中国特色社会主义理论与实践研究",本科阶段开设"马克思主义基本原理概论""毛泽东思想和中国特色社会主义理论体系概论""中国近现代史纲要""思想道德修养与法律基础""形势与政策",专科阶段开设"毛泽东思想和中国特色社会主义理论体系概论""思想道德修养与法律基础""形势与政策"等必修课。各高校要重点围绕习近平新时代中国特色社会主义思想,党史、国史、改革开放史、社会主义发展史,宪法法律,中华优秀传统文化等设定课程模块,开设系列选择性必修课程。高中阶段开设"思想政治"必修课程,围绕学习习近平总书记最新重要讲话精神开设"思想政治"选择性必修课程。初中、小学阶段开设"道德与法治"必修课程,可结合校本课程、兴趣班开设思政类选修课程。

再次,统筹推进思政课课程内容建设。坚持用习近平新时代中国特色社会主义思想铸魂育人,以政治认同、家国情怀、道德修养、法治意识、文化素养为重点,以爱党、爱国、爱社会主义、爱人民、爱集体为主线,坚持爱国和爱党爱社会主义相统一,系统开展马克思主义理论教育,系统进行中国特色社会主义和中国梦教育、社会主义核心价值观教育、法治教育、劳动教育、心理健康教育、中华优秀传统文化教育。遵循学生认知规律设计课程内容,体现不同学段特点,研究生阶段重在开展探究性学习,本专科阶段重在开展理论性学习,高中阶段重在开展常识性学习,初中阶段重在开展体验性学习,小学阶段重在开展启蒙性学习。

最后，加强思政课教材体系建设。国家教材委员会统筹大中小学思政课教材建设，科学制订教材建设规划，注重提升思政课教材的政治性、时代性、科学性、可读性。国家统一开设的大中小学思政课教材全部由国家教材委员会组织统编统审统用，在教材中及时融入马克思主义中国化最新成果、坚持和发展中国特色社会主义最新经验、马克思主义理论学科最新研究进展。地方或学校开设的思政课选修课教材，由各地负责组织审定。研究编制习近平新时代中国特色社会主义思想进课程教材指导纲要，研究编制中华优秀传统文化、革命文化、社会主义先进文化、科技创新文化及总体国家安全观等进课程教材指南，编制中华民族古代历史和革命建设改革时期英雄人物、先进模范进课程教材图谱，分课程组织编写高校思政课专题教学指南，组织专家编写深度解读教材体系的示范教案，实施思政课优秀讲义出版工程，开列马克思主义经典著作、当代中国马克思主义理论著作、中华优秀传统文化典籍书单，建设思政课网络教学资源库。

五、高中思想政治课程标准与社会实际

任何课程建设都是在一定历史条件下进行的，无不折射出社会的政治、经济、文化背景，思想政治课程尤其如此。相比其他学科，思想政治课具有很强的时代性，课程标准的研制和修订更要体现社会实际，反映时代需要。从《普通高中思想政治课程标准（2017年版 2020 年修订）》看，在诸多方面都明确体现出跟进社会实际、体现时代特色的要求。

在课程标准修订工作的指导思想上，明确强调以马克思列宁主义、毛泽东思想、邓小平理论、"三个代表"重要思想、科学发展观、习近平新时代中国特色社会主义思想为指导，深入贯彻党的十八大、十九大精神，落实全国教育大会精神，全面贯彻党的教育方针，落实立德树人根本任务，发展素质教育，推进教育公平，以社会主义核心价值观统领课程改革，着力提升课程思想性、科学性、时代性、系统性、指导性，推动人才培养模式的改革创新，培养德智体美劳全面发展的社会主义建设者和接班人。

在课程标准修订的基本原则上，明确强调坚持反映时代要求。要反映先进的教育思想和理念，关注信息化环境下的教学改革，关注学生个性化、多样化的学习和发展需求，促进人才培养模式的转变，着力发展学生的核心素养。根据经济社会发展新变化、科学技术进步新成果，及时更新教学内容和话语体系，反映新时代中国特色社会主义理论和建设新成就。

在课程标准修订的实施上，及时反映时代的变化和人才培养的要求，其中主要体现在：第一，凝练了学科核心素养。中国学生发展核心素养是党的教育方针的具体化、细化。为建立核心素养与高中思想政治课程教学的内在联系，充分挖掘高中思想政治课程教学对全面贯彻党的教育方针、落实立德树人根本任务、发展素质教育的独特育人价值，高中思想政治课程标准凝练了本学科的核心素养，明确了学生学习本学科课程后应

达成的正确价值观、必备品格和关键能力,对知识与技能、过程与方法、情感态度价值观三维目标进行了整合。第二,更新了课程内容。课程标准围绕核心素养的落实,精选、重组课程内容,明确内容要求,注意落实习近平新时代中国特色社会主义思想,有机融入社会主义核心价值观、中华优秀传统文化、革命文化和社会主义先进文化教育内容,努力呈现经济、政治、文化、科技、社会、生态等发展的新成就、新成果,充实培养学生社会责任感、创新精神、实践能力的相关内容。第三,研制了学业质量标准。明确学生完成本学科学习任务后,学科核心素养应该达到的水平,引导教学更加关注育人目的,更加注重培养学生学科核心素养,更加强调提高学生综合运用知识解决实际问题的能力,帮助教师和学生把握教与学的深度和广度,为阶段性评价、学业水平考试和升学考试命题提供重要依据,促进教、学、考有机衔接,形成育人合力。

本章小结

1. 高中思想政治课程标准的宏观分析,就是将高中思想政治课程标准看作高中思想政治课程与教学系统中的一个部分,从纵向和横向的多种联系中去全面、系统、准确地认识和把握。

2. 高中思想政治课程标准作为规范高中思想政治课程设置、课程内容安排等的课程文件,是随着高中思想政治课程的建设和发展而逐步产生、完善和发展的。清朝末年,随着新式学堂制度在我国的建立,开始出现一些规定课程设置、课程内容的课程文件,最典型的是《钦定学堂章程》和《奏定学堂章程》。民国时期,1913 年中华民国教育部发布《中学校课程标准》,这是我国首次颁布中等学校课程标准;1922 年,中华民国北洋政府颁布《学校系统改革案》,推行新学制;1923 年刊布了新学制课程标准纲要;1932 年到1949 年,国民政府先后颁布了多个相应的高级中学公民课程标准。新中国成立后,我国颁布实施了多个规范思想政治课程的教学大纲或课程标准。1959 年,教育部制定并颁发了《中等学校政治课教学大纲(试行草案)》,这是新中国成立以后的第一个全国中学思想政治课教学大纲;1982 年,教育部组织编制和颁发了《高级中学政治经济学常识教学大纲(试行草案)》《高级中学辩证唯物主义常识教学大纲(试行草案)》;1986 年,国家教委制定和颁布了《中学思想政治课改革实验大纲(初稿)》;1992 年,国家教委制定和颁发了《全日制中学思想政治课教学大纲(试用)》;1996 年,国家教委颁布了《全日制普通高级中学思想政治课课程标准(试行)》,这是新中国成立以后,我国首次以课程标准取代教学大纲;2004 年,教育部颁发了《普通高中思想政治课程标准(实验)》;2018 年年初,教育部颁发了《普通高中思想政治课程标准(2017 年版)》;2020 年,教育部对 2017 年版的课程标准进行了新的修订,颁布了《普通高中思想政治课程标准(2017 年版 2020 年修订)》。

3. 分析高中思想政治课程标准演变发展的历史,从产生看,课程标准源自规范课程或教育内容的需要;在结构上,课程标准的文本结构逐步完善;在内容上,课程标准的内容趋于系统化和具体化;在特性上,高中思想政治课程标准体现社会和时代发展的要求。

4. 课程标准和教学大纲都是教育行政部门颁布的规范课程与教学的纲领性文件,它们具有基本一致的地位和功能。但它们之间存在差异:从性质上看,教学大纲是教学文件,课程标准是课程文件;从结构上看,教学大纲的结构比较简单一些;从目标要求上看,教学大纲重点关注学生对知识与技能的掌握,且往往体现的是"最高要求",而课程标准着眼于未来社会对国民素质的要求,往往体现的是学生通过课程学习要达到的基本要求;从服务对象上看,教学大纲主要服务于教师的教,而课程标准主要服务于学生的学;从作用方式上看,教学大纲对教学内容、教学要求的规定具体细致,"刚性"太强,而课程标准关注的是学生通过课程学习要达到的基本要求,具有较大的弹性。

5. 21世纪以来,我国先后颁布了两个普通高中思想政治课程标准。新《课标》和旧《课标》在基本框架上大体一致,内容结构大同小异。但新《课标》与旧《课标》相比有一些突出的变化,其中最重要的变化包括提出了构建活动型学科课程、凝练了学科核心素养、调整了课程结构、更新了课程内容、研制了学业质量标准等。

6. 课程标准和教材有着密切的关系。课程标准是教材编写的依据,教材是课程标准的具体体现。教材编写既要贯彻课程标准的要求和基本精神,又要考虑城乡差异和地区差异。

7. 从历史的角度来看,我国的教学主要有基于教师经验的教学、基于教材的教学和基于课程标准的教学。以课程标准为基本依据,基于课程标准开展教学活动,应该成为思想政治课教师教学的基本方式。

8. 高中思想政治课程标准和《中学德育大纲》都是国家关于中学德育工作的文件,二者具有目标定位的一致性、内容要求的相通性、实施途径的相关性。

9. 我国学校教育是分学段进行的,高中思想政治课程标准与相邻学段课程标准要在课程目标定位、课程结构设计、课程内容选择等方面体现出一致性和层次性。

10. 思想政治课具有很强的时代性,课程标准的研制和修订更要体现社会实际,反映时代需要。从我国现行的高中思想政治课程标准看,在诸多方面都明确体现出跟进社会实际、体现时代特色的要求。

练习与思考

1. 简要介绍我国高中思想政治课程标准演变发展的历史。

2. 高中思想政治课程标准的演变和发展呈现一些什么样的道理?

3. 如何看待课程标准与教学大纲的区别?

4. 如何理解课程标准与教材的关系？

5. 什么是基于课程标准的教学？为什么要基于课程标准实施教学？

6. 如何认识高中思想政治课程标准与《中学德育大纲》的关系？

7. 如何协调和处理高中思想政治课程标准与初中道德与法治课程标准的关系？

8. 结合现行的高中思想政治课程标准，分析它是如何反映时代需要的。

第四章 高中思想政治教材的设计与编写

高中思想政治教材是高中思想政治课程与教学内容的重要载体和最主要的资源。认真分析高中思想政治教材,系统把握高中思想政治教材的编写理念、编写依据、编写思路、编写体例、逻辑框架、典型特点等,是高中思想政治课教师的重要职责,也是高中思想政治课教师有效实施教学活动的重要保证。

第一节 高中思想政治教材设计与编写概述

普通高中思想政治课程由必修课程、选择性必修课程、选修课程三部分组成。其中必修课程和选择性必修课程作为国家课程,由国家统一管理;选修课程是学生自主选择修习的课程,涉及个人生活、职业体验、大学先修等方面的内容,可根据学生个性化发展的需求和当地经济、科技、文化发展的特点开设,纳入校本课程管理。基于此,国家对高中思想政治必修课程和选择性必修课程的教材进行统编、统审、统用。普通高中《思想政治》全套教材共 7 册,其中必修课程教材包括《中国特色社会主义》《经济与社会》《政治与法治》《哲学与文化》4 册,选择性必修课程教材包括《当代国际政治与经济》《法律与生活》《逻辑与思维》3 册。

一、教材的编写依据

高中思想政治教材的编写是一件非常严肃、极其重要的事情,必须坚持科学的依据。新编高中思想政治教材的编写依据,主要包括落实立德树人的根本任务、普通高中思想政治课程标准、党和国家的重要精神和新时代中国特色社会主义思想等。

(一)落实立德树人的根本任务

培养什么人、怎样培养人、为谁培养人,历来是我们党和国家教育的根本问题。党的十八大报告首次把"立德树人"明确为教育的根本任务。立德树人,就是要培养一代又一代拥护中国共产党领导、能够服务改革开放和社会主义现代化建设、与民族复兴同向同行、立志为巩固和发展中国特色社会主义奋斗终身的有用人才。落实立德树人的根本任务,培养德智体美劳全面发展的社会主义建设者和接班人,是我国各级各类学校和每一个教育工作者的共同使命,也是我国各级各类学校每一门课程与教学的共同目标。

思想政治课是落实立德树人根本任务的关键课程,是学校思想政治教育的主要渠道,其作用不可替代。要充分发挥思想政治课在立德树人中的关键作用,加强教材建设、编写出高质量的教材是重要基础。高中思想政治教材的编写,正是着眼于落实立德树人的根本任务和培养德智体美劳全面发展的社会主义建设者和接班人,力求教材充分体现马克思主义中国化要求、充分体现中国和中华民族风格、充分体现党和国家对教育的基本要求、充分体现国家和民族基本价值观、充分体现人类文化知识积累和创新成果,发挥教材在课程与教学、人才培养中的基础性作用。

(二)普通高中思想政治课程标准

为了规范课程建设,加强课程管理,提高课程建设质量,国家教育行政部门出台了一系列有关学校课程与教学工作的指导性文件,包括课程方案、课程标准、中小学教材编写审定管理暂行办法等。中小学教材的编写必须依据这些相关的课程文件,体现这些文件的基本要求和基本精神。

普通高中思想政治教材就是依据《普通高中课程方案(2017年版2020年修订)》《普通高中思想政治课程标准(2017年版2020年修订)》《中小学教材编写审定管理暂行办法》等进行编写并不断完善的。尤其是普通高中思想政治课程标准,更是高中思想政治教材编写的直接依据。

高中思想政治课程标准是国家教育行政部门颁布的规范高中思想政治课程与教学的指导性文件,体现了国家对高中思想政治课程的基本规范和质量要求。高中思想政治教材作为学生学习的基本材料和内容载体,在编写中注意与课程标准全面对接。一方面,注意充分体现课程标准阐述的基本理念,表达课程改革的基本追求,体现思想政治课程的本质,以习近平新时代中国特色社会主义思想铸魂育人,引导学生把握正确的政治方向,坚定中国特色社会主义道路自信、理论自信、制度自信、文化自信,做德智体美劳全面发展的社会主义建设者和接班人。另一方面,教材在结构体系与内容选择、课时安排与呈现方式、教学流程与学习评价等方面,注意全面落实课程标准的要求。例如,教材编写中按照单元、课、框、目的层次结构展开,"单元"是按照课程标准设计的主题展开,并用单元导语表达主题内容的学习旨要和重点;"课"是基于课程标准规定的专题编写,并以课导语表达专题内容的学习旨要和重点;"框"和"目"展现具体化的内容目标和教学要点,是教学活动实施的基本单位,展现教学进度控制的基本要求。

(三)党和国家的重要精神和新时代中国特色社会主义思想

教材建设是国家事权,体现国家意志。尤其是思想政治课,具有很强的时代性和实践性,具有突出的政治方向引领和正确价值导向的功能,教材编写必须适应时代发展的需要,紧跟党和国家重大理论和实践创新的步伐,及时融入马克思主义中国化的最新成果、坚持和发展中国特色社会主义的最新经验、马克思主义理论学科的最新研究进展,强化意识形态属性,集中体现国家意志和社会主义核心价值观。

目前,中国特色社会主义已经进入新时代,我国已经发生最为广泛而深刻的社会变革、最为宏大而独特的实践创新,也还要继续为实现"两个一百年"的奋斗目标和中华民族伟大复兴的中国梦而继续努力。新时代和新形势,对人才培养和学生未来发展有了新的期待和新的要求。高中思想政治教材编写注意跟进这种时代的变化和发展要求,重点依据党的十八大以来中央历次全会决定和习近平同志系列重要讲话精神,特别是党的十九大精神和习近平新时代中国特色社会主义思想,用新时代中国特色社会主义思想铸魂育人,引导学生践行社会主义核心价值观,增强中国特色社会主义道路自信、理论自信、制度自信、文化自信,厚植爱国主义情怀,把爱国情、强国志、报国行自觉融入坚持和发展中国特色社会主义事业、建设社会主义现代化强国、实现中华民族伟大复兴的奋斗之中。

二、教材的编写原则

高中思想政治教材的编写,除了有科学的依据以外,还注意从学段和学科的实际出发,坚持一些基本的编写原则。就高中思想政治课教材的编写,北京师范大学韩震教授提出必须坚持六个方面的基本原则:一是要立场坚定、观点鲜明、以立为本,坚持以中国特色社会主义这把尺子衡量教材中涉及意识形态素材的是非曲直;二是坚持思政课在课程体系中的政治引领和价值引领作用,统筹大中小学思想政治课一体化建设,推动各类课程与思想政治课建设形成协同效应;三是要根据中国特色社会主义事业发展进程,不断适应新形势新条件新任务,坚持思想政治课建设与党的创新理论武装同步推进,全面推动习近平新时代中国特色社会主义思想进教材进课堂进学生头脑,把社会主义核心价值观贯穿国民教育全过程;四是坚持守正和创新相统一,落实新时代思政课改革创新要求,不断推进加强内容素材创新、话语方式创新、方法手段创新,讲好中国共产党的故事,讲好改革开放的故事,讲好中国特色社会主义的故事,做到润物无声,不断增强思政课的思想性、理论性和亲和力、针对性;五是坚持问题导向和目标导向相结合,注重推动思政课建设内涵式发展,全面提升学生思想政治理论素养,实现知、情、意、行的统一;六是要做到大中小各学段的上下衔接、各学科的横向互补与配合。①

一般而言,高中思想政治教材的编写要坚持一些基本原则。

(一)坚持科学性

教材是学生学习的主要材料,教材编写要坚持科学性原则。这种科学性主要体现在以下三个方面。

第一,向学生提供科学的基本知识和思想观点。知识体系中包含的基本事实、基本

---

① 韩震.新编普通高中思想政治教材的理念与特点[J].课程·教材·教法,2020(1):33.

概念、基本原理、基本观点以及与它们相应的各种材料都应是经过实践检验了的,具有科学根据。

第二,对基本知识和思想观点的表述要科学。高中思想政治课以马克思主义基本常识和有关社会科学基本知识为主要内容,这些内容是经过实践检验了的科学真理,但这并不意味着科学性问题就不存在了。作为教材,绝不能只是这些真理性知识的照搬照抄,而需要经过选择、加工。在选择、加工过程中,对这些真理性知识的解释、阐述要实事求是,准确无误,防止片面性和错误。

第三,教材中对各种照片、图画、表格等要运用恰当、准确无误。

(二) 突出思想性

任何学科的教材都应该具有思想性,能对学生起到思想政治教育的作用。但由于思想政治课程的特有性质,思想政治教材对思想性方面的要求更高、更直接。是否具有强烈的思想性,是衡量思想政治教材质量的最根本尺度,也是提高思想政治教材质量所必须高度重视的方面。

首先,教材要坚持正确的思想政治方向。要旗帜鲜明地讲政治,强化政治属性,大力宣传马克思主义,坚决贯彻党的基本路线和方针政策,引导学生培育和践行社会主义核心价值观,增强中国特色社会主义道路自信、理论自信、制度自信、文化自信,坚定正确的政治方向,树立科学的世界观、人生观和价值观。

其次,教材要突出思想政治教育的内容。对学生进行思想政治教育的内容是很多的,要坚持用习近平新时代中国特色社会主义思想铸魂育人,以学科核心素养培育为重点,以爱党、爱国、爱社会主义、爱人民、爱集体为主线,坚持爱国和爱党爱社会主义相统一,系统开展马克思主义理论教育,系统进行中国特色社会主义和中国梦教育、社会主义核心价值观教育、法治教育、劳动教育、心理健康教育、中华优秀传统文化和革命传统教育、总体国家安全观教育。

最后,教材要注重思想政治教育的针对性要求。对于那些学生思想上比较普遍存在的问题和一些重大的社会实际问题,教材应有的放矢地进行分析,引导学生解除思想和认识上的困惑,作出正确的价值判断和行为选择。

(三) 强调基础性

普通高中教育是在义务教育基础上进一步提高国民素质、面向大众的基础教育,任务是促进学生全面而有个性的发展,为学生适应社会生活、高等教育和职业发展作准备,为学生的终身发展奠定基础。普通高中的培养目标是进一步提升学生综合素质,着力发展核心素养,使学生具有理想信念和社会责任感,具有科学文化素养和终身学习能力,具有自主发展能力和沟通合作能力。

基础教育是为学生终身学习打基础的教育,是面向全体学生的教育。基于普通高中教育属于基础教育的定位,教材的编写要确保基础性。首先,教材要面向全体学生,依据学科核心素养,精选学生终身发展必备的基础知识和基本技能,打牢学生成长的共同基础。其次,教材要给学生全面发展留有充分的时间和空间,注重培养学生的学习兴趣、学习能力和探索精神,注重培养学生分析问题、解决问题的能力,有利于学生自主、多样、持续地发展。

(四) 注重可接受性

高中思想政治教材是供教学用的,它必须符合教师教和学生学的要求,对师生双方都具有可接受性。

对教师来说,教材要便于教,符合教的要求,如观点要明确,概念要清楚,内容结构要符合课时授课的要求等。

从学生来说,教材要便于学,符合学的要求。例如,教材内容的深浅、难易和分量要符合学生的年龄特征和知识水平;教材的体系安排要符合学生认知发展的过程和规律,坚持从具体到抽象、从简单到复杂,循序渐进,力求使抽象的问题具体化、深奥的道理通俗化;教材的文字表达要条理清楚,语言简洁,叙述生动,通俗易懂;教材的重点、难点要处理恰当,注意突出重点,分散难点;教材要有趣味性,用生动具体的材料来导出和说明观点,使学生喜闻乐见,防止干巴巴的理论说教等。

(五) 加强关联性

高中思想政治课程不是孤立的存在,与方方面面存在着各种各样纵向、横向的密切联系。高中思想政治教材编写要关注这些联系,体现关联性。

从纵向联系来说,要特别关注两方面的联系。一是关注教材建设的历史延续,处理好继承与创新的关系。新中国成立以来,我国高中思想政治教材建设有几十年的历史,在编写理念、框架建构、内容选择、呈现方式、版式设计等方面都有很多的实践探索,积累了丰富的实践经验,为教材的编写提供了良好的基础。但是,思想政治教育必须伴随着时代的变化而变化,思想政治教材也必须适应时代的发展而不断完善。因此,在教材编写中,要处理好继承与创新的关系,沿用好办法、改进老办法、探索新办法,因事而化、因时而进、因势而新,不断提升教材的质量,充分发挥教材的育人功能。二是关注大中小学思想政治课的一体化建设,处理好与相邻学段思想政治课的逐层递进、螺旋上升的关系。初中道德与法治、高中思想政治、高校思想政治理论课都是学校德育课程,但属于相邻的不同学段,高中思想政治教材的编写,要考虑与相邻学段思想政治课程与教材的关系,在目标定位、内容选择、活动设计等方面,既坚持整体方向的一致性,又注意不同学段的层次性,体现出不同学段相互衔接、螺旋上升的关系。

从横向联系来说,也要特别关注两方面的联系。一是学科内容选择、活动设计与学生学科核心素养培育之间的关系。以学科核心素养为纲,是思想政治课程改革的新导向和新亮点,思想政治课程内容综合性很强、涉及面很广,思想政治学科活动设计也形式多样、丰富多彩,教材编写中究竟选择哪些内容、设计什么样的活动,要以学生学科核心素养的培育为基本标准进行确定,重点考虑对学生学科核心素养的培育有没有价值、有多大价值。二是国内教材建设与国际相关经验之间的关系。根据博采众长、为我所用的原则,在坚守本色、保持特色的同时,吸收、借鉴国际教材建设的经验,通过国际相关教材的比较研究,从中寻找对我们有借鉴意义的资源和方式。

三、教材的编写思路

教材编写必须预先有一个整体的设计和规划,形成清晰明确的编写思路,为教材编写工作的具体展开提供方向和指导。从总体上说,高中思想政治教材的编写坚持以马克思列宁主义、毛泽东思想、邓小平理论、"三个代表"重要思想、科学发展观、习近平新时代中国特色社会主义思想为指导,全面贯彻党的教育方针,突出思想政治课程在落实立德树人根本任务中的关键作用,有机融入社会主义核心价值观,充分体现马克思主义中国化最新成果,紧密结合中国特色社会主义伟大实践,引导学生爱党爱国爱社会主义,坚定中国特色社会主义道路自信、理论自信、制度自信、文化自信,形成正确的世界观、人生观、价值观。

具体来说,在编写思路上特别强调以下三点。

第一,在教材的主线上,坚持以习近平新时代中国特色社会主义思想铸魂育人。习近平新时代中国特色社会主义思想是马克思主义中国化的最新成果,是党和人民实践经验和集体智慧的结晶,是中国特色社会主义理论体系的重要组成部分,是全党全国人民为实现中华民族伟大复兴而奋斗的行动指南。教材的编写立足历史视角、国际视野,从理论和实践两个维度,坚持政治性和学理性相统一、价值性和知识性相统一,从经济、政治、法治、文化、民族、宗教、社会、生态文明、国家安全、国防和军队、外交、党的建设等方面系统讲述习近平新时代中国特色社会主义思想,引导学生深入理解习近平新时代中国特色社会主义思想的核心要义和精神实质,深刻认识中国共产党为什么能、马克思主义为什么行、中国特色社会主义为什么好。

第二,在教材结构上,坚持整体构建、分块安排课程内容。高中思想政治课程标准既对课程结构进行了总体设计,也对课程内容提出了明确要求。教材编写遵循课程标准的结构设计和内容要求,整体构建教材结构,分块安排课程内容。必修课程的教材以发展中国特色社会主义为主线,采取总分方式进行设计和编写。《中国特色社会主义》是关于中国特色社会主义思想的总览和基础,让学生对中国特色社会主义的形成和发展有总体了解,明确为什么要坚持和发展中国特色社会主义;《经济与社会》《政治与法治》《哲学与文化》分领域进行深入阐释,让学生具体理解如何坚持和发展中国特色社会主义。

选修课程的教材各册相对独立,内容相对集中。《当代国际政治与经济》重在培养学生用全球视野认识人类社会发展大势,拓展学生的国际视野;《法律与生活》重在培养学生用法律手段处理日常生活中的问题,增强法治意识;《逻辑与思维》重在培养学生用科学思维探索认识世界,掌握马克思主义的方法论。

第三,在呈现方式上,力求增强教材的针对性和可读性。一方面,教材编写坚持理论性和实践性相统一,兼顾学科逻辑和生活逻辑。以学科逻辑为基础,注重学科知识的系统性;同时,兼顾学生的身心特点和认知规律,注重学生的已有基础和生活经验,选取与学生生活相关的案例和材料分析和论证学科道理,便于学生结合实践理解理论问题、利用理论解决实际困惑,将爱国情、强国志、报国行有机统一起来。另一方面,教材编写力求体现教学方式的转变和学生主体的意识,通过活动与正文相互嵌套、问题情境创设、综合探究活动设计等,给教学留下空间,包括思维和想象的空间、探究和创造的空间、实践和求证的空间、知识和技能迁移的空间、思想和行为升华的空间等,激发学生学习兴趣,促进学生合作学习、探究学习,培养学生的创新精神和实践能力。

四、教材的编写体例

编写体例是教材编写要明确的重点问题之一。高中思想政治必修课程教材和选择性必修课程教材在编写体例上虽然各有特色,但总的来看大同小异。除了必修1《中国特色社会主义》没有设置"单元"这一层次以外,其他各册教材均是按照单元、课、框、目等几个层次展开。

(一)单元

单元是教材内容展开的第一层次,展现的是以主题为单位的内容要求,每一单元由单元导语、若干课、综合探究等构成。

"单元导语"主要是引入话题,提示单元的主要内容、学生进行单元内容学习的意义。每个模块教材各单元的导语连排,可以构成整个教材的内容提要。我们可以通过以下两个单元导语,分析和感受单元导语的基本构成及其作用。

例如,必修2《经济与社会》第一单元导语:实行什么样的经济制度,决定着一个国家的性质和发展方向,同人民的命运密切相关。公有制为主体、多种所有制经济共同发展是我国社会主义初级阶段的基本经济制度。为什么要坚持这一基本经济制度?如何巩固和发展公有制经济,鼓励、支持、引导非公有制经济发展?我国实行社会主义市场经济体制。这一经济体制有哪些基本特征?为什么要使市场在资源配置中起决定性作用,更好发挥政府作用?如何构建市场机制有效、微观主体有活力、宏观调控有度的经济体制?探究这些问题,有助于我们增强中国特色社会主义道路自信、理论自信、制度自信、文化自信,树立中国特色社会主义共同理想,提升参与新时代中国特色社会主义建设的自觉性和能力。

再如，必修 4《哲学与文化》第一单元导语：世界的本原是什么？我们应该如何看待世界？人的生命的意义和价值是什么？不同时代的哲学家对这些问题有不同的回答。哲学是人们通过对一系列关乎宇宙和人生的一般本质和普遍规律问题的思考而形成的一门科学。马克思主义哲学是辩证唯物主义和历史唯物主义，是科学的世界观和方法论，是美好生活的向导。学习马克思主义哲学，可以帮助我们树立正确的世界观、人生观、价值观，使我们在探索世界、追求真理的过程中形成科学精神。学好哲学，终身受用。

"综合探究"是体现思想政治课思想性、综合性、实践性和开放性的有效方式。高中思想政治各模块教材均设置了"综合探究"。必修 1《中国特色社会主义》在教材最后设置了两个"综合探究"，其他各模块教材在每个单元后面设置了一个"综合探究"。

"综合探究"的形式多种多样，但都是通过创设丰富多样的情境，让学生围绕议题，综合运用相关学科知识和技能，分析和解决情境中展现的问题，巩固拓展单元教学的基本结论。在具体结构上，各模块教材对"综合探究"的设计虽然不完全相同，但基本一致，都由探究活动标题、探究活动目标、探究活动建议、探究路径参考、结语（理论评析）等部分构成。

"探究活动标题"是对综合探究活动主题的概括，能一目了然地反映出活动内容的实质。

"探究活动目标"是试图通过组织实施探究活动所要达到的预期结果和标准，是学生通过探究活动要达到的目标，也是衡量和评价探究活动成效的依据。"探究活动目标"都基于学科知识，指向学科核心素养，突出政治导向和价值引领，准确清晰，具体明确。

"探究活动建议"主要为综合探究活动的组织实施提出建议，每一个综合探究中都提出了若干条活动建议。探究活动建议体现出对议题式教学的积极倡导，每一条建议都围绕一个议题展开，内含着议题、活动、目标三方面的基本要素，呈现出以什么为议题、通过什么样的活动、达成什么样的目标这种议题式教学的基本思路。

"探究路径参考"主要是针对综合探究中具体探究活动的组织实施提供可选择、供参照的思路，每一个综合探究中都提出了若干可供参考的探究路径。每一条探究路径都围绕一个点展开，首先提供若干相关的背景材料，然后提出几个需要探究的问题，要求学生运用学科知识、结合材料进行分析探讨，完成探究任务。

在每一个"综合探究"的最后，教材还设计了一个总结性的部分。有的教材称之为"结语"，如《中国特色社会主义》《政治与法治》；有的称之为"理论评析"，如《经济与社会》《哲学与文化》。不论名称如何确定，都是综合探究活动的落脚点，体现的是综合探究活动的回归所在。一般来看，综合探究最后的总结性部分基本围绕以下几方面内容和要求展开：一是知识整理，将探究活动中积累的经验、领悟的知识加以系统化、理论化的总结与概括,形成系统的知识体系;二是情感升华,着力于学生情感态度价值观方面的培养和提升,让学生有强烈的情感体验,得到情感上的满足、思想上的提升;三是价值引领,着力于引导学生在探究活动的基础上,以马克思主义理论为指导,作出正确的价值判断和行为选择,在人生道路上把握正确的政治方向;四是行为要求,基于探究活动对学生提出具体的践行性要求,引导学生理论与实践的有机结合,学以致用,知以导行。

(二)课

课是教材内容展开的第二层次,展现的是以专题为单位的内容要求,每一课由课导语、若干框等组成。

课导语的形式多种多样,但主要涉及三方面内容或功能:一是引入课题;二是提示或概述本课的内容;三是说明学生学习本课内容的意义。我们可以通过以下两个课导语,分析和感受课导语的基本构成及其作用。

例如,必修1《中国特色社会主义》第一课导语:从根本上讲,我们坚信科学社会主义,是因为这有助于我们弄清楚我们从哪儿来,我们现在在哪儿,我们将往哪儿去,人类社会发展的总趋势是什么。阶级和国家是怎样产生的?原始社会、奴隶社会、封建社会和资本主义社会是如何形成和发展的?为什么说资本主义必然灭亡、社会主义必然胜利?通过学习本课,我们将深化对人类社会发展规律的认识,坚定社会主义必胜的信念。

再如,必修3《政治与法治》第一课导语:近代以来,在中国人民反抗压迫、抵御侵略的斗争中,无数仁人志士前赴后继,进行了各种各样的尝试,但终究未能改变旧中国半殖民地半封建的社会性质和中国人民的悲惨命运。中国共产党一经成立,就团结带领人民进行艰苦卓绝的斗争,推进革命、建设、改革事业,使中国大踏步赶上时代。中国共产党领导是历史的选择、人民的选择。

(三)框

框是教材内容展开的第三层次,展现的是专题教学的内容目标和教学要点,是量化教学内容的基本单位,一般每框大体按1课时内容进行安排。每一框由若干目组成,在每个目题下,包括正文和辅助文。

正文是对学科的基本概念、基本原理、基本观点、基本事实、基本结论等进行规范性阐述,构成教材的逻辑主干,承载着课程和教材的基本内容,也是教师教和学生学的主体内容;辅助文主要是穿插于正文中的各种栏目,对正文起补充、例示、说明、解释作用,使教材内容更加丰富多彩。

从栏目设计看,高中思想政治必修课程和选择性必修课程的教材都在正文中穿插设计了各种栏目,这些栏目和正文相互配合,形成一个整体,从不同角度展开内容。综合高中思想政治各模块教材,其中设计的典型栏目主要有"探究与分享""相关链接""专家点评""名词点击""名人名言"等。

"探究与分享"一般由背景材料和探究问题两部分构成,主要是引导学生积极思考、合作探究,运用正文中的学科知识和方法,分析解决情境问题。在具体设计上主要有两种情况:一种是安排在每个目题之下,结合这个目题所涵盖的内容,提供相关事例、数据、资料,提出具有指向性、引导性的问题,引导学生展开学习活动;另一种是穿插在正文之间,结合正文中的疑难问题引导学生阅读材料、深入思考、交流分享。

"相关链接"主要是提供与正文相关的事例、资料、数据等拓展性资料,意在进一步说明、阐释正文的观点,帮助学生开拓视野,扩展学生思考和理解的范围,培养学生的思维力和想象力。

"专家点评"主要是引用专家的有关论述,对正文中重要的理论观点和疑难问题进行阐释和拓展性的说明,引导学生对问题进行纵深思考,多方面、多角度理解教材。

"名词点击"主要是对正文中的关键概念给出规范性的解释,帮助学生加深理解。

"名人名言"主要是结合正文的相关理论和观点,引用名人的相关阐述,吸引学生的注意力,起到画龙点睛的作用。

此外,在部分教材中还设计了一些更体现各自特色的栏目。例如,必修4《哲学与文化》教材设计了"阅读与思考",主要是引导学生在阅读经典文本和情境材料中,展开思维活动,培养思维能力和品质;选择性必修3《逻辑与思维》设计了"示例评析",主要是针对教材内容中的难点和疑点,提供典型性、生活化的实例,引导学生在直观体验中学会观察和思考,进行判断和推理,达到知识迁移、举一反三的效果。

五、教材的典型特点

新编的高中思想政治教材,呼应党和国家对思想政治课程及教材建设提出的新要求,体现思想政治课程的特点和思想政治学科核心素养培育的需要,遵循思想政治教育规律和学生的认知规律,体现出多方面的典型特点。

(一)强化思想政治方向引领,体现鲜明的育人价值

落实立德树人的根本任务,对学生进行马克思主义基本观点教育,用新时代中国特色社会主义思想铸魂育人,是思想政治课的核心价值所在。新编的高中思想政治教材以习近平新时代中国特色社会主义思想为主线,系统讲授习近平新时代中国特色社会主义思想的核心要义和精神实质,有机融入社会主义核心价值观的基本内容和要求,加强马克思主义理论教育、中国特色社会主义教育、中华优秀传统文化和革命传统教育、法治意识教育、国家安全教育等,引导学生增强中国特色社会主义道路自信、理论自信、制度自信、文化自信,厚植爱国主义情怀,把爱国情、强国志、报国行自觉融入坚持和发展中国特色社会主义事业、建设社会主义现代化强国、实现中华民族伟大复兴的奋斗之中,具有鲜明的政治引领性和价值导向性,很好地回应了立什么德、树什么人的根本问题。

例如,教材突出中华优秀传统文化教育。中华传统文化源远流长、博大精深、绵延不断,是我们思想政治教育取之不尽、用之不竭的有效资源。教材注意以中华优秀传统文化资源为基础,引导学生从中汲取养分,促进政治认同,增强砥砺奋进的动力。例如,《哲学与文化》教材在阐述"用发展的观点看问题"时,通过两个"阅读与思考"栏目渗透中华传统文化教育。第一个"阅读与思考"栏目列出我国古代哲人留下的一些富有哲理的名言警句,包括"合抱之木,生于毫末;九层之台,起于累土;千里之行,始于足下""不积跬步,无以至千里;不积小流,无以成江海""善不积,不足以成名;恶不积,不足以灭身"等,引导学生理解量变和质变的哲学道理,并懂得做任何事情都要从一点一滴的小事做起,脚踏实地,埋头苦干。第二个"阅读与思考"栏目列出几位我国古代文人的几句诗词,包括孟浩然的"人事有代谢,往来成古今"、刘禹锡的"沉舟侧畔千帆过,病树前头万木春"、刘斧的"长江后浪推前浪,浮事新人换旧人"等,引导学生明确辩证否定的哲学道理,懂得事物发展的前途是光明的,道路是曲折的,要对未来充满信心,热心支持和悉心保护新事物,不断克服前进道路上的困难,勇于面对挫折与考验。

再如,教材注重革命传统教育。例如,《中国特色社会主义》教材在讲到"只有社会主义才能救中国"时,以图片的形式呈现上海中共一大会址、浙江嘉兴南湖红船,以图文并茂的形式介绍毛泽东《中国社会各阶级的分析》《湖南农民运动考察报告》《星星之火,可以燎原》《新民主主义论》《论联合政府》《目前形势和我们的任务》等新民主主义革命理论的主要著作,引导学生讲红色故事,读红色经典,深刻理解只有中国共产党才能救中国的道理。

(二)贯彻党的教育方针,呼应党和国家对人才培养的新要求

构建德智体美劳全面培养的教育体系是我国教育一直以来的努力方向,培养德智体美劳全面发展的社会主义建设者和接班人是新时代我们党的教育方针。加强德育,要在加强品德修养上下功夫,教育引导学生培育和践行社会主义核心价值观,踏踏实实修好品德,成为有大爱大德大情怀的人;加强智育,要在增长知识见识上下功夫,教育引导学生珍惜学习时光,心无旁骛求知问学,增长见识,丰富学识,求真理、悟道理、明事理;加强体育,要树立健康第一的教育理念,帮助学生在体育锻炼中享受乐趣、增强体质、健全人格、锤炼意志;加强美育,要全面加强和改进学校美育,坚持以美育人、以文化人,提高学生审美和人文素养;加强劳育,要引导学生弘扬劳动精神,崇尚劳动,尊重劳动,懂得劳动最光荣、劳动最崇高、劳动最伟大、劳动最美丽的道理,长大后能够辛勤劳动、诚实劳动、创造性劳动。

新编的高中思想政治教材积极呼应党和国家对人才培养的新要求,全面贯彻新时代党的教育方针,注重"五育"并举。以劳动教育为例,教材结合学科内容的阐述,加强了劳动教育的渗透,突出了劳动教育的要求。例如,《经济与社会》结合"社会发展和社会进

步"这一单元的内容,设计了"践行社会责任 促进社会进步"的综合探究,引导学生围绕"怎样弘扬劳动精神与投身创新创业""如何推动家乡实现精准脱贫和共同富裕"等议题进行探讨,准确认识岗位劳动、创新发展的价值,弘扬劳动精神、劳模精神和工匠精神,养成尊重劳动、热爱劳动、艰苦奋斗、勇于创新的品质。再如,《法律与生活》第三单元"就业与创业"的单元导语中就强调:"劳动是财富的源泉,也是幸福的源泉。我们可以用劳动实现价值,用创业点燃理想,为自己和国家书写美好的明天。劳动既是公民的权利,也是公民的义务。"

(三) 瞄准思想政治课程定位,凸显活动型学科课程特性

构建学科逻辑与实践逻辑、理论知识与生活关切相结合的活动型学科课程,是高中思想政治课程标准的明确要求,也是高中思想政治课程特点的典型体现。构建活动型学科课程,基本的思路就是"课程内容活动化",即学科课程的内容采取思维活动和社会实践活动等方式呈现;或者说"活动设计内容化",即学科内容的课程方式就是一系列活动及其结构化设计。

基于高中思想政治课程的这种特性和要求,高中思想政治教材从各个不同的方面进行了活动型学科课程构建的尝试,主要表现在以下几方面。

第一,着眼学科课程,突出学科内容。高中思想政治课在课程类型上仍然归属学科课程,这种学科课程归属决定了其本质的东西还是学科内容,而不是活动经验。教材编写基于这种课程类型的归属,强调学科知识的支撑和学理分析,引导学生具有以学科内容为基础的理念追求,提升学科观念、学科思维模式和结构化的学科知识与技能。

第二,着眼活动型课程,加强活动设计。高中思想政治课程具有突出的活动型特点,教材编写体现了活动型课程的要求,设计了教学功能不同的探究性活动序列。一方面,在教材的每一课每个框题均穿插有一定数量的"探究与分享"栏目,依托真实的生活情境设置各种真实的活动,让学生在思辨、辨析、探究、研讨中理解和运用学科知识、发展关键能力、养成正确态度。另一方面,在单元后面设置了"综合探究"板块,通过创设源于真实社会生活的典型情境,要求学生运用单元所学的知识,借助课堂内外的探究活动,引导学生开展活动探究,实现学科内容与活动设计的融合、课堂教学与社会实践活动的对接。穿插于每一课每一框的"探究与分享"活动侧重于课堂内进行,基本功能在于让学生理解和运用某一知识;单元后面的"综合探究"活动侧重于课堂外进行,或者说是以课堂外活动为主,主要功能在于知识的综合运用。

第三,着眼课程的实施方式,注重学生参与。教材是教学的基本材料,是课程实施的基本资源。教材的编写注意秉持"活动型课程"突出学生主体地位的理念,关注学生的已有经验和发展关切,尊重学生自主选择的权利和自行建构知识的过程。尤其是教材中对议题式教学的建议和倡导,能够有效地引导学生围绕议题开展探究活动,将课堂内的学习与课堂外的社会实践活动结合起来,为教学提供了更广阔的空间、更丰富的资源、更真实的情境,发展学生的自主学习能力,让学生获得正确的价值观、政治判断力及其社会参与能力。

(四)体现课程改革的追求,落实学科核心素养的培养

发展学生的核心素养,是当今教育的主旋律,也是当今课程与教学改革最核心的追求。中国学生发展核心素养是党的教育方针的具体化,是连接宏观教育理念、培养目标与具体教育教学实践的中间环节。通过核心素养这一桥梁,我们可以转化为课程教学实践可用的、易于理解的具体要求,从中观层面深入回答"立什么德、树什么人"的根本问题,引领课程改革实践。

近年来高中思想政治课程改革的最大变化,就是凝练了学科核心素养,并聚焦学生学科核心素养的培育,推进课程与教学改革的进程,包括重构课程结构、重组课程内容、明确内容要求、研制学业质量标准、提出考试评价建议和要求等,这在新修订的高中思想政治课程标准中得到了充分的体现。

思想政治学科核心素养涉及三个方面、四个要素。三个方面,即正确的价值取向、必备的品格、关键的学科能力;四个要素,即政治认同、科学精神、法治意识、公共参与。这些素养是党的教育方针在思想政治学科领域的具体化,是思想政治课程铸魂育人追求的核心目标。有了这些学科核心素养,我们就有了贯彻党的教育方针、落实立德树人根本任务的抓手和工具。但学科核心素养还必须借助具体的课程与教学进一步落实,学生学科核心素养的培育必须通过一定的学科知识与技能的训练才能形成。教材正是学科核心素养进一步落实的重要载体,是学生学科知识与技能训练的重要资源。新编的高中思想政治教材很好地适应了课程与教学改革的基本趋势,以学科核心素养为纲进行设计和编写,把学科核心素养培育的理念和要求贯彻到教材的目标、结构、内容等各个方面。

(五)遵循学生认知规律,提高教材的可读性和趣味性

新编高中思想政治教材坚持以学生为本,贴近学生学习、生活和思想实际,精选学习内容,既关注学生全面发展,又关注学生个性发展,着力培育学科核心素养,提升学生综合素质。例如,在革命传统教育方面,教材采取"春风化雨"的方式,讲述毛泽东、周恩来等革命领袖,李大钊等革命先烈,董存瑞等革命英雄;集中阐述革命文化,讲述中国共产党团结带领中国人民创造的红船精神、长征精神、延安精神等革命精神,引导学生坚定理想信念,厚植爱国主义情怀。

在教材内容呈现上,遵循学生的认知规律,采取由表及里、由浅入深、由具体到抽象的方式。就内容的呈现顺序而言,教材坚持先通过事实性内容的铺陈,再到"综合探究"中的感悟,归纳出最重要的理论观点;就内容的呈现方式而言,教材设置了单元导语、课导语、正文、穿插于正文中的各种栏目、综合探究等,这些板块相互配合,形成一个整体,从不同角度展开教材内容,形式上多种多样、生动活泼;就内容的具体展开而言,教材坚持正文与辅文、文字与图表相结合,并保持恰当的比例关系,既力求文字优美、简明、朴实、活泼,又配以精美的图片、表格、漫画等烘托主题,将重要的知识点尽可能以直观明了的形式展现出来,便于学生观赏、阅读、理解和把握。

六、教材重点突出的内容

高中思想政治教材依据课程标准、新时代中国特色社会主义思想、党和国家的有关重要精神等编写,涉及的学科知识面很广,涵盖的学科内容很多,但也有值得关注的重点。根据北京师范大学韩震教授的介绍,普通高中思想政治教材重点突出、学生要重点学习的内容主要包括习近平新时代中国特色社会主义思想、法治教育、总体国家安全观教育、中华优秀传统文化和革命传统教育、辩证唯物主义和历史唯物主义的世界观和方法论教育。①

(一)习近平新时代中国特色社会主义思想

习近平新时代中国特色社会主义思想是当代中国的马克思主义,也是马克思主义中国化的最新成果,是中国特色社会主义理论体系的重要组成部分,是全党全国人民为实现中华民族伟大复兴而奋斗的行动指南。中国特色社会主义进入新时代,思想政治课程的主要任务就是以习近平新时代中国特色社会主义思想铸魂育人,高中思想政治教材最突出、学生最需要重点学习的核心内容当然也是习近平新时代中国特色社会主义思想。

整套高中思想政治教材采取集中讲述和各册融入方式,系统阐述习近平新时代中国特色社会主义思想。必修1《中国特色社会主义》第四课集中讲述中国特色社会主义进入新时代、"八个明确""十四个坚持"、新时代中国特色社会主义发展的战略安排等;其他模块教材从经济、政治、法治、文化、民族、宗教、社会、生态文明、国家安全、国防和军队、外交、党的建设等各方面具体阐述。重在引导学生系统、深入掌握习近平新时代中国特色社会主义思想,做到真学真懂真信真用,帮助学生掌握马克思主义活的灵魂,在理解中贯彻新思想,在感悟中建设新时代。

(二)法治教育

依法治国是党领导人民治理国家的基本方略,是坚持和发展中国特色社会主义的本质要求和重要保障,也是社会文明进步的显著标志。依法治国,建设社会主义法治国家,必须加强法治教育,提高社会成员的法治意识和法治素养。法治意识是思想政治学

---

① 韩震.新编普通高中思想政治教材的理念与特点[J].课程·教材·教法,2020(1):35-36.

科核心素养的基本要素之一，也成为教材特别关注的重点内容。高中思想政治教材法治教育的内容主要分布在必修3《政治与法治》和选择性必修2《法律与生活》，重点是彰显中国特色社会主义制度自信，帮助学生理解依法治国的历史必然性、制度优越性、人民获得感，增强法治意识，自觉做到尊法学法守法用法。

《政治与法治》着重讲述依法治国是党领导人民治理国家的基本方式、全面推进依法治国的总目标是建设中国特色社会主义法治体系，阐明建设法治国家、法治政府、法治社会的意义，以及科学立法、严格执法、公正司法、全民守法的基本要求等。

《法律与生活》聚焦公民依法维护合法权益的法律行为，重点介绍与学生日常生活和个人发展密切关联的民法总则，以及合同法、婚姻法、劳动法、诉讼法等与婚姻家庭、就业创业、社会争议解决等相关的法律法规，让学生了解公民一般的民事权利和义务、婚姻家庭中的法律关系和法律责任、劳动关系的法律保障、社会纠纷的解决机制和法律程序等，引导学生进一步增强法治意识，提高主动学法的意愿、自觉用法的能力，做社会主义法治的忠实崇尚者、自觉遵守者、坚定捍卫者。

（三）总体国家安全观教育

总体国家安全观是党中央治国理政的重要内容，也是习近平新时代中国特色社会主义思想的重要组成部分。国安才能国治，治国必先治安。总体国家安全观把我们党对国家安全的认识提升到了新的高度和境界，是指导新时代国家安全工作的强大思想武器。新时代坚持和发展中国特色社会主义，必须始终坚持总体国家安全观，走中国特色国家安全道路，把维护国家安全的战略主动权牢牢掌握在自己手中。

总体国家安全观包括政治安全、国土安全、军事安全、经济安全、文化安全、生态安全等诸多方面。高中思想政治教材注意强化充实总体国家安全观的内容，加强总体国家安全观教育。例如，选择性必修1《当代国际政治与经济》第一单元设计了综合探究"国家安全与核心利益"，通过设置"坚定中国特色社会主义制度自信""政治制度不能照搬""国家安全，人人有责"等议题，讲述总体国家安全观的内容、表现、意义，引导学生明确坚持总体国家安全观，要以人民安全为宗旨，以政治安全为根本，以经济安全为基础，以军事、文化、社会安全为保障，以促进国际安全为依托，维护各领域的国家安全。

（四）中华优秀传统文化和革命传统教育

中华优秀传统文化赋予了中华民族伟大的生命力和凝聚力，是中华文明五千多年绵延不断的根本原因，也是中国特色社会主义植根的文化沃土，是我们最深厚的文化软实力。中国共产党领导中国人民在长期革命斗争中形成的优良传统，是宝贵的精神财富，是鼓舞人民群众特别是青少年奋发图强、积极为中国特色社会主义事业奋斗的巨大精神动力。在中华优秀传统文化和革命文化中，蕴藏着丰富的思想政治教育资源。高中思想政治教材注意加强中华优秀传统文化和革命传统教育，引导学生从优秀传统文化和革命文化中汲取养分,打好中国底色,厚植爱国主义情怀,坚定文化自信,增强政治认同。

在中华优秀传统文化教育方面,教材既坚持系统阐述,也注意重点渗透。例如,必修4《哲学与文化》第七课"继承发展中华优秀传统文化",系统介绍了中华传统文化的发展历程、主要内容、典型特点、当代价值等;同时,在各册教材中,结合相关内容的阐述,采取名人名言、经典故事等形式渗透中华优秀传统文化资源,尤其是中华优秀传统文化中代表人物的核心观点、重要思想等。

在革命传统教育方面,教材主要采取融入渗透的方式,讲述革命领袖、革命先烈和革命英雄的名言和事迹,介绍革命精神和革命文化的内容和要求。例如,在必修4《哲学与文化》教材中,结合"弘扬中华民族精神"这一内容,集中阐述了革命文化,尤其是中国共产党团结带领全国各族人民创造的革命精神,如红船精神、井冈山精神、长征精神、延安精神、红岩精神等。

(五)辩证唯物主义和历史唯物主义的世界观和方法论教育

辩证唯物主义和历史唯物主义是马克思主义基本原理的核心内容,它深刻揭示了客观世界特别是人类社会发展的一般规律,是科学的世界观和方法论,在当今时代依然具有强大的生命力,是指导我们观察世界、分析问题的强大思想武器。中国革命的胜利、中国改革开放的成功、中国特色社会主义建设成就的取得等,都离不开辩证唯物主义和历史唯物主义世界观和方法论的指导。加强马克思主义基本原理教育,是思想政治课程的基本要求。辩证唯物主义和历史唯物主义的世界观和方法论教育,也自然成为高中思想政治教材的重点内容,这方面的内容主要分布在必修4《哲学与文化》和选择性必修3《逻辑与思维》教材中。

必修4《哲学与文化》教材以马克思主义哲学为主题,讲述辩证唯物主义和历史唯物主义基本观点。例如,讲述实践的观点、历史的观点、辩证的观点、发展的观点,讲述在实践中认识真理、检验真理、发展真理,讲述社会生活及个人成长中价值判断、行为选择和文化自信的意义等,引导学生明确马克思主义哲学是科学的世界观和方法论,增强思想政治学科核心素养,为形成科学的世界观、人生观和价值观奠定基础。

选择性必修3《逻辑与思维》教材主要通过科学思维的训练,引导学生明确科学思维的重要意义和基本要求,掌握逻辑思维和辩证思维的方法,提高创新思维能力,提升自己的思维品质,正确运用科学思维方法观察和理解社会,处理学习和生活中遇到的问题,提高分析问题、解决问题的能力。

第二节　高中思想政治必修课程教材的设计与编写

必修课程是培育全体学生学科核心素养的基本载体,是全体学生必须完成的学业。根据课程标准的设计,高中思想政治必修课程包括中国特色社会主义、经济与社会、政治与法治、哲学与文化四个课程模块。因此,高中思想政治必修课程的教材也由《中国特色社会主义》《经济与社会》《政治与法治》《哲学与文化》四册构成。

依照课程设计的系统安排,四册教材各有其特定的使命。《中国特色社会主义》教材采取历时性叙述、全领域覆盖的方式,基于科学社会主义基本原理,讲述为何开创和发展中国特色社会主义,重点在于明确中国特色社会主义的精神实质;《经济与社会》《政治与法治》《哲学与文化》教材采取共时性叙述、分领域展开的方式,基于习近平新时代中国特色社会主义思想,讲述如何坚持和发展中国特色社会主义,重点在于明确中国特色社会主义的丰富内涵。

一、《中国特色社会主义》教材

《中国特色社会主义》教材以马克思主义和习近平新时代中国特色社会主义思想为指导,通过回顾人类社会发展的历史进程,讲述人类社会发展规律、社会主义终将代替资本主义是不可抗拒的历史趋势,阐明只有社会主义才能救中国、只有中国特色社会主义才能发展中国、只有坚持和发展中国特色社会主义才能实现中华民族伟大复兴的道理,引导学生树立中国特色社会主义道路自信、理论自信、制度自信、文化自信,坚定中国特色社会主义共同理想,树立共产主义远大理想。

在教材总体设计上,体现三种基本思路的结合。第一,基于从一般过程到具体特色的逻辑思路,阐述科学社会主义的真理性与中国特色社会主义的必然性。从一般过程到具体特色的逻辑思路,即从人类社会发展的一般过程到社会主义发展阶段、从社会主义基本理论到中国特色社会主义的特色思想的逻辑思路。第二,基于社会发展的三个源流,展开教材内容的逻辑线索。社会发展的三个源流,即人类社会发展历史的源流、世界社会主义发展历史的源流、中国社会发展历史的源流。第三,基于中国社会主义发展中三个伟大飞跃的时段,解析中国特色社会主义创立、发展和完善过程的逻辑顺序。中国社会主义发展中三个伟大飞跃的时段,即中华民族从站起来、富起来到强起来的时段。

在教材内容的具体展开方面,没有对照课程标准设计“单元”这个层次,而是并列安排了四课内容,其中第一课通过回顾人类社会发展史和世界社会主义发展史,阐释人类社会发展规律,阐释科学社会主义的真理性和基本原则;第二、三、四课基于近代以来中华民族探寻复兴之路的奋斗历程,按照中华民族从站起来、富起来、强起来三个时段的顺序展开,阐述为什么要坚持和发展中国特色社会主义。在编写体例上,教材按照课、框、目的层次展开,共设置四课、九框,最后安排了两个综合探究。教材的整体结构及其与课标点的对应关系见表 4-1。

表 4-1　《中国特色社会主义》教材的整体结构及其与课标点的对应关系

课题	框题	与课标的对应点
社会主义从空想到科学、从理论到实践的发展	原始社会的解体和阶级社会的演进	1.1 描述不同社会形态的本质特征;解释人类社会发展的一般过程,阐明社会发展的历史进程取决于社会基本矛盾的运动。
	科学社会主义的理论与实践	1.2 分析资本主义社会的历史地位,概述社会主义从空想到科学、从理论到现实的历史轨迹,阐明人类社会发展的趋势。
只有社会主义才能救中国	新民主主义革命的胜利	2.1 阐述新民主主义革命的性质和特点,理解新中国确立社会主义制度的历史必然性。
	社会主义制度在中国的确立	
只有中国特色社会主义才能发展中国	伟大的改革开放	2.2 阐明中国特色社会主义道路、理论、制度、文化是党和人民长期奋斗、创造、积累的根本成就。
	中国特色社会主义的创立、发展和完善	
只有坚持和发展中国特色社会主义才能实现中华民族伟大复兴	中国特色社会主义进入新时代	2.3 论证中国特色社会主义是当代中国发展的根本方向,坚定坚持和发展中国特色社会主义的自信。
	实现中华民族伟大复兴的中国梦	2.4 阐明中国特色社会主义进入新时代,我们比历史上任何时期都更接近、更有信心和能力实现中华民族伟大复兴的目标,明确把爱国情、强国志、报国行自觉融入坚持和发展中国特色社会主义事业、建设社会主义现代化强国、实现中华民族伟大复兴的奋斗之中。
	习近平新时代中国特色社会主义思想	
综合探究一　回看走过的路 比较别人的路 远眺前行的路		
综合探究二　方向决定道路 道路决定命运		

第一课:社会主义从空想到科学、从理论到实践的发展

本课属于社会发展简史的内容,通过讲述从原始社会到奴隶社会、从封建社会到资本主义社会,最后到社会主义社会依次更替的发展历程,使学生了解人类社会发展规律,把握人类社会发展的总趋势,坚定社会主义必然战胜资本主义的信念。

本课包括两框。第一框"原始社会的解体和阶级社会的演进",通过对社会发展的历史回顾,引导学生了解不同社会形态的本质特征,明确社会发展的历史进程取决于社会基本矛盾运动和人类社会发展的规律。第二框"科学社会主义的理论与实践",通过对科学社会主义产生和发展的历史回顾,引导学生了解社会主义从空想到科学、从理论到实践、从一国实践到多国实践的发展历程,明确科学社会主义的真理性,坚信社会主义终将代替资本主义、共产主义一定能够实现。具体的内容结构如图 4-1 所示。

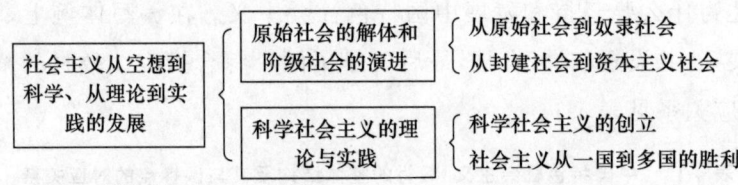

图 4-1 《中国特色社会主义》第一课内容结构图

第二课：只有社会主义才能救中国

本课着眼于近代以来久经磨难的中华民族"站起来"的历史,阐述中国人民为什么选择马克思主义、选择中国共产党、选择社会主义,讲述新民主主义革命的胜利以及社会主义制度在中国的建立给国家、人民、中华民族带来的深刻变化,引导学生初步理解和感悟马克思主义为什么行、中国共产党为什么能、社会主义为什么好的道理,坚信只有社会主义才能救中国。

本课包括两框。第一框"新民主主义革命的胜利",通过对近代中国探索复兴之路和新民主主义革命的历史回顾,引导学生了解新民主主义革命的性质和特点,理解新中国建立社会主义制度的历史必然性,认识到中国革命的胜利是中国共产党把马克思主义基本原理同中国革命具体实践相结合,团结带领全国各族人民长期浴血奋斗的结果。第二框"社会主义制度在中国的确立",通过对新中国成立后我国社会主义建设探索过程以及所带来的巨大变化的历史回顾,引导学生了解中华民族"站起来"的伟大飞跃,明确只有社会主义才能救中国的道理。具体的内容结构如图 4-2 所示。

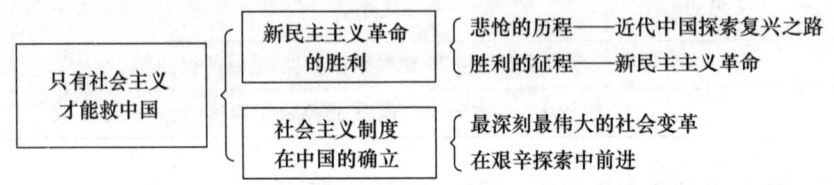

图 4-2 《中国特色社会主义》第二课内容结构图

第三课：只有中国特色社会主义才能发展中国

本课着眼于我国改革开放使中华民族"富起来"的历史,讲述中国特色社会主义的形成和发展过程,阐述中国特色社会主义的丰富内涵,引导学生明确开创中国特色社会主义是党和人民长期奋斗、创造、积累的根本成就,懂得只有中国特色社会主义才能发展中国的道理。

本课包括两框。第一框"伟大的改革开放",通过对我国改革开放进程的历史回顾,引导学生了解改革开放的重要意义,明确改革开放是坚持和发展中国特色社会主义的必由之路,也是实现"两个一百年"奋斗目标、实现中华民族伟大复兴的关键一招。第二框"中国特色社会主义的创立、发展和完善",通过改革开放以来党的全部理论与实践探索过程的历史回顾,讲述中国特色社会主义的形成和发展过程,阐述中国特色社会主义道路、理论、制度、文化的基本内涵和特点,以及它们之间的相互关系,引导学生坚定中国特色社会主义道路自信、理论自信、制度自信、文化自信。具体的内容结构如图 4-3 所示。

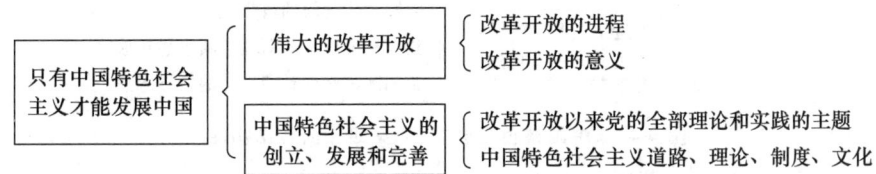

图 4-3　《中国特色社会主义》第三课内容结构图

第四课:只有坚持和发展中国特色社会主义才能实现中华民族伟大复兴

本课着眼于中国特色社会主义进入新时代、中华民族迎来了从站起来富起来到强起来伟大飞跃的历史背景,集中阐述习近平新时代中国特色社会主义思想这一马克思主义中国化的最新成果,引导学生认识新时代、学习新思想、承担新使命,明确只有坚持和发展中国特色社会主义才能实现中华民族伟大复兴的道理,把爱国情、强国志、报国行自觉融入坚持和发展中国特色社会主义事业、建设社会主义现代化强国、实现中华民族伟大复兴的奋斗之中。

本课包括三框。第一框"中国特色社会主义进入新时代",结合中国特色社会主义进入新时代的历史背景,讲述新时代的科学内涵、新时代我国社会的主要矛盾,引导学生明确我国仍然处于社会主义初级阶段,必须一以贯之地坚持和发展中国特色社会主义。第二框"实现中华民族伟大复兴的中国梦",结合近代以来中华民族、中国人民持续奋斗的历史,讲述中国梦的本质,阐述新时代中国共产党的历史使命和新时代中国特色社会主义发展的战略安排,引导学生坚定中国特色社会主义理想信念,不负时代要求和历史使命,为实现中华民族伟大复兴的中国梦不懈奋斗。第三框"习近平新时代中国特色社会主义思想",基于当今世界正经历百年未有之大变局的历史背景,以及新时代坚持和发展什么样的中国特色社会主义、怎样坚持和发展中国特色社会主义的重大时代课题,讲述习近平新时代中国特色社会主义思想是回答时代之问的科学理论,系统阐述习近平新时代中国特色社会主义思想的理论体系和核心内容,引导学生明确习近平新时代中国特色社会主义思想是马克思主义中国化的最新成果,是党和国家必须长期坚持的指导思想。具体的内容结构如图 4-4 所示。

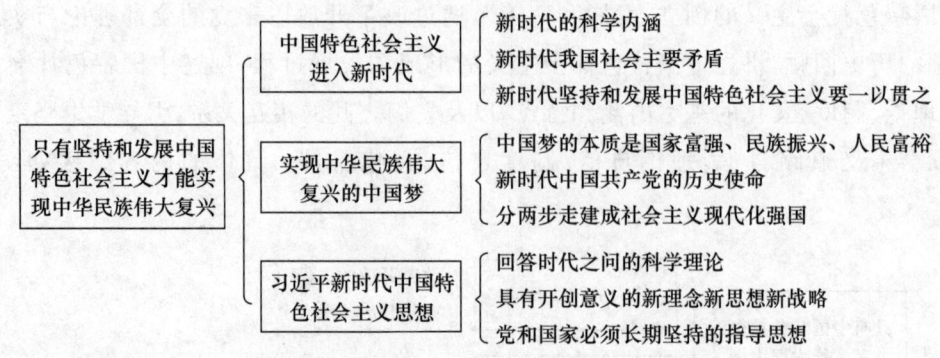

图 4-4 《中国特色社会主义》第四课内容结构图

综合探究一：回看走过的路 比较别人的路 远眺前行的路

该综合探究回应"中国特色社会主义为什么行"的世纪之问,以"如何理解人类社会发展的一般进程""如何看待世界各地历史发展的不同轨迹""如何看待中国特色社会主义的科学真理性和历史必然性"为议题,引导学生开展探究活动,总结和梳理本册教材的相关知识,进一步认识人类社会发展的基本规律和趋势、人类社会历史进程的统一性和多样性,明确中国特色社会主义是科学社会主义理论逻辑和中国社会发展历史逻辑的辩证统一,必须毫不动摇地走中国特色的社会主义道路。

就科学社会主义理论逻辑而言:生产力是最活跃、最革命的因素,总是处在不断进步的变化中,是社会发展的最终决定力量。有什么样的生产力,就要求有什么样的生产关系与之相适应;生产力发展了,生产关系就要相应地发生变化。生产关系的总和构成了社会的经济基础。建立在经济基础之上的政治、法律、哲学、艺术、宗教以及与之相适应的政治法律机构、制度等,构成了社会的上层建筑。生产力与生产关系,经济基础与上层建筑相互作用、相互影响,构成社会基本矛盾。生产关系一定要适应生产力的状况、上层建筑一定要适合经济基础的状况,这一规律决定着社会形态的依次形成和更替,推动着人类社会向前发展。判断一种社会形态代替另一种社会形态究竟是历史的进步还是倒退的主要标准,是看生产关系是否适应生产力发展的要求,是否符合人类社会发展的总趋势。同时,受到地理环境、文化传统等因素的影响,各国、各地区、各民族的发展道路有着不同的表现。

就历史逻辑而言:中国特色社会主义不是从天上掉下来的,而是在改革开放 40 多年的伟大实践中得来的,是在中华人民共和国成立 70 多年的持续探索中得来的,是在我们党领导人民进行伟大社会革命的实践中得来的,是在近代以来中华民族由衰到盛的历史进程中得来的,是在中华文明 5000 多年的传承发展中得来的,是党和人民历经千辛万苦、付出各种代价取得的宝贵成果。

综合探究二：方向决定道路 道路决定命运

该综合探究回应"中国特色社会主义为什么能"的时代之问，以"中国为什么能""坚定自信，实现中国梦"为议题，引导学生探究中华民族从站起来、富起来到强起来的奋斗历程，总结中国特色社会主义"四个自信"的理由，明确中国特色社会主义进入新时代在中华人民共和国发展史、中华民族发展史、世界社会主义发展史、人类社会发展史上都具有重大意义，积极承担实现中华民族伟大复兴历史征程中的责任，坚定中国特色社会主义共同理想，树立共产主义远大理想。

该综合探究是整个《中国特色社会主义》教材的最终落脚点，也是教材逻辑框架和目标设置的点睛之处。通过该综合探究，让学生知道信仰、信念、信心的重要性，明确无论过去、现在还是将来，对马克思主义的信仰、对中国特色社会主义的信念、对实现中华民族伟大复兴中国梦的信心，都是指引和支撑中国人民站起来、富起来、强起来的强大精神力量；引导学生坚定马克思主义信仰、中国特色社会主义信念、实现中华民族伟大复兴中国梦信心，增强建成富强民主文明和谐美丽的社会主义现代化强国、实现中华民族伟大复兴的中国梦的历史责任感和使命感。

二、《经济与社会》教材

《经济与社会》教材依据习近平新时代中国特色社会主义经济思想的基本原理，讲述我国社会主义基本经济制度、社会主义市场经济体制的基本特征、指导我国经济社会发展的新思想新理念、收入公平分配与社会保障等方面内容，引导学生运用中国特色社会主义政治经济学的基本观点观察和分析社会经济现象，提升新时代参与社会主义建设的能力。

在教材总体设计上，体现出两种基本思路。一是基于帮助学生全面认识我国经济建设与社会建设的基本问题，静态观察与动态分析相结合。教材第一单元"基本经济制度与经济体制"主要讲述我国社会经济活动的基本制度环境与经济体制背景，偏重于静态观察；第二单元主要讲述在这种基本制度和经济体制背景下的社会经济活动，包括坚持新发展理念、建设现代化经济体系、完善收入分配和社会保障制度等，偏重于动态分析。二是基于中国特色社会主义政治经济学的核心内容，围绕"社会主义国家财富的生产"这个主题，重点讲述社会主义国家物质财富在什么样的背景下生产、怎样生产、为谁生产三方面的问题。通过讲述我国的基本经济制度和经济体制，明确我国的物质财富"在什么样的背景下生产"；通过讲述我国经济社会发展的新思想新理念，明确我国物质财富"怎样生产"；通过讲述个人收入分配与社会保障，明确我国物质财富"为谁生产"。

在教材的编写体例上，按照单元、课、框、目的层次展开，共设置两个单元，每个单元包括两课、四框，每个单元后面安排了一个综合探究。教材的整体结构及其与课标点的对应关系见表4-2。

表 4-2　《经济与社会》教材的整体结构及其与课标点的对应关系

单元	课题	框题	与课标的对应点
基本经济制度与经济体制	我国的基本经济制度	公有制为主体,多种所有制经济共同发展	1.1 理解公有制为主体、多种所有制经济共同发展,按劳分配为主体、多种分配方式并存等社会主义基本经济制度,既体现了社会主义制度优越性,又同我国社会主义初级阶段社会生产力发展水平相适应,是党和人民的伟大创造。
		坚持"两个毫不动摇"	1.2 了解各种所有制经济的地位与作用,阐释公有制经济与非公有制经济相互促进、共同发展,明确坚持毫不动摇巩固和发展公有制经济,毫不动摇鼓励、支持、引导非公有制经济发展。
	我国的社会主义市场经济体制	使市场在资源配置中起决定性作用	1.1 理解社会主义市场经济体制,既体现了社会主义制度优越性,又同我国社会主义初级阶段社会生产力发展水平相适应,是党和人民的伟大创造。
		更好发挥政府作用	1.3 阐述建设高标准市场体系的意义,辨析经济运行中政府与市场的关系,解析宏观调控的目标与手段。
	综合探究　完善社会主义市场经济体制		
经济发展与社会进步	我国的经济发展	坚持新发展理念	2.1 阐释以人民为中心的发展思想和创新、协调、绿色、开放、共享的新发展理念,解释经济发展方式的转变和供给侧结构性改革,评析经济发展中践行社会责任的实例。
		建设现代化经济体系	
	我国的个人收入分配与社会保障	我国的个人收入分配	2.2 了解我国个人收入的方式与合法途径,解释个人收入分配政策的完善;评析实现共同富裕、促进社会公平正义的收入分配与社会保障政策,列举完善社会保障体系的措施。
		我国的社会保障	2.3 阐明劳动对社会发展和进步的意义,弘扬劳动精神,树立崇尚劳动、热爱劳动的观念。
	综合探究　践行社会责任 促进社会进步		

第一单元:基本经济制度与经济体制

随着商品经济的产生,生产、交换、分配、消费等成为社会基本的经济活动,但在不同的社会,这些经济活动的经济制度和经济体制背景不一样。本单元的"基本经济制度与经济体制"有着特定的、清晰的内涵和外延。这里所说的"基本经济制度"是指社会主义基本经济制度,"经济体制"是指社会主义市场经济体制。

在我国社会主义初级阶段,社会经济活动是在什么背景下进行的呢?本单元重点讲述中国特色社会主义经济建设中最基本的原理,引导学生了解我国社会经济活动的基本制度环境和经济体制背景,增强中国特色社会主义道路自信、理论自信、制度自信、文化自信,做好适应和参与社会经济生活的准备,提升参与新时代中国特色社会主义建设的自觉性和能力。

本单元教材包括两课、四框、一个综合探究。

第一课"我国的基本经济制度",讲述我国公有制为主体、多种所有制经济共同发展的基本经济制度,以及对待公有制经济和非公有制经济的政策和态度,引导学生明确我们的经济活动是在什么样的基本经济制度背景下进行的,坚持和完善这一基本经济制度必须做到"两个毫不动摇",即毫不动摇巩固和发展公有制经济,毫不动摇鼓励、支持、引导非公有制经济发展。

第二课"我国的社会主义市场经济体制",讲述市场在资源配置中的决定性作用,以及我国社会主义市场经济体制的基本特征、政府的经济职能与宏观调控等问题,引导学生明确现代市场经济中的资源配置,离不开市场和政府这"两只手"的作用;完善社会主义市场经济体制,既要充分发挥市场在资源配置中的决定性作用,又要更好地发挥政府的宏观调控作用。

综合探究"完善社会主义市场经济体制",围绕"如何使市场机制有效""微观主体如何才能有活力""宏观调控如何有度"等议题,引导学生梳理总结本单元的学科知识,进一步明确市场经济的一般规律,把握我国社会主义市场经济体制的内涵和特点,领会社会主义市场经济的优越性,增强中国特色社会主义的道路自信、理论自信、制度自信、文化自信。

本单元具体的内容结构如图 4-5 所示。

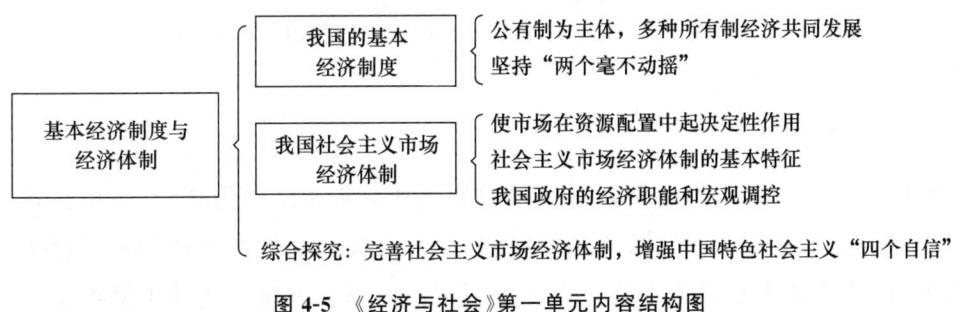

图 4-5　《经济与社会》第一单元内容结构图

第二单元:经济发展与社会进步

"经济发展与社会进步"包含的内容很多,涉的范围很广。本单元教材依据习近平新时代中国特色社会主义经济思想的基本原理,重点讲述指导我国经济与社会建设的新思想新理念,以及经济与社会建设中的收入公平分配、社会保障与共同富裕等问题。同时,在经济发展与社会进步二者的关系上,本单元教材突出社会进步与发展,在阐述经济发展理论时,尽量凸显其与社会进步的关系,经济发展本身不是发展的终极目标,不是为了经济发展而发展,而是为了民生福祉而发展,经济发展是为了实现社会进步。

本单元教材包括两课、四框、一个综合探究。

第三课"我国的经济发展",讲述我国基于社会发展新思想、新理念、现代化经济体系等。引导学生知道人民美好生活的满足和幸福感的增强,离不开经济的高质量发展;明确要推动经济高质量发展,必须坚持新发展理念,建设现代化经济体系。

第四课"我国的个人收入分配与社会保障",讲述我国个人收入分配、社会保障等方面的制度等。引导学生明确要使人民有更多的更直接的更实在的获得感、幸福感、安全感,必须完善个人收入分配和社会保障。

综合探究"践行社会责任 促进社会进步",围绕"怎样弘扬劳动精神与投身创新创业""如何推动绿色生产和绿色消费""如何推动家乡实现精准脱贫和共同富裕"等议题,通过合作探究,引导学生在梳理总结本单元的学科知识的基础上,树立劳动光荣、创造伟大的思想,增强人与自然和谐共生、绿色消费的理念,明确大力发展生产力、实现全体人民共同富裕的目标,积极承担社会责任,促进社会进步。

本单元具体的内容结构如图 4-6 所示。

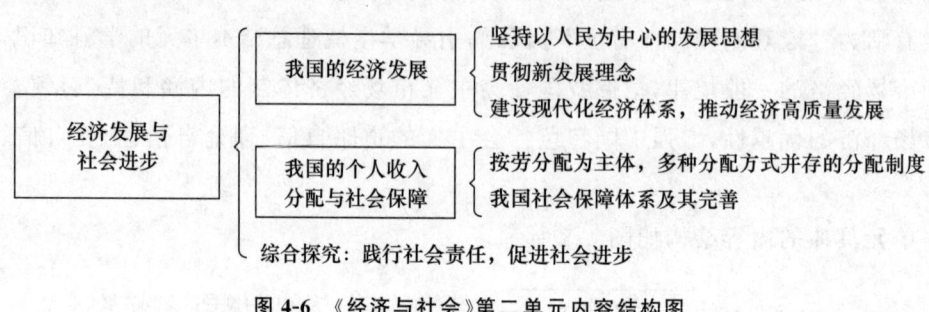

图 4-6 《经济与社会》第二单元内容结构图

三、《政治与法治》教材

《政治与法治》教材以习近平新时代中国特色社会主义思想为指导,集中讲述党的领导是人民当家作主和全面依法治国的根本保证,人民当家作主是社会主义民主政治的本质特征,全面依法治国是党领导人民治理国家的基本方略。使学生懂得走中国特色社会主义政治发展道路,关键是要坚持党的领导、人民当家作主、依法治国有机统一,引导学生坚定正确的政治立场,把握正确的政治方向,增强有序参与国家政治生活和社会公共生活的能力。

在教材的结构设计上,将坚持党的领导、人民当家作主、依法治国的有机统一作为全书的主线和落脚点,系统阐述新时代中国特色社会主义政治文明的丰富内容。教材共设置三个单元,每个单元设置三课,每一课设置两至四框,每一框设置两至三目,每个单元后面设置一个综合探究。教材的整体结构及其与课标点的对应关系见表 4-3。

表 4-3　《政治与法治》教材的整体结构及其与课标点的对应关系

单元	课题	框题	与课标的对应点
中国共产党的领导	历史和人民的选择	中华人民共和国成立前各种政治力量	1.1 引述宪法序言,说明没有中国共产党就没有新中国,阐明中国共产党成为执政党的必然性。
		中国共产党领导人民站起来、富起来、强起来	
	中国共产党的先进性	始终坚持以人民为中心	1.2 引述党章规定,明确党的性质、宗旨和指导思想。
		始终走在时代前列	
	坚持和加强党的全面领导	坚持党的领导	1.3 理解坚持党对一切工作领导的意义,阐述中国共产党依宪执政、依法执政的道理、方式和表现。
		巩固党的执政地位	
	综合探究　始终走在时代前列的中国共产党		
人民当家作主	人民民主专政的社会主义国家	人民民主专政的本质:人民当家作主	2.1 列举宪法有关人民主体地位的规定,说明我国是人民民主专政的社会主义国家。
		坚持人民民主专政	
	我国的根本政治制度	人民代表大会:我国的国家权力机关	2.1 说明人民代表大会制度是我国的根本政治制度。
		人民代表大会制度:我国的根本政治制度	
	我国的基本政治制度	中国共产党领导的多党合作和政治协商制度	2.2 阐明中国共产党领导的多党合作和政治协商制度是具有中国特色的基本政治制度。
		民族区域自治制度	2.3 阐述民族区域自治制度是符合我国国情的基本政治制度,铸牢中华民族共同体意识;解释公民享有宗教信仰自由的含义。
		基层群众自治制度	2.4 领悟基层群众自治制度是我国人民依法直接行使民主权利的基本政治制度。
	综合探究　在党的领导下实现人民当家作主		
全面依法治国	治国理政的基本方式	我国法治建设的历程	3.1 简述我国法治建设的成就;明确全面推进依法治国的总目标是建设中国特色社会主义法治体系,建设社会主义法治国家。
		全面依法治国的总目标与原则	
	法治中国建设	法治国家	3.3 列举事例,阐明建设法治国家、法治政府、法治社会的意义。
		法治政府	
		法治社会	
	全面依法治国的基本要求	科学立法	3.2 搜集材料,阐述科学立法、严格执法、公正司法、全民守法的基本要求。
		严格执法	
		公正司法	
		全民守法	
	综合探究　坚持党的领导、人民当家作主、依法治国有机统一		

第一单元：中国共产党的领导

中国共产党的诞生，是中国开天辟地的大事变，深刻改变了近代以来中华民族法治的方向和进程，深刻改变了中国人民的前途和命运。本单元讲述中国共产党的领导是历史和人民的选择，是由党的先进性决定的，使学生明确中国特色社会主义最本质的特征是中国共产党的领导，中国特色社会主义制度的最大优势是中国共产党的领导，中国共产党是中国特色社会主义事业的领导核心，必须坚定不移地坚持党对一切工作的领导。

本单元教材包括三课、六框、一个综合探究。

第一课"历史和人民的选择"，讲述近代以来中国共产党领导中国人民革命、建设和改革的奋斗历程。引导学生懂得没有共产党就没有新中国，没有共产党就没有中国人民从站起来、富起来到强起来的伟大飞跃，使学生深刻认识到中国共产党的领导是历史的选择、人民的选择、正确的选择。

第二课"中国共产党的先进性"，讲述中国共产党的性质、宗旨、执政理念、指导思想等。引导学生明确中国共产党是始终坚持以人民为中心、始终站在时代前列的具有先进性的政党，深刻认识到中国共产党的领导是由党的先进性决定的。

第三课"坚持和加强党的全面领导"，讲述党的领导是全面的、系统的、整体的，包括政治领导、思想领导、组织领导等；中国共产党加强自身建设，坚持全面从严治党，坚持科学执政、民主执政、依法执政。让学生懂得中国共产党是我国最高政治领导力量，中国共产党的领导是中国特色社会主义最本质的特征、是中国特色社会主义制度的最大优势；使学生深刻认识到在新时代，必须坚持和加强党的全面领导，进一步巩固党的执政地位。

综合探究"始终走在时代前列的中国共产党"，围绕"为什么中国共产党执政是历史和人民的选择""怎样高扬永不褪色的旗帜""如何理解依法执政"等议题，引导学生系统了解中国共产党带领人民革命、建设和改革的历程，深入探究中国共产党永远保持先进性、纯洁性的重要意义，探究党领导人民制定法律、在宪法和法律范围内活动的方式，进一步深化对于坚持党的领导的政治认同。

本单元具体的内容结构如图4-7所示。

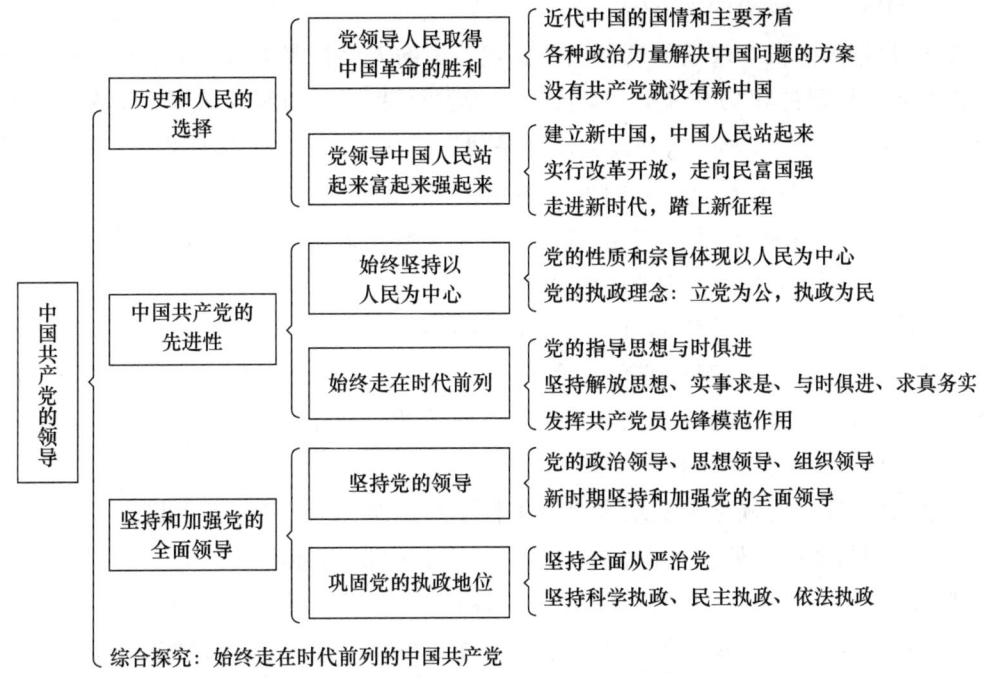

图 4-7　《政治与法治》第一单元内容结构图

第二单元：人民当家作主

本单元围绕人民当家作主,系统讲述我国的政治制度。讲述我国是人民民主专政的社会主义国家,人民代表大会制度是我国的根本政治制度;阐明中国共产党领导的多党合作和政治协商制度是具有中国特色的基本政治制度、民族区域自治制度是符合我国国情的基本政治制度、基层群众自治制度是我国人民依法直接行使民主权利的基本政治制度。通过本单元内容,使学生懂得实现人民当家作主,是人民民主专政国家的本质要求;始终代表最广大人民的根本利益,保证人民当家作主,体现人民共同意志,维护人民合法权益,是我国国家制度和国家治理体系的本质属性,也是我国国家制度和国家治理体系有效运行、充满活力的根本所在;中国共产党领导中国人民建立并完善一系列政治制度、探索发展富有中国特色和优势的民主形式,使人民当家作主落实到制度安排上,显现于国家政治生活和社会生活的丰富实践中;推进国家治理体系和治理能力现代化,是新时期中国特色社会主义建设的必然要求和重要保障。

本单元教材包括三课、七框、一个综合探究。

第四课"人民民主专政的社会主义国家",主要讲述我国的国家性质和职能。使学生明确我国是人民民主专政的社会主义国家,人民民主专政是我国的国体;社会主义民主是一种新型的民主,是最广泛、最真实、最管用的民主;人民民主专政包括对广大人民实行民主和对少数敌人实行专政两个方面;我国国家的职能与人民民主专政的国体相适应,包括对内和对外两个方面,为社会主义现代化建设提供可靠保障;实行人民当家作主,是社会主义民主政治的本质特征。

第五课"我国的根本政治制度",主要讲述我国的人民代表大会制度。使学生明确人民代表大会是我国的权力机关,人大代表是人民代表大会的组成人员,肩负人民的重托,参加行使国家权力;人民代表大会制度是我国的根本政治制度,是我国的政体,是与我国人民民主专政的国体相适应的政权组织形式,是坚持党的领导、人民当家作主、依法治国有机统一的制度安排,是中国特色社会主义政治制度优越性的重要体现;坚持和完善人民代表大会制度,是发展社会主义民主政治的重要内容。

第六课"我国的基本政治制度",主要讲述中国共产党领导的多党合作和政治协商制度、民族区域自治制度、基层群众自治制度。使学生明确这些基本政治制度与我国根本政治制度相适应,是中国特色社会主义民主政治的重要组成部分,是中国特色社会主义政治制度优越性的重要体现。

综合探究"在党的领导下实现人民当家作主",围绕"如何理解人大代表的作用""我国各族人民如何和睦相处""我们怎样当家作主"等议题,引导学生探究我国人民代表大会与其他国家机关的关系、我国政党制度的特色、我国民族政策及其意义、人民行使权力的内容和方式等,进一步理解中国特色社会主义政治制度的基本内容、鲜明特点和主要优势,深化对我们民主政治的认识,提高有序参与政治生活和社会生活的能力。

本单元具体的内容结构如图 4-8 所示。

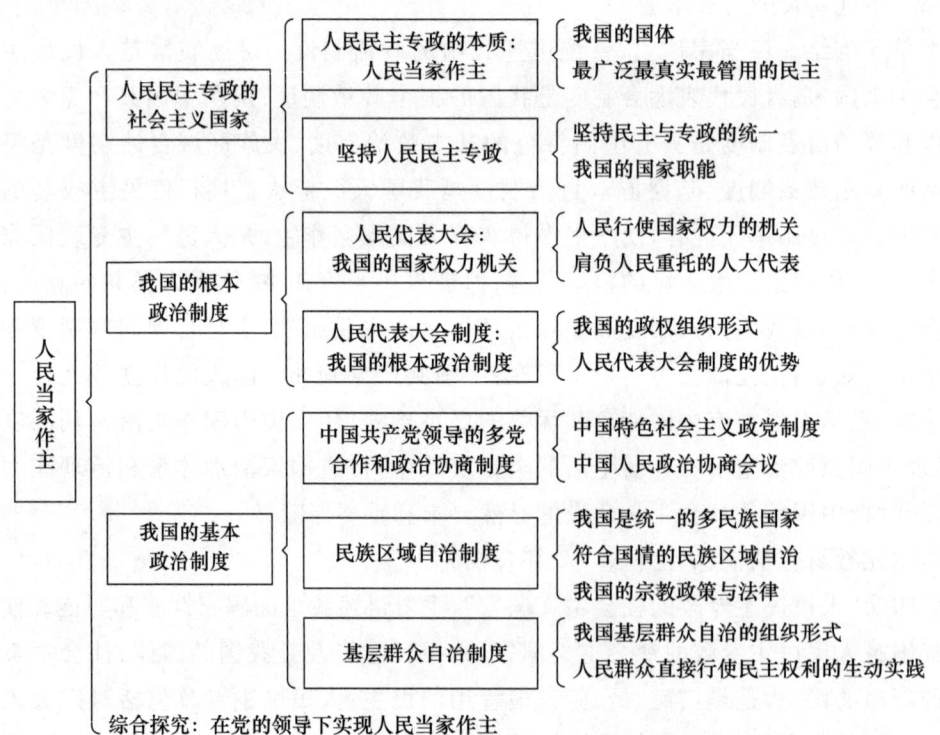

图 4-8 《政治与法治》第二单元内容结构图

第三单元：全面依法治国

党的领导、人民当家作主、依法治国是有机统一的。本单元集中讲述我国全面依法治国的基本方略。介绍我国法治建设的成就和全面推进依法治国的总目标；阐述科学立法、严格执法、公正司法、全民守法的基本要求；阐明建设法治中国、法治政府、法治社会的意义。通过本单元内容，使学生懂得法治是国家治理体系和治理能力的重要依托，是国家长治久安和繁荣发展的重要保障，是社会文明进步的重要标志，是以理性方式解决社会矛盾的最佳途径；明确在实现中华民族伟大复兴中国梦的历史进程中，必须全面推进依法治国，建设社会主义法治国家。

本单元教材包括三课、九框、一个综合探究。

第七课"治国理政的基本方式"，讲述马克思主义法律思想、我国法治建设的历程以及新中国法治建设的成就，说明我国全面依法治国的总目标和原则。引导学生认识到我国社会主义法律是工人阶级领导的广大人民群众根本利益和共同意志的体现，依法治国是我国治国理政的基本方式；推动我国社会经济持续健康发展，不断开拓中国特色社会主义事业更加广阔的发展前景，必须全面推进社会主义法治国家建设；要通过实行法治，保障人权，维护社会和谐，实现长治久安，推进国家治理现代化。

第八课"法治中国建设"，系统讲述我国社会主义法治国家、法治政府、法治社会的建设，阐明法治国家、法治政府、法治社会建设的内涵、意义和基本要求。使学生认识到建设法治中国是一项系统工程，既需要党和国家的统筹和规划，更需要公民和全社会的参与和推动；明确法治国家是法治建设的目标，法治政府是法治建设的主体，法治社会是法治建设的基础；懂得全面推进依法治国，要坚持依法治国、依法执政、依法行政共同推进，坚持法治国家、法治政府、法治社会一体化建设。

第九课"全面依法治国的基本要求"，系统阐述科学立法、严格执法、公正司法、全民守法的内涵和要求。引导学生明确实现全面依法治国的目标，必须做到科学立法、严格执法、公正司法、全民守法；在推进法治中国建设的进程中，这四个方面密切联系，相辅相成，缺一不可。

综合探究"坚持党的领导、人民当家作主、依法治国有机统一"，围绕"公民参与立法有什么意义""如何增强政府的公信力和执行力""为什么说公正司法是社会公正的最后防线""法治如何让社会更美好"等议题，引导学生进行综合探究，理解依法治国是党领导人民治理国家的基本方式，体会党的领导、人民当家作主、依法治国的有机统一，增强法治意识，做社会主义法治的忠实崇尚者、自觉遵守者、坚定捍卫者。该综合探究是本单元的落脚点，也是《政治与法治》教材的落脚点，党的领导是人民当家作主和依法治国的根本保证，人民当家作主是社会主义民主政治的本质特征，依法治国是党领导人民治理国家的基本方式，三者统一于我国社会主义民主政治的伟大实践。

本单元具体的内容结构如图 4-9 所示。

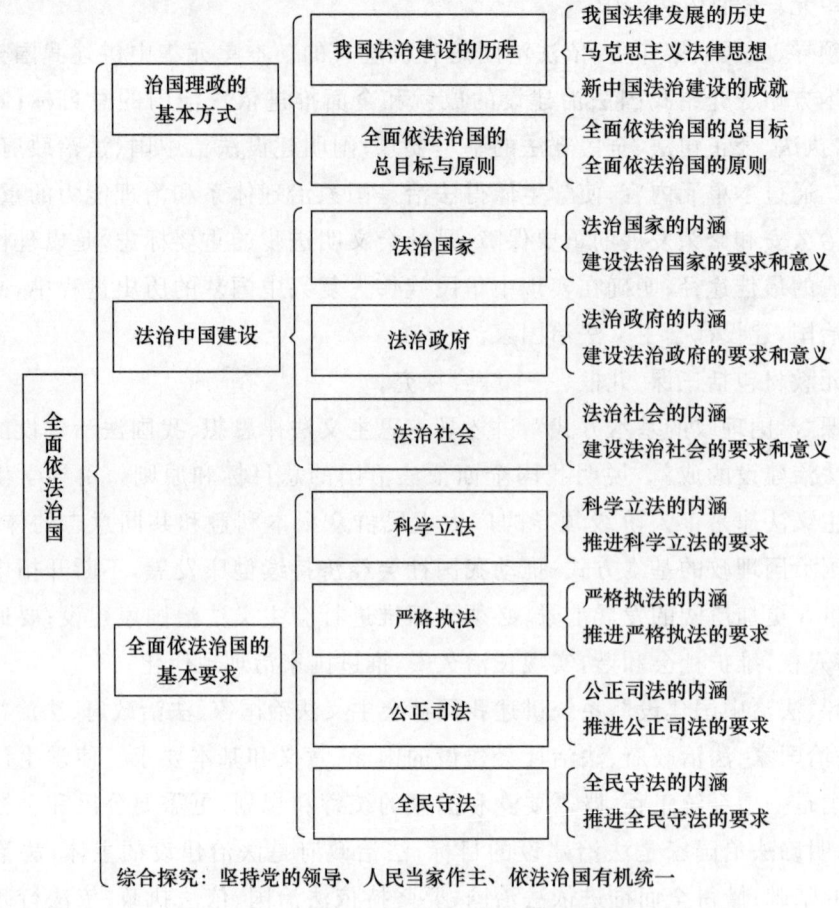

图 4-9 《政治与法治》第三单元内容结构图

四、《哲学与文化》教材

《哲学与文化》教材以马克思列宁主义、毛泽东思想、邓小平理论、"三个代表"重要思想、科学发展观、习近平新时代中国特色社会主义思想为指导,集中讲述马克思主义哲学与文化的基本内容。使学生懂得马克思主义哲学是科学的世界观和方法论,学会运用辩证唯物主义和历史唯物主义的基本观点与方法观察和分析社会生活、个人成长中的各种现象和问题,作出科学的价值判断和行为选择;继承中华优秀传统文化和革命文化,发展社会主义先进文化,尊重世界文化多样性,增强中国特色社会主义文化的自觉和自信;基本形成正确的世界观、人生观、价值观。

在教材的结构设计上,围绕着三个核心问题展开:如何正确看待自然、社会(人生)和思维、如何看待中国文化和世界文化、如何形成科学的世界观、人生观和价值观。每个核心问题包括若干大的问题,每个大的问题又涉及若干小的问题,如此层层递进,大问题套小问题,整个教材形成一个"树"形的问题串。在教材的具体编写中,三个核心问题架构起教材的三个单元,每个单元设置三课,每课设置两至三框,每一框设置两至三目,每个单元后面设置一个综合探究。教材的整体结构及其与课标点的对应关系见表4-4。

表4-4　《哲学与文化》教材的整体结构及其与课标点的对应关系

单元	课题	框题	综合探究
探究世界与把握规律	时代精神的精华	追求智慧的学问	1.1 比较哲学思维与日常思维的异同;理解哲学是时代精神的精华,阐明马克思主义哲学是科学的世界观和方法论。
		哲学的基本问题	
		科学的世界观和方法论	
	探究世界的本质	世界的物质性	1.3 说明思维和存在的关系问题,阐释世界的统一性在于它的物质性;表达无神论立场;表明坚持一切从实际出发、实事求是的态度。
		运动的规律性	
	把握世界的规律	世界是普遍联系的	1.4 描述世界是普遍联系、永恒运动的,领会全面地、发展地看问题的意义,学会运用矛盾分析法观察和处理问题。
		世界是永恒发展的	
		唯物辩证法的实质与核心	
	综合探究　坚持唯物辩证法 反对形而上学		
认识社会与价值选择	探索认识的奥秘	人的认识从何而来	1.2 了解人的实践活动的特性和作用,理解社会生活的实践本质;阐明实践是认识的基础,是检验真理的唯一标准;阐述认识运动的辩证发展过程。
		在实践中追求和发展真理	
	寻觅社会的真谛	社会历史的本质	2.1 领悟社会存在决定社会意识,理解价值观的形成与时代和环境密切相关;解析价值观差异与冲突产生的社会根源,能够进行合理的价值判断和行为选择。
		社会历史的发展	
		社会历史的主体	
	实现人生的价值	价值与价值观	2.2 理解价值观对人们行为的导向作用,探寻实现人生价值的条件和途径,践行社会主义核心价值观。
		价值判断与价值选择	
		价值的创造和实现	
	综合探究　坚持历史唯物主义 反对历史虚无主义		
文化传承与文化创新	继承发展中华优秀传统文化	文化的内涵与功能	3.1 辩证地看待传统文化,领会对中华优秀传统文化进行创造性转化、创新性发展的重要意义,弘扬民族精神。
		正确认识中华传统文化	
		弘扬中华优秀传统文化与民族精神	
	学习借鉴外来文化的有益成果	文化的民族性与多样性	3.2 感悟世界文化的多样性,理解文化多样性的价值,明确文化交流互鉴的途径和意义。
		文化交流与文化交融	
		正确对待外来文化	
	发展中国特色社会主义文化	文化发展的必然选择	3.3 辨识各种文化现象,领悟优秀文化作品的影响力和感召力;展示中国特色社会主义文化自信。
		文化发展的基本路径	
		文化强国与文化自信	
	综合探究　坚持以马克思主义为指导 发展中国特色社会主义文化		

第一单元：探索世界与把握规律

我们生活的世界是怎样的？我们应该如何看待世界？本单元基于这样的问题,讲述哲学是人们通过对一系列关乎宇宙和人生的一般本质和普遍规律问题进行思考而形成的一门科学,马克思主义哲学是辩证唯物主义和历史唯物主义;阐释世界的物质统一性和物质运动的规律性、世界的普遍联系和永恒发展等。通过本单元内容,使学生了解哲学的功能;充分认识到马克思主义哲学是科学的世界观和方法论,想问题办事情要坚持一切从实际出发、实事求是;注意运用全面的、发展的观点看问题,学会运用矛盾分析法观察和处理问题。

本单元教材包括三课、八框、一个综合探究。

第一课"时代精神的精华",作为《哲学与文化》教材的开篇,从生活实际入手,从整体上介绍哲学和马克思主义哲学的一般知识。讲述哲学是系统化理论化的世界观,是对自然、社会和思维知识的概括和总结;哲学的基本问题是思维和存在的关系问题,唯物主义和唯心主义是哲学史上对立和斗争的两大基本派别;马克思主义哲学是无产阶级的科学世界观和方法论,毛泽东思想、邓小平理论、"三个代表"重要思想、科学发展观、习近平新时代中国特色社会主义思想是马克思主义中国化的重大理论成果。引导学生认识到哲学与生活密切相关,学习马克思主义哲学,有利于形成科学的世界观、人生观、价值观,有利于在探索世界、追求真理的过程中形成科学精神。

第二课"探究世界的本质",分析我们周围的世界是怎样的,讲述辩证唯物主义关于世界的统一性在于它的物质性、物质运动具有规律性的基本原理,阐释物质、意识、运动、规律等的基本内涵,以及物质与意识、物质与运动、尊重客观规律与发挥主观能动性之间的关系。引导学生正确认识我们生活的世界,坚定唯物主义和无神论立场,在探讨客观世界中坚持一切从实际出发、实事求是的态度,把发挥主观能动性和尊重客观规律结合起来。

第三课"把握世界的规律",在第二课的基础上进一步讲述世界是怎样的、世界以怎样的状态存在和发展、发展的动力和源泉是什么、发展的方向和道路是什么等。阐述世界是普遍联系和永恒发展的,联系的观点和发展的观点的唯物辩证法的总特征,事物的联系具有普遍性、客观性、多样性,事物发展的实质是新事物的产生和旧事物的灭亡、发展的形式或状态是量变和质变、发展的方向是前进和上升的、发展的道路是曲折和迂回的;阐明矛盾的观点是唯物辩证法的根本观点,对立统一规律是唯物辩证法的实质和核心,矛盾双方的对立统一推动事物的运动、变化和发展,构成事物发展的源泉和动力,矛盾的普遍性和特殊性的关系问题是关于事物矛盾问题的精髓。通过这些内容,引导学生学会用联系、发展、全面的观点看问题,反对用静止、孤立、片面的观点看问题;学会用对立统一的观点看问题,坚持具体问题具体分析。

综合探究"坚持唯物辩证法 反对形而上学",分几个主题设计探究活动,引导学生通过小组合作探究,深刻认识到辩证法和形而上学是两种基本的发展观,辩证法主张用联系的、发展的、全面的观点看问题,形而上学用静止、孤立、片面的观点看问题;掌握唯物辩证法的基本观点,了解形而上学认识方法的局限,明确唯物辩证法和形而上学对立的焦点和根本分歧在于是否承认矛盾,是否承认矛盾是事物发展的源泉和动力;知道矛盾分析法是认识事物的根本方法,具体问题具体分析是马克思主义活的灵魂,是正确认识事物的基础和正确解决矛盾的关键。坚持唯物辩证法的联系、发展、全面的观点和对立统一规律,要求我们统筹推进经济建设、政治建设、文化建设、社会建设、生态文明建设"五位一体"总体布局,协同推进全面建成小康社会、全面深化改革、全面依法治国、全面从严治党"四个全面"战略布局。

本单元具体的内容结构如图 4-10 所示。

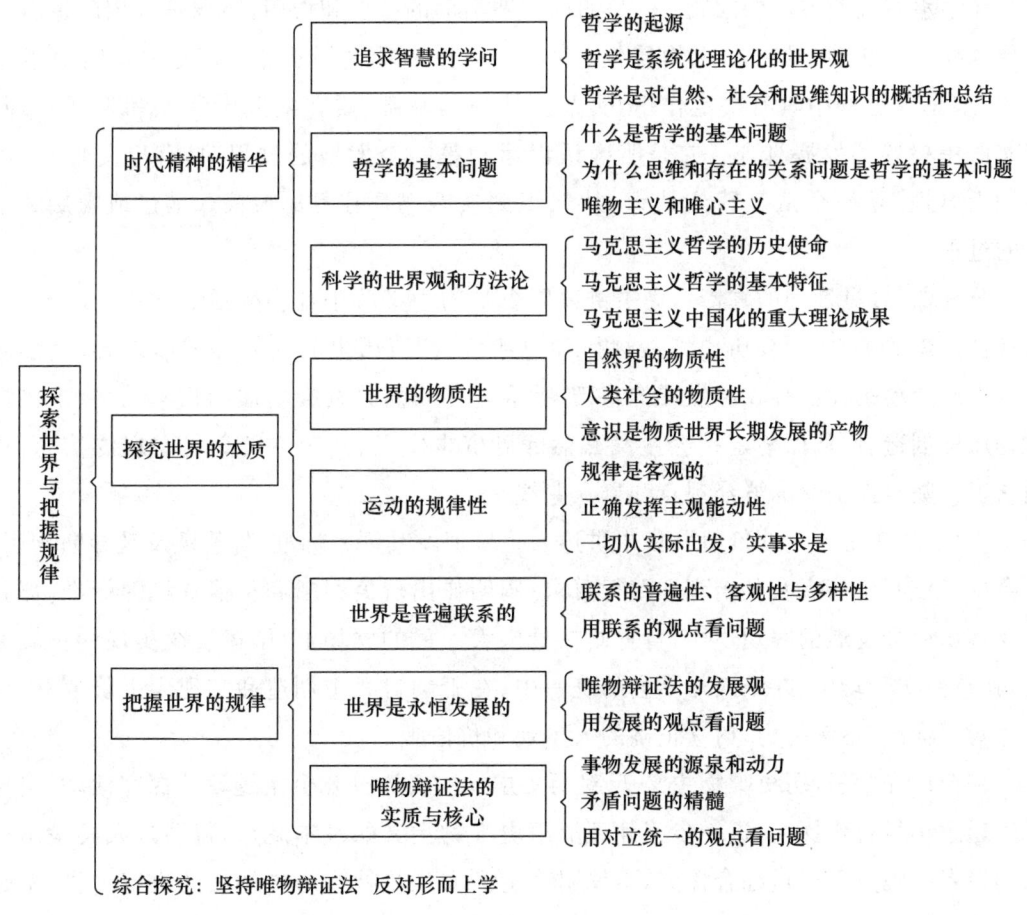

图 4-10 《哲学与文化》第一单元内容结构图

第二单元：认识社会与价值选择

寻觅社会发展的真谛和规律，探寻人类认识的奥秘，是实现人的自由全面发展的前提。本单元基于辩证唯物主义认识论和历史唯物主义的基本原理，讲述人的认识从何而来、社会历史的发展遵循什么规律、如何实现人生价值等问题。通过本单元内容，使学生理解社会生活的实践本质，把握认识运动的辩证发展过程；领悟社会存在决定社会意识的道理，正确分析和对待各种社会现象和问题，在生活中能够作出正确的价值判断和行为选择；理解价值观的导向作用，了解实现人生价值的条件和途径，积极践行社会主义核心价值观。

本单元教材包括三课、八框、一个综合探究。

第四课"探索认识的奥秘"，讲述辩证唯物主义关于感性认识与理性认识的关系、实践与认识的关系、真理的客观性与具体性和条件性、人类认识的反复性和无限性等。重点引导学生明确两方面的问题：一是明确实践活动的特性和作用，实践是人们改造客观世界的物质性活动，具有客观物质性、主观能动性和社会历史性；实践在人们探索世界、追求真理过程中具有决定作用，实践是认识的基础，要在实践中认识和发现真理，在实践中检验和发展真理。二是明确认识运动是一个发展的过程，具有反复性、无限性和上升性，是一个从实践到认识、从认识到实践循环往复的波浪式前进或螺旋式上升的过程。

第五课"寻觅社会的真谛"，集中讲述历史唯物主义关于社会生活的本质、社会存在与社会意识的关系、社会历史发展规律和总趋势、社会历史的主体等方面内容，使学生明确生产劳动是社会存在和发展的基础、社会基本矛盾是社会发展的根本动力、人民群众是历史创造者，从而坚定社会主义必然战胜资本主义、共产主义必然实现的信念，正确认识并坚定拥护党的群众观点和群众路线。

第六课"实现人生的价值"，集中讲述人生价值及其评判标准、价值观及其导向作用、社会主义核心价值观及其培育和践行要求；阐明作出价值判断和价值选择的标准，那就是要遵循社会发展的客观规律、自觉站在最广大人民的立场上；阐述价值实现的正确途径，就是要在劳动中、在个人与社会的统一中、在砥砺自我中创造和实现人生价值；引导学生对照标准，不懈努力，树立正确的人生观和价值观。

综合探究"坚持历史唯物主义 反对历史虚无主义"，分几个主题设计探究活动，引导学生通过小组合作探究，进一步正确理解历史唯物主义的基本观点，特别是人民是历史的创造者的观点。通过综合探究，不仅明确生产方式是社会历史发展的决定力量，不是社会意识决定社会存在，而是社会存在决定社会意识，生产力与生产关系、经济基础与上层建筑的矛盾构成社会基本矛盾，是社会发展的根本动力；而且深刻认识到社会历史是人民群众活动的历史，人民群众是社会历史的主体。坚持历史唯物主义，要坚持群众观点和群众路线,辩证理解普通个人和历史人物的关系,科学、客观、实事求是地评价历史人物;坚持历史唯物主义,要充分认识历史虚无主义的本质和危害,旗帜鲜明地反对历史虚无主义。

本单元具体的内容结构如图 4-11 所示。

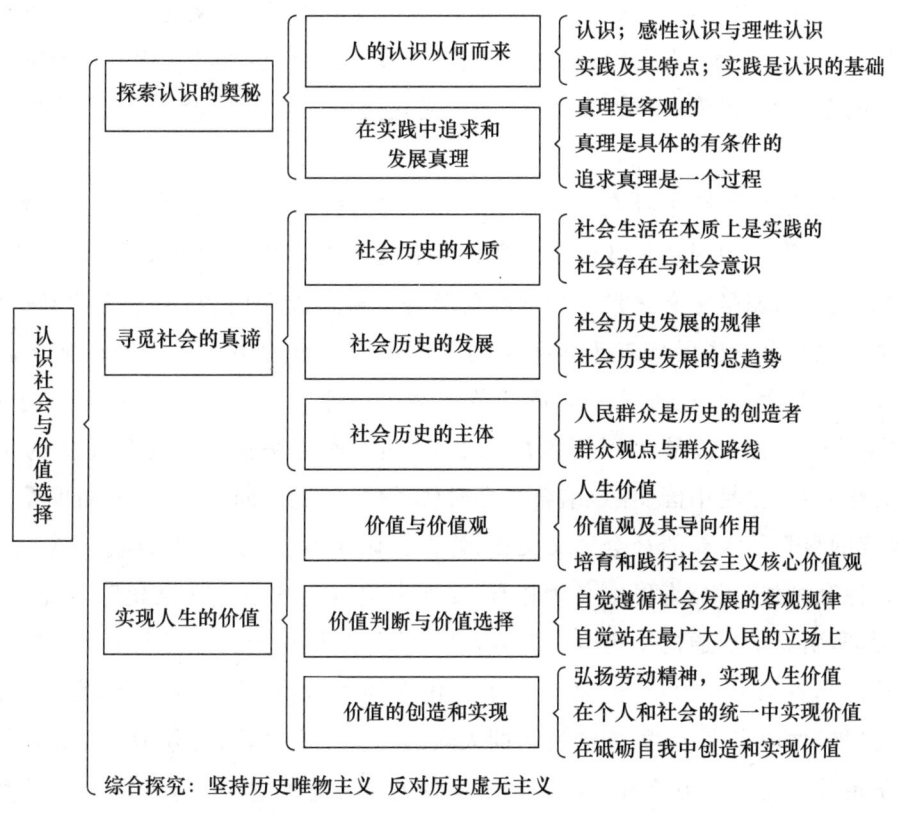

图 4-11 《哲学与文化》第二单元内容结构图

第三单元:文化传承与文化创新

文化是民族的血脉,是人民的精神家园,与每个人息息相关。不同的国家和民族有不同的文化,同一国家和民族在不同的时代也会有不同的文化。本单元围绕文化这一主题,集中讲述如何认识文化及其功能、如何认识中华传统文化、如何认识外来文化及其在中国的发展、如何正确运用中华优秀传统文化和国外优秀文化资源建设和发展当代中国文化等一系列问题,引导学生继承中华优秀传统文化和革命文化,发展社会主义先进文化,尊重世界文化的多样性,增强文化自信,促进文化发展。

本单元教材包括三课、九框、一个综合探究。

第七课"继承发展中华优秀传统文化",在分析文化的内涵和功能的基础上,重点讲述中华优秀传统文化的主要内容、特点和当代价值,阐释中华优秀传统文化的创造性转化和创新性发展,阐述中华民族精神及其在不同时期的表现。引导学生正确认识和批判地继承中华传统文化,大力弘扬中华优秀传统文化和中华民族精神。

第八课"学习借鉴外来文化的有益成果",在分析文化的民族性和多样性及其重要价值的基础上,重点讲述文化交流和文化交融对文化发展的重要意义、我们对待外来文化的正确态度等。引导学生懂得文化交流是文化发展的动力,文化交融推动文化的发展,面向世界、博采众长、立足国情、交流互鉴是中国特色社会主义文化发展的重要路径;尊重文化的多样性,正确对待外来文化,争做文化交流的友好使者和文化交融的有力促进者。

第九课"发展中国特色社会主义文化",在分析我国革命文化和社会主义先进文化的基础上,重点讲述中国特色社会主义文化发展道路的历史必然性、文化发展的基本路径、建设文化强国和坚定文化自信的基本要求等。通过本课内容,使学生明确中国特色社会主义文化源自中华民族五千多年文明历史中所孕育的中华优秀传统文化,熔铸于党领导人民在革命、建设、改革中创造的革命文化和社会主义先进文化,植根于中国特色社会主义伟大实践;发展中国特色社会主义文化,必须坚持以马克思主义为指导,坚守中华文化立场,立足中国实际,结合当今时代条件,发展面向现代化、面向世界、面向未来的,民族的科学的大众的社会主义文化,建设文化强国,增强文化自信。

综合探究"坚持以马克思主义为指导 发展中国特色社会主义文化",分几个主题设计探究活动,引导学生通过小组合作探究,进一步深刻认识到:发展中国特色社会主义,必须坚持以马克思主义为指导,坚守中华文化立场,立足当代中国实际,发展面向现代化、面向世界、面向未来的,民族的科学的大众的社会主义文化;必须坚定文化自信,正确对待中华传统文化和西方文化,牢牢把握社会主义文化前进方向,坚持为人民服务、为社会主义服务,坚持百花齐放、百家争鸣,坚持创造性转化、创新性发展,坚持面向世界、博采众长、立足国情、交流互鉴,不断铸就中华文化新辉煌;必须坚持和完善社会主义文化的制度,坚持马克思主义在意识形态领域的指导地位,巩固全体人民团结奋斗的共同思想基础,激发全民族文化创造活力,更好构筑中国精神、中国价值、中国力量;必须加强党对文化工作的领导,积极培育和践行社会主义核心价值观,加强全社会思想道德建设,繁荣发展社会主义文艺,推动文化事业和文化产业发展,为人民群众提供丰富的精神食粮。

本单元具体的内容结构如图 4-12 所示。

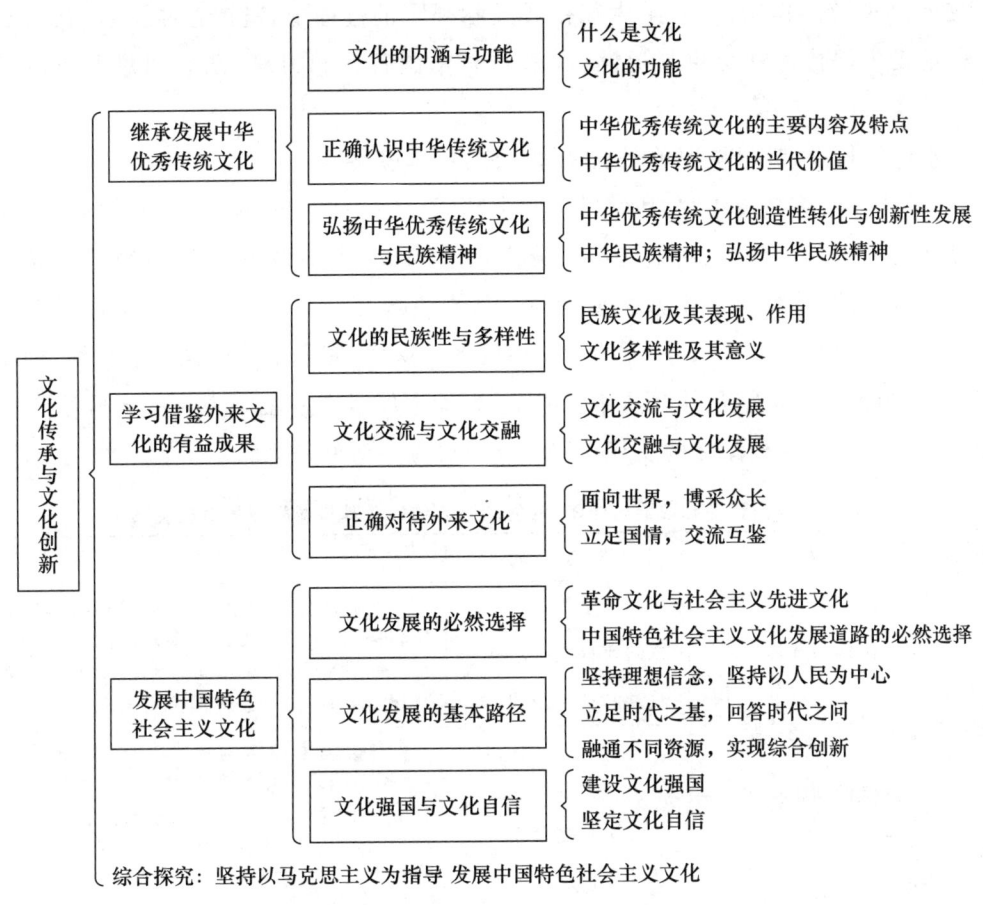

图 4-12　《哲学与文化》第三单元内容结构图

第三节　高中思想政治选择性必修课程教材的设计与编写

选择性必修课程是必修课程的延伸,满足学生多样化的学习兴趣和升学需要,是选择本课程作为学业水平等级性考试的学生应完成的学业。根据课程标准的设计,高中思想政治选择性必修课程包括当代国际政治与经济、法律与生活、逻辑与思维三个课程模块。因此,高中思想政治选择性必修课程的教材也由《当代国际政治与经济》《法律与生活》《逻辑与思维》三册构成。

一、《当代国际政治与经济》教材

《当代国际政治与经济》教材以习近平新时代中国特色社会主义思想为指导,根据课程标准的总体要求,围绕当今世界多极化与经济全球化趋势,解析不同的国家性质和国家形式,说明国际关系的主要影响因素和世界经济发展的基本特点,介绍国际组织的主要类型及其作用,引导学生在拓展国际视野的过程中,坚持总体国家安全观,坚定不移地走中国特色社会主义道路,积极贡献中国智慧和力量,推动构建人类命运共同体。

在整体结构上,教材按照单元、课、框、目的编排思路展开,共设置"各具特色的国家""世界多极化""经济全球化""国际组织"四个单元。第一单元从理论上介绍参与国际政治与经济的主体,第二单元和第三单元分别从政治和经济两个维度讲述当今世界局势的舞台背景,第四单元介绍国家这个参与主体在世界多极化和经济全球化背景下进行的活动、世界性和区域性国际组织的产生和发展。这样,四个单元构成了动与静、抽象与具体、宏观与微观有机结合的立体知识体系,为学生展示了一幅全方位的当今国际政治与经济图景。教材的整体结构及其与课标点的对应关系见表 4-5。

表 4-5　《当代国际政治与经济》教材的整体结构及其与课标点的对应关系

单元	课题	框题	综合探究
各具特色的国家	国体与政体	国家是什么	1.1 了解国体和政体的关系,揭示国家的本质,理解国家管理形式的多样性。 1.3 引用实例,比较不同国家的特点及其发展状况,阐明我国的总体国家安全观。
		国家的政权组织形式	
		政党和利益集团	
	国家的结构形式	主权统一与政权分层	1.2 解析国家的结构形式,理解维护国家统一、捍卫国家主权的意义。
		单一制和复合制	1.3 引用实例,比较不同国家的特点及其发展状况,阐明我国的总体国家安全观。
	综合探究　国家安全与核心利益		
世界多极化	多极化趋势	世界多极化的发展	2.1 引用国家之间合作、竞争、冲突的实例,印证国家利益和国家实力是决定国际关系的主要因素。
		国际关系	2.2 引述有关资料,描述世界多极化趋势。
	和平与发展	时代的主题	2.2 引述有关资料,全面阐述和平与发展是当今时代的主题。
		挑战与应对	2.3 阐明霸权主义、强权政治的危害,了解共商共建共享的全球治理观,理解国际关系民主化的意义。
	中国的外交	中国外交政策的形成与发展	2.2 解释我国独立自主的和平外交政策,阐述合作共赢的理念,认识构建人类命运共同体的意义。
		构建人类命运共同体	
	综合探究　贡献中国智慧		

续表

单元	课题	框题	综合探究
经济全球化	走进经济全球化	认识经济全球化	3.1 辨识国际经济中的比较优势,描述当代国际经济发展的基本特点和趋势。 3.2 分析经济全球化的机遇和挑战,坚持正确义利观,阐释推动建设开放型世界经济的意义。
		日益开放的世界经济	
	经济全球化与中国	开放是当代中国的鲜明标识	3.3 引用实例,说明中国如何推动经济全球化朝着更加开放、包容、普惠、平衡、共赢的方向发展。
		做全球发展的贡献者	
	综合探究　发展更高层次开放型经济 完善全球治理		
国际组织	主要的国际组织	日益重要的国际组织	4.1 阐释联合国宪章倡导的国际关系基本准则,评析联合国在国际事务中发挥的作用;分析世界贸易组织、世界银行、国际货币基金组织在国际经济事务中发挥的作用。
		联合国	
		区域性国际组织	4.2 识别主要的区域性国际组织,评价区域性国际组织在国际事务中发挥的作用。
	中国与国际组织	中国与联合国	4.2 识别主要的区域性国际组织,评价区域性国际组织在国际事务中发挥的作用。
		中国与新兴国际组织	
	综合探究　国际视野及国际人才		

第一单元：各具特色的国家

本单元根据现存国家的基本状况,围绕着国家是什么、国家是怎样分类的、国家的政权组织形式和结构形式有哪些等问题,讲述马克思主义国家观中国家的本质及分类、国体与政体及其关系、不同国家的政权组织形式、国家主权和国家管理的结构形式等内容。引导学生进一步树立马克思主义国家观,明确由于国家的历史传统、现实国情等不同,其发展道路也必然各具特色。

本单元教材包括两课、五框、一个综合探究。

第一课"国体与政体",主要从马克思主义国家理论出发,讲述国家的产生、基本要素、性质、本质、当今世界主要的两类性质根本不同的国家;分析国体与政体及其关系;介绍人民代表大会制、民主共和制和君主立宪制、议会制和总统制等政权组织形式;阐述政党和利益集团的区别及它们在不同国家中的目标与实现路径。通过本课内容,使学生懂得国家是人类社会发展到一定历史阶段的产物,一个国家的国体和政体在一定的历史时期内是相对稳定的,但不是一成不变的,一个国家采取什么样的政权组织形式和国家结构形式,是多种要素共同作用的结果;让学生深刻认识到我国是人民民主专政的社会主义国家,人民代表大会制度是我国的根本政治制度,中国共产党领导的多党合作和政治协商制度是我国的一项基本政治制度,比资本主义国家及其政权组织形式、政党制度具有无比的优越性,增强政治认同。

第二课"国家的结构形式",重点讲述国家政权与现代国家之间的关系,强调国家主权是一种自主自决的最高权威,是现代国家得以存在的法理依据;阐明一个统一的国家只能有一个中央政府;介绍单一制和复合制的国家结构形式。通过本课内容,使学生明确一个国家采取什么样的国家结构形式,主要基于维护国家主权和领土的统一完整、保障国家管理的有效与便利等方面的考虑,独立自主地决定国家的结构形式,是国家主权的重要体现;让学生认识到国家的结构形式,决定着中央与地方的关系;在我国,中国共产党领导是中国特色社会主义最本质的特征,是中国特色社会主义制度的最大优势,中央和地方各级国家机构按民主集中制的原则划分职权。

综合探究"国家安全与核心利益",设计"坚定中国特色社会主义制度自信""政治制度不能照搬""国家安全,人人有责"等议题,引导学生学会用马克思主义立场、观点、方法评析各国的政治制度,用唯物史观思考社会转型的复杂变化和原因;明确人民当家作主是社会主义民主政治的本质、中国的民主政治制度绝不能照搬西方政治制度模式,坚定中国特色社会主义的信念和信心;了解我国的总体国家安全观,知道坚持总体国家安全观要以政治安全为根本,认同国家安全利益是国家的最高利益;懂得我国是一个主权国家,主权和领土不容分割,坚决防范和遏制外部势力干预我国港澳事务和进行分裂、颠覆、渗透、破坏活动,坚决反对台湾和国际上某些势力旨在制造"台湾独立"的任何图谋,坚决维护国家主权和领土完整,具有维护国家安全的责任担当。

本单元具体的内容结构如图 4-13 所示。

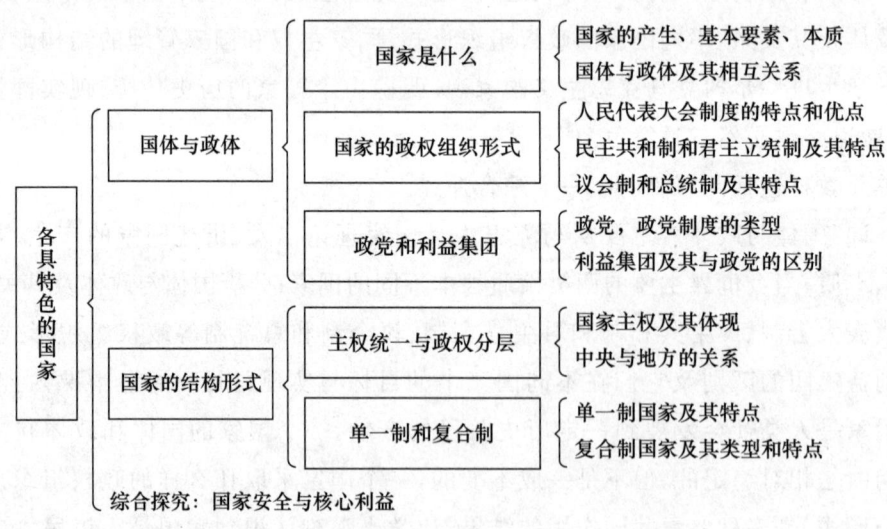

图 4-13 《当代国际政治与经济》第一单元内容结构图

第二单元：世界多极化

当今世界正处在大发展大变革大调整时期,世界多极化不断发展,国家间相互依赖更加密切。本单元聚焦世界多极化,围绕着推动世界多极化不断发展的因素有哪些、影响国际关系的决定性因素是什么、世界各国如何应对人类社会面临的共同挑战、中国为世界和平与发展贡献了哪些智慧和方案、如何构建人类命运共同体等问题,以实现民族复兴、促进人类进步为主线,讲述当今世界多极化趋势、和平与发展的时代主题、中国外交政策的形成与发展、习近平的外交思想等内容,引导学生全面理解和深刻把握中国与世界发展大势和中国的外交政策,拓展国际视野。

本单元教材包括三课、六框、一个综合探究。

第三课"多极化趋势",主要讲述世界多极化的形成与发展和当今世界的主要力量,阐述国际关系的内容、形式及影响国际关系的主要因素。通过本课内容,使学生了解国家与国家之间既相互联系又相互制约,随着主权国家之间综合国力对比的变化,世界多极化成为当代国际政治发展的趋势;知道中国日益走进世界舞台的中央,承担越来越多的国际责任,发挥越来越重要的作用,国际影响力日益增强;懂得国家利益和国家实力是影响国际关系的决定性因素,要坚决维护国家利益、提升国家实力。

第四课"和平与发展",主要讲述和平与发展是当今时代的主题,和平是发展的前提,发展是和平的基础;阐述促进和平与发展的因素和影响和平与发展的主要障碍;阐明国际关系民主化的重要意义。通过本课内容,使学生全面了解和平与发展这一当今时代的主题,深刻认识到和平与发展仍然面临着严峻的挑战,为了维护世界和平、促进共同发展,必须建立公正合理的国际政治经济新秩序、推动国际关系民主化。

第五课"中国的外交",结合新中国成立以后我国独立自主和平外交政策的发展历程,讲述我国外交政策的基本立场、宗旨、基本目标、基石,以及新时代中国特色的大国外交和习近平外交思想;阐述人类命运共同体的内涵、构建人类命运共同体的意义,以及我国在构建人类命运共同体中的实际行动。通过本课内容,使学生认识到我国奉行独立自主的和平外交政策,面对深刻变化的国际形势,我国开创性地推进中国特色的大国外交,为人类应对共同挑战贡献了中国智慧,为推动世界和平与发展提供的中国方案;我们必须坚持以习近平新时代中国特色社会主义外交思想为指导,以实现中华民族伟大复兴为使命推进中国特色大国外交,以维护世界和平、促进共同发展为宗旨推动构建人类命运共同体,充分展示大国形象。

综合探究"贡献中国智慧",设计"合作共赢是最大公约数""全球治理的中国方案""携手共建'一带一路'"等议题,引导学生通过合作探究,了解我国以合作共赢为核心的新型国际关系的进程和取得的成就,明确坚持合作共赢、走和平发展道路是我国从历史、现实、未来的客观判断中得出的结论,认同我国推动构建新型国际关系的中国方案;

了解我国开展全球治理的理念、方案和实际行动,明确全球治理的中国方案对世界和平与发展的价值,提升参与构建人类命运共同体的意识和责任感;了解共建"一带一路"的意义,明确世界各国唯有坚持相向而行才能走出一条共同发展之路,为"一带一路"的建设和发展贡献自己的智慧和力量。

本单元具体的内容结构如图 4-14 所示。

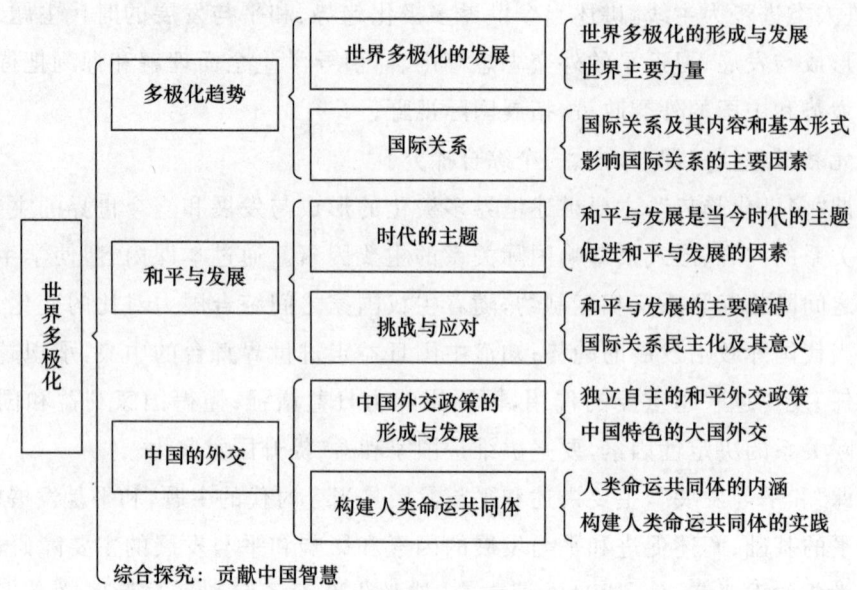

综合探究: 贡献中国智慧

图 4-14 《当代国际政治与经济》第二单元内容结构图

第三单元:经济全球化

当今世界是开放的世界,经济全球化是不可逆转的历史大势。本单元聚焦经济全球化,围绕着哪些力量在推动着经济全球化的深入发展、经济全球化有哪些利弊、如何适应和引导经济全球化以使其更好地惠及每个国家与民族及个人、中国面对经济全球化的形势如何发展更高层次的开放型经济、中国怎样推动经济全球化的发展等问题,重点讲述经济全球化的趋势以及中国怎样推动经济全球化朝着开放、包容、普惠、平衡、共赢的方向发展,引导学生开阔国际视野,培养开放包容的精神,树立合作共赢意识,提高维护国家利益和国家安全的自觉性。

本单元教材包括两课、四框、一个综合探究。

第六课"走进经济全球化",讲述经济全球化的主要表现、影响因素和重要载体;阐明经济全球化给世界各国既带来机遇也带来挑战,要把握好经济全球化方向,推动经济全球化发展,让经济全球化更有活力。通过本课内容,使学生了解经济全球化在当代的表现与发展趋势,全面认识经济全球化的利与弊、带来的机遇与风险,懂得我们既要抓住机遇,积极参与,又要勇敢迎接挑战,合作共赢,形成对待经济全球化的正确态度。

第七课"经济全球化与中国",讲述我国已经形成全方位、宽领域、多层次的全面对外开放的格局,新时代我国继续坚持对外开放的国策和继续对外开放的基本路径,以及我国对外开放中坚持的独立自主、自力更生原则;阐明中国是经济全球化的受益者和贡献者,我国坚持对外开放,积极参与经济全球化,一方面推动了我国经济长期持续健康发展,另一方面中国的发展也为世界各国的发展提供了机遇,为其他发展中国家提供了有益的启示。通过本课内容,使学生认识到对外开放是我国的基本国策;作为负责任的大国,中国是世界发展的积极贡献者和有力推动者;站在新的历史方位,中国将继续扩大对外开放,推动经济全球化发展。

综合探究"发展更高层次开放型经济　完善全球治理",设计"建设贸易强国,培育国际竞争新优势""防范国际金融风险,维护国家经济安全""维护多边贸易体系,坚持正确义利观"等议题,引导学生通过合作探究,了解我国对外贸易领域的标志性开放政策,知道对外贸易的新业态新模式,探寻促进出口、发挥我国比较优势、培育和提高国际竞争新优势的有效措施,树立自主创新意识,培养在交易过程中诚信守法的品质;了解经济全球化时代的国际经济风险及其对我国和世界经济发展所产生的影响,探寻应对和防范国际金融风险、贸易摩擦的途径和方式,树立风险意识,积极维护国家经济安全,进一步增强总体国家安全观;了解维护多边贸易体制与坚持正确义利观的重要性,探寻促进贸易投资自由化便利化、反对贸易保护主义的有效措施,培育包容开放、合作共赢意识和规则意识,增强对中国是负责任的大国的认同。

本单元具体的内容结构如图 4-15 所示。

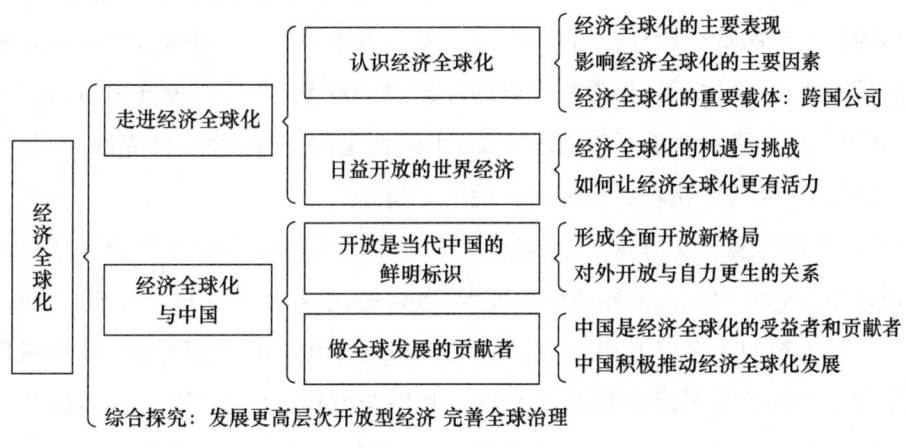

图 4-15　《当代国际政治与经济》第三单元内容结构图

第四单元：国际组织

在国际社会中,国际组织特别是政府间国际组织充当着日益重要的角色,联合国、欧洲联盟、亚太经合组织、非洲联盟等格外引人瞩目。本单元聚焦国际组织,围绕着这些国际组织是如何建立的、各自经历了怎样的发展历程、遵循什么宗旨、发挥什么作用、面临什么问题、中国与它们的关系如何、中国参与或倡议建立的新兴国际组织及机制有哪些等问题,讲述日益重要的国际组织和中国与国际组织关系的发展变化,使学生懂得中国是世界和平的建设者、全球发展的贡献者、国际秩序的维护者,认识到中国在国际舞台上坚持高举和平、发展、合作、共赢旗帜的重大意义。

本单元教材包括两课、五框、一个综合探究。

第八课"主要的国际组织",在讲述国际组织的分类和机构、国际组织的产生及作用的基础上,重点介绍联合国,以及欧洲联盟、亚太经合组织、东南亚国家联盟、非洲联盟等区域性国际组织。通过本课内容,使学生懂得国际组织是国际关系发展到一定历史阶段的产物,在处理国际性问题、促进世界和平与发展上发挥重要作用,是当今国际社会日益重要的行为主体、全球治理的重要载体、多边外交的重要舞台;认识到活跃在国际舞台上的国际组织多种多样,其中有一些国际组织格外重要,这些国际组织不仅影响着各国的政策,而且影响着各国民众的日常生活。

第九课"中国与国际组织",主要讲述中国与联合国关系的历史演变、中国在联合国的地位和作用;阐述二十国集团、金砖国家、上海合作组织、亚洲基础设施投资银行等新兴国际组织成立的背景、成立的时间,以及中国在其中的角色与作用。通过本课内容,使学生懂得国际组织的重要性日益增强,中国日益走向对外开放,国际组织越来越成为中国外交的重要舞台;中国不仅加强与主要国际组织的联系,而且积极推进新兴国际组织的发展,并倡议建立了一些重要的国际组织;中国在走向世界、融入世界的同时,也积极影响世界,推动国际秩序朝着更加公正合理的方向发展。

综合探究"国际视野及国际人才",设计"开创中国与国际组织深化合作新局面""主场外交彰显中国魅力""走向世界的中国使者"等议题,引导学生通过合作探究,进一步了解我国与国际组织的关系以及中国在国际组织中的作用,明确我国与国际组织良性互动有助于实现和维护我国国家利益以及世界和平与发展,认同我国合作共赢的外交发展道路;了解中国参与国际组织活动的主要方式和特点、中国开展主场外交活动的意义和挑战,懂得中国在国际事务中的责任和担当;了解国际人才需要具备的基本素养,不断开拓国际视野,用欣赏、互鉴、共享的观点看待世界,勇于担当实现中华民族伟大复兴的历史使命,积极为构建人类命运共同体添砖加瓦。

本单元具体的内容结构如图 4-16 所示。

图 4-16　《当代国际政治与经济》第四单元内容结构图

二、《法律与生活》教材

《法律与生活》教材以习近平新时代中国特色社会主义法治思想为指导,结合民法典的颁布实施,聚焦公民依法维护合法权益的法律行为,讲述人身权、物权、债权、知识产权等民事权利与义务,解析婚姻家庭中的法律关系和法律责任,阐释与就业、创业相关的法律制度,阐述社会纠纷的解决机制和法律程序。通过学习本教材内容,使学生进一步了解新时代中国特色社会主义法治体系,掌握日常生活中的法律知识,提高主动学法的意愿和自觉用法的能力,增强法治意识。

在整体结构上,教材按照单元、课、框、目的编排思路展开。全书共设置四个单元,第一单元设置四课,其余单元设置两课;每一课设置两框或三框,每一框设置两目或三目;每一单元最后设置一个综合探究。教材的整体结构及其与课标点的对应关系见表 4-6。

表 4-6 《法律与生活》教材的整体结构及其与课标点的对应关系

单元	课题	框题	综合探究
民事权利与义务	在生活中学民法用民法	认真对待民事权利与义务	1.1 了解我国民法的基本原则,识别我国公民的民事权利和民事责任。
		积极维护人身权利	
	依法有效保护财产权	保障各类物权	1.2 列举物权法的基本原则和物权的主要类型,懂得维护物权的途径。
		尊重知识产权	
	订约履约诚信为本	订立合同学问大	1.3 简述合同的含义和价值,理解合同的主要内容和违约责任,了解合同订立的程序,熟悉解决合同纠纷的途径。
		有约必守 违约有责	
	侵权责任与权利界限	权利保障 于法有据	1.4 理解侵权责任的内容,树立依法承担责任的观念。
		权力行使 注意界限	
	综合探究 财产制度助力经济社会发展		
家庭与婚姻	在和睦家庭中成长	家和万事兴	2.1 熟知监护、抚养、扶养、赡养、继承等民事关系,培育家庭责任意识。
		薪火相传有继承	
	珍惜婚姻关系	法律保护下的婚姻	2.2 理解婚姻法律关系,阐释正确的婚姻家庭观念。
		夫妻地位平等	
	综合探究 家庭生活 法律守护		
就业与创业	做个明白的劳动者	立足职场有法宝	3.1 了解劳动法的基本原则,理解劳动者的权利和义务,解释劳动合同的主要内容,熟悉劳动者依法维权的途径和方式。
		心中有数上职场	
	自主创业与诚信经营	自主创业 公平竞争	3.2 列举与创业有关的企业登记、企业信息公示、税收和知识产权保护等基本法律制度,评述市场竞争的基本规则,说明依法经营的必要性。
		诚信经营 依法纳税	
	综合探究 企业创办之旅		
社会争议解决	纠纷的多元解决方式	认识调解与仲裁	4.1 识别人民调解、行政调解等不同的调解方式,明确调解制度的特点和程序。 4.2 列举劳动人事争议仲裁、经济仲裁等仲裁形式,明确仲裁制度的特点和程序。
		解析三大诉讼	
	诉讼实现公平正义	正确行使诉讼权利	4.3 解析民事诉讼、刑事诉讼、行政诉讼的特点和程序,说明不同诉讼中的举证规则,树立证据意识。
		严格遵守诉讼程序	
		依法收集运用证据	4.4 概述公民的诉讼权利,熟悉公民获得法律援助的渠道。
	综合探究 感受司法公正		

第一单元：民事权利与义务

在我国法律体系中，民法是一个重要组成部分。本单元围绕民事权利与义务这一民法中最基本、最显著问题，讲述民法规定了哪些民事权利和义务、权利人应当如何运用法律武器来维护自己的权利、义务人没有履行义务可能承担什么样的法律责任等内容。通过本单元学习，使学生明确民法与我们每个人的生活密切相关，应当从生活的各个方面尊法学法守法用法，进一步增强法治意识。

本单元教材包括四课、八框、一个综合探究。

第一课"在生活中学民法用民法"，从生活实际出发，讲述民法与民事法律关系的含义、民事权利体系、民法基本原则；阐释民法中规定的生命权、身体权、健康权、姓名权、肖像权、名誉权、荣誉权、隐私权等人身权利，这类人身权利是民法优先保护的民事权利，尤其是生命权、身体权、健康权是一个人最基础的权利，侵犯他人生命权、身体权、健康权，应当承担法律责任。通过本课内容，使学生懂得民法与我们的生活密切相关，为我们的一生提供了坚实的法律保障，要在生活中学民法用民法；知道民法调整民事主体之间的人身关系和财产关系，优先保护人身自由和人格尊严，要积极维护人身权利。

第二课"依法有效保护财产权"，聚焦我国相关法律规定的财产权，重点讲述各类物权和知识产权，物权包括所有权和他物权，知识产权包括著作权、专利权、商标权等；阐述所有权的类型、取得的方式和平等保护的原则；阐释各种类型的他物权，尤其是土地承包经营权、宅基地使用权、建设用地使用权、抵押权、质权的取得方式和法律保护；阐述著作权、专利权、商标权的含义、取得方式，以及著作、专利、商标的类型及法律保护的期限等。通过本课内容，使学生认识到我国积极健全财产保护制度，加强对各种所有制经济组织和自然人的财产权的保护；让学生明确物权是最基本的财产权，我国对物权实行物权法定、平等保护的原则；知识产权是财产权的重要组成部分，保护知识产权就是为创新驱动发展战略保驾护航。

第三课"订约履约 诚信为本"，聚焦合同法，讲述合同的含义、种类，以及合同订立要建立在各方当事人自愿的基础上；解析合同订立的过程和合同生效的条件，分析口头合同和书面合同各自的特点，尤其是书面合同的优势；阐述履行合同的要求和履行合同的关键，当事人要按照合同约定全面履行自己的义务，违反合同约定要承担相应的法律责任。通过本课内容，使学生认识到我们的生活离不开合同，重合同、守信用是全社会的共识，也有相应的合同法律制度的保护，法律通过规范市场主体的交易行为，维护市场秩序，保证社会生活正常进行；引导学生在生活中树立合同意识，养成诚信品质。

第四课"侵权责任与权利界限"，聚焦侵权责任问题，讲述侵权责任的一般规定和构成要件、过错推定与无过错侵权责任、侵权责任承担的方式、法律保护民事权利的诉讼时效,以及法律规定侵权责任的重要意义;阐明民法为不同的民事权利设定了界限,民事主体行使民事权利不能超过正当的界限;介绍民法典规定的不动产相邻关系的处理规则。通过本课内容,使学生认识到法律针对侵权行为规定了相应的法律责任,行为人侵犯他人的民事权利,应当依法承担侵权责任;权利人行使民事权利时,也不能逾越权利的边界,更不得滥用权力损害国家利益、社会公共利益或者他人的合法权益。

综合探究"财产制度助力经济社会发展",设计"财产制度的价值""老旧小区加装电梯的难与易"等议题,让学生结合改革开放以来我国财产权法律制度的完善过程,了解财产制度在社会经济发展中的作用,运用历史唯物主义的基本观点分析财产制度改革对法治中国建设的意义,运用法治思维评价相邻关系的合理性和合法性,从而引导学生深化对民事权利与义务的认识,增强对法治国家建设的认同。

本单元具体的内容结构如图 4-17 所示。

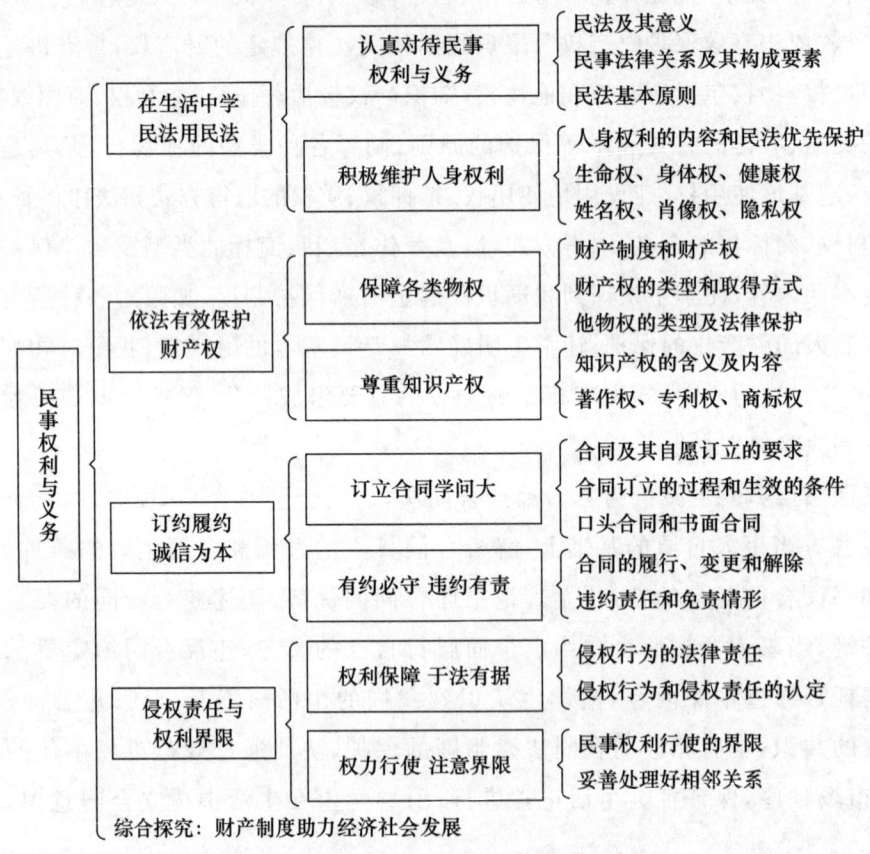

图 4-17 《法律与生活》第一单元内容结构图

第二单元：家庭与婚姻

家庭是社会的细胞,是人们基于婚姻、血缘等关系,由一定范围的亲属组成的共同生活的单位;婚姻是由法律确认的男女两性的结合以及由此产生的夫妻关系。本单元围绕婚姻与家庭这一主题,讲述婚姻家庭中的法律关系和法律责任。通过本课内容,使学生了解父母子女之间有哪些权利和义务、法定继承与遗嘱继承分别有什么要求、结婚要具备哪些条件和履行哪些程序、夫妻之间有哪些权利和义务等;引导学生懂得婚姻与家庭需要亲情与爱情的精心维护,也离不开法律的有力保障,严格遵循法律规定,追求婚姻幸福和家庭美满,弘扬和践行社会主义核心价值观。

本单元教材包括两课、四框、一个综合探究。

第五课"在和睦家庭中成长",聚焦家庭关系中的法律问题,讲述父母对子女有教育和保护的权利和义务、成年子女对父母有赡养义务、监护制度,以及家庭暴力、虐待和遗弃等的法律责任;阐释继承关系和继承权、继承人的权利与义务、继承权取得的方式、法定继承的顺序;介绍遗嘱的类型及具有法律效力的条件,阐明遗嘱继承与遗赠的区别、遗嘱继承的法律效力优于法定继承等。通过本课内容,使学生明确幼有所教、老有所养、夫妻之间和睦相处、家庭成员之间敬老爱幼,是婚姻家庭法律立法宗旨的集中反映,引导学生了解婚姻家庭制度和自己在家庭中的权利与义务,共同建设和睦家庭。

第六课"珍惜婚姻关系",聚焦婚姻关系中的法律问题,讲述婚姻制度的基本原则、结婚的法定条件和法律程序、离婚的方式和程序、重婚的情形等;阐明在婚姻关系中,夫妻具有平等的人身关系和财产关系,在生活中平等行使权利、平等履行义务、平等处理夫妻共同财产;介绍夫妻共同财产的范围,以及夫妻可以在平等自愿的基础上采用书面形式约定财产的各自所有或共同所有。通过本课内容,使学生了解婚姻关系中男女平等、财产共有、救助义务等方面的法律规定,明确婚姻关系中的权利与义务,遵守法律规定,追求幸福的婚姻生活。

综合探究"家庭生活 法律守护",要求学生开展基于文献研究的小课题研究活动和到婚姻登记机关开展社会实践活动,引导学生运用科学方法分析婚姻家庭现象,加深对婚姻家庭关系的认识,增强家庭责任意识和法治意识,树立正确的婚姻家庭观念,积极维护自身的权利,认真履行作为家庭成员的义务,实现家庭的和谐和幸福。

本单元具体的内容结构如图 4-18 所示。

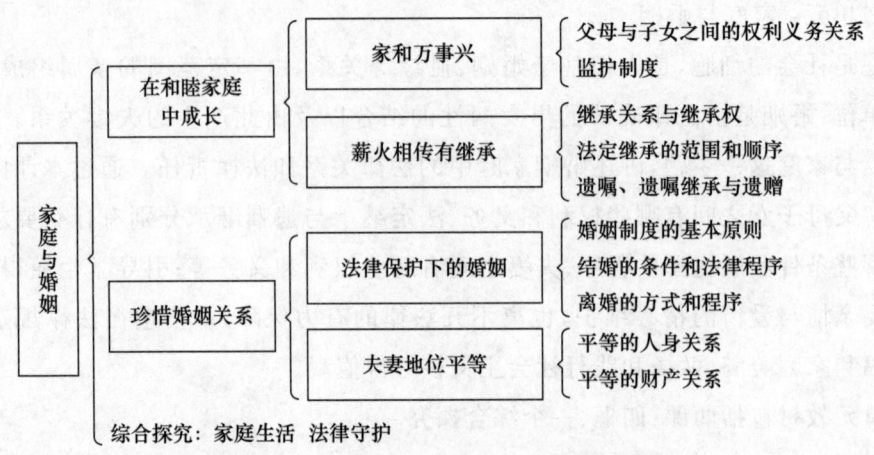

图 4-18 《法律与生活》第二单元内容结构图

第三单元：就业与创业

劳动既是公民的权利,也是公民的义务。就业与创业是公民行使劳动权利、履行劳动义务的基本前提,也是每一个社会成员必须面对的现实问题。本单元围绕就业与创业这一主题,讲述劳动关系的法律保障,使学生了解劳动者有什么样的权利和义务、应该如何维护自己的权利履行自己的义务,明确经营者应该如何公平竞争、诚信经营、依法纳税,引导学生树立正确的择业观和创业观,增强诚信意识和创新意识。

本单元教材包括两课、四框、一个综合探究。

第七课"做个明白的劳动者",主要讲述劳动法和劳动者的含义、劳动法的原则;介绍订立劳动合同的重要性、劳动合同的条款、订立劳动合同要遵循的原则,以及劳动合同的法律效力;阐明劳动者享有的权利和应该履行的义务、出现劳动争议时劳动者维护自身权益的途径。通过本课内容,使学生了解职场有关的法律,明白作为一个劳动者的权利和义务,学会用法律武器来维护自己的合法权益。

第八课"自主创业与诚信经营",主要讲述创业要符合相关的法律规定、履行必要的程序;介绍各种不正当竞争的行为和表现,明确经营者要遵循市场公平竞争和依法经营的规则;阐明经营者应该要诚信经营,保证消费者安全消费的权利,保障消费者的知情权、自主选择权等,消费者可以通过多种途径维护自身权益;阐明个人和企业均应当依法履行纳税义务,并介绍我国的增值税、企业所得税、个人所得税等主要税种。通过本课内容,使学生了解创业的法律规定,既尊重市场法则,又遵守法律规章,公平竞争,诚信经营,依法纳税,做一个优秀的创业者。

综合探究"企业创办之旅",建议学生开展"模拟创办企业""模拟招聘应聘""模拟企业运营"等活动,通过合作探究,使学生了解不同类型企业的法律特征、企业创办的程序、创业者应该具有的担当、劳动者应该具备的能力和素养等,体验就业和创业的经历,加深对公司法、劳动法、专利法、商标法、反不正当竞争法、消费者权益保护法等法律的认识,激发学生的创新活力。

本单元具体的内容结构如图 4-19 所示。

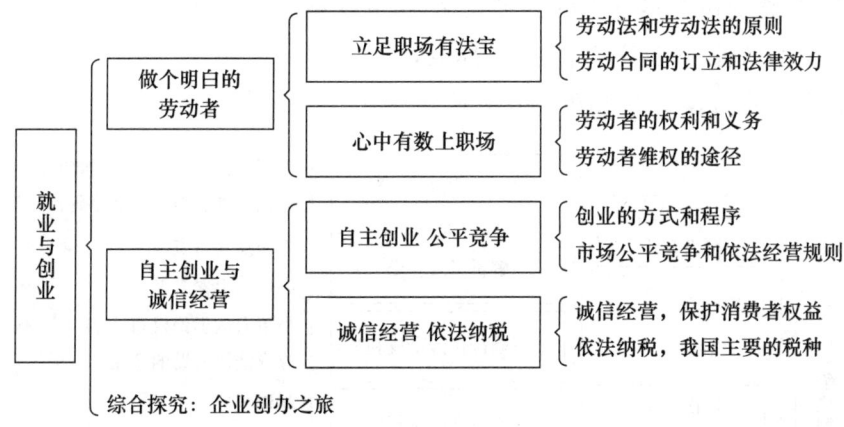

图 4-19　《法律与生活》第三单元内容结构图

第四单元：社会争议解决

社会生活纷繁复杂,社会成员在交往过程中难免因为各种原因产生争议,引发纠纷。本单元针对这一问题,重点讲述社会争议的解决机制和法律程序,使学生明确社会争议与纠纷的解决可以通过调解、仲裁、诉讼等多种方式和手段,这些方式和手段各有不同的特点,在适用范围、参与主体、实施程序等方面都存在差异,要根据具体情况合理选择利用,以便妥善解决争议和纠纷。

本单元教材包括两课、五框、一个综合探究。

第九课"纠纷的多元解决方式",集中介绍调解、仲裁、诉讼三种解决社会纠纷的方式。讲述调解的主要类型、人民调解的特点;阐述仲裁的主要类型、商事仲裁的申请前提和特点;解析诉讼及其特点、主要的诉讼类型,以及民事诉讼、行政诉讼、刑事诉讼在案件性质、诉讼目的、提起诉讼的主体、诉讼内容和程序、适用法律等方面存在的差异。通过本课内容,使学生了解社会争议解决的各种方式,以及每一种方式的功能和特点,能够根据实际情况选择恰当方式解决争议与纠纷。

第十课"诉讼实现公平正义",在第九课介绍诉讼的三种类型,以及它们之间存在诸多差异的基础上,集中讲述各种诉讼活动的共同特点和它们在促进公平正义方面的共同功能。具体来说,主要讲述诉讼过程中当事人的合法权益、公民寻求法律援助的条件和方式;介绍诉讼程序,阐述起诉与应诉、审理与判决的要求和做法;阐明诉讼证据的种类、收集与保存证据的重要性、民事诉讼中的举证原则、行政诉讼中的举证责任,强调以事实为依据,以法律为准绳,是任何诉讼都必须遵循的基本原则,也是正确解决纠纷、保证公平正义的基本要求。通过本课内容,使学生懂得在诉讼活动中,要正确行使诉讼权利,严格遵守诉讼程序,强化诉讼证据意识,感受司法公平,增强法治意识。

综合探究"感受司法公正",建议学生开展模拟法庭活动,通过小组合作探究,体验民事诉讼的程序,感受司法案件中的公平正义,树立法律面前人人平等的意识,做社会主义法治的忠实崇尚者、自觉遵守者、坚定捍卫者。

本单元具体的内容结构如图 4-20 所示。

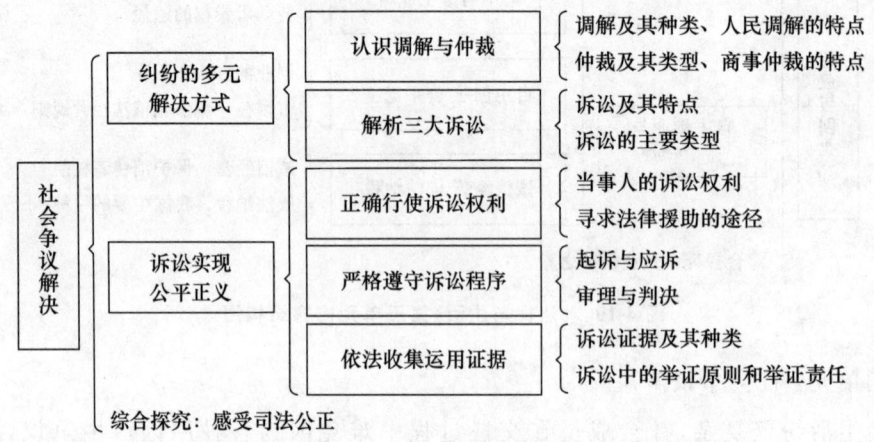

图 4-20　《法律与生活》第四单元内容结构图

三、《逻辑与思维》教材

《逻辑与思维》教材以辩证唯物主义和历史唯物主义的基本观点、习近平新时代中国特色社会主义思想为指导,讲述科学思维的本质和规律,分析逻辑思维、辩证思维、创新思维的基本理论和方法,引导学生明确科学思维的重要意义,掌握科学思维的基本规律和基本要求,树立科学思维观念,遵循逻辑思维规则,学会辩证思维方法,提高创新思维能力,提升思维品质,正确运用科学思维方法观察和分析各种社会现象,处理学习和生活中遇到的各种问题,增强学科核心素养。

在整体结构上,教材按照单元、课、框、目的编排思路展开,每个单元后面设置一个"综合探究"。全书共设置四个单元,四个单元之间是一种总分关系,第一单元是全书的总论,后面三个单元分别具体介绍逻辑思维、辩证思维、创新思维。从后面三个单元来看,又存在一种递进关系,逻辑思维侧重于思维的形式结构,是科学思维的基础;辩证思维不仅涉及思维的形式结构,还涉及思维的具体内容,是对形式逻辑思维的深化和升华;创新思维建立在逻辑思维和辩证思维基础之上,同时又注重利用联想、想象等其他思维因素,是多种科学思维方法的综合运用。教材的整体结构及其与课标点的对应关系见表 4-7。

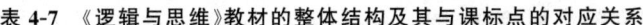

表 4-7 《逻辑与思维》教材的整体结构及其与课标点的对应关系

单元	课题	框题	综合探究
树立科学思维观念	走进思维世界	思维的含义与特征	1.1 描述常见的思维活动,体会思维是人所特有的属性,了解思维的基本形态和特征。 1.2 区分抽象思维和形象思维。
		思维形态及其特征	
	把握逻辑要义	"逻辑"的多种含义	2.4 辨析常见的逻辑错误,掌握形式逻辑的三个基本规律。
		逻辑思维的基本要求	
	领会科学思维	科学思维的含义与特征	1.1 懂得正确思维的基本条件。 1.2 掌握科学思维的特点,体悟学会科学思维的意义。
		学习科学思维的意义	
	综合探究 学会科学思维 提升思维品质		
遵循逻辑思维规则	准确把握概念	概念的概述	2.1 知道概念是反映事物本质属性的思维形式;理解任何概念都是内涵和外延的统一。
		明确概念的方法	
	正确运用判断	判断的概述	2.2 知道判断的基本特征;了解形成恰当判断的条件;学会正确运用判断;结合具体的判断活动,区分判断的不同类型。
		正确运用简单判断	
		正确运用复合判断	
	掌握演绎推理方法	推理与演绎推理概述	2.3 了解推理的类型;掌握演绎推理的方法;学会归纳推理、类比推理;评析常见的推理错误。
		简单判断的演绎推理方法	
		复合判断的演绎推理方法	
	学会归纳与类比推理	归纳推理及其方法	
		类比推理及其方法	
	综合探究 把握逻辑规则 纠正逻辑错误		
运用辩证思维方法	把握辩证分合	辩证思维的含义与特征	3.1 结合对复杂事物的把握,体会辩证思维的特征;理解分析与综合的辩证关系。
		分析与综合及其辩证关系	
	理解质量互变	认识质量互变规律	3.2 联系事物发展过程中的渐进性和飞跃性,懂得事物的发展过程是量变与质变的统一;理解质量互变规律;把握适度原则。
		把握适度原则	
	推动认识发展	不作简单肯定或否定	3.3 辨析简单肯定一切或否定一切的危害,解析认识经由"感性具体—思维抽象—思维具体"的途径;了解辩证否定观的实质;体会认识不断深化的历程。
		体会认识发展的历程	
	综合探究 领悟辩证精髓 处理复杂问题		
提高创新思维能力	创新思维要善于联想	创新思维的含义与特征	4.1 体会联想思维中迁移、想象的运用;了解联想思维的方法和特点;知道迁移、想象在创新思维中的作用。
		联想思维的含义与方法	
	创新思维要多路探索	发散思维与聚合思维的方法	4.2 了解发散思维中所采取的推测等方法;概括发散思维的特点;知道聚合思维和发散思维的功能。
		逆向思维的含义与作用	4.3 分析逆向思维的依据和优势;发挥正向思维和逆向思维的互补作用。
	创新思维要力求超前	超前思维的含义与特征	4.4 体会超前思维是对常识局限性的突破和超越;把握超前思维的探索性、预测性特点;了解创造性预测事物发展态势的意义。
		超前思维的方法与意义	
	综合探究 结合社会实践 勇于开拓创新		

第一单元：树立科学思维观念

本单元是《逻辑与思维》教材的开篇，也是该教材的总论。教材从"思维"和"逻辑"这两个基本概念出发，从总体上讲述思维、逻辑、逻辑思维、科学思维的内涵、基本特点、基本要求等，既为学生后续的学习奠定基础，也为学生学会逻辑思维、科学思维指明认识的路线，引导学生树立科学思维观念、培养科学精神。

本单元教材包括三课、六框、一个综合探究。

第一课"走进思维世界"，从日常思维现象出发，聚焦"思维"这一基本概念，讲述思维的含义，以及思维的间接性、概括性和能动性特征；说明人们出于不同的目的、依据不同的标准，对思维形态有不同的认识分类；解析抽象思维和形象思维这两种思维基本形态的含义、特征，以及它们之间的相互关系。

第二课"把握逻辑要义"，聚焦"逻辑"这一基本概念，讲述对"逻辑"概念的多种不同理解、狭义逻辑学和广义逻辑学的含义；阐述逻辑的三大基本规律，即同一律、矛盾律和排中律的基本内容和基本要求；阐明运用逻辑思维规律要注意的问题，以及违反这些逻辑规律的错误表现。

第三课"领会科学思维"，聚焦"科学思维"，讲述科学思维的含义和科学思维与逻辑思维、辩证思维、创新思维之间的关系，分析科学思维的特点，阐明学习科学思维的意义。

综合探究"学会科学思维 提升思维品质"，建议学生围绕情绪与理性、科学思维的客观性、抽象思维与形象思维的互补性、正确思维的条件等主题，结合日常生活和科学工作中的一些思维现象和问题，引导学生通过合作探究，理解正确思维的基本条件，辨析常见的思维错误，领悟合乎逻辑思维的要义，把握科学思维的特征，学会科学思维，提升思维品质。该综合探究是教材第一单元的落脚点，也是贯穿全教材的核心，整个教材的内容围绕科学思维展开，整个教材的目标也是要帮助学生学会运用科学思维探索世界和认识世界、处理学习和生活中遇到的各种问题。

本单元具体的内容结构如图 4-21 所示。

第二单元：遵循逻辑思维规则

逻辑思维是科学思维的基础，遵循逻辑思维规则是科学思维的必要前提。本单元主要讲述明确概念、准确判断、有效进行演绎推理的方法，以及合理运用归纳推理和类比推理的方法，使学生对传统形式逻辑的基本常识有比较完整的了解，能够有效运用逻辑思维方法分析问题和解决问题。

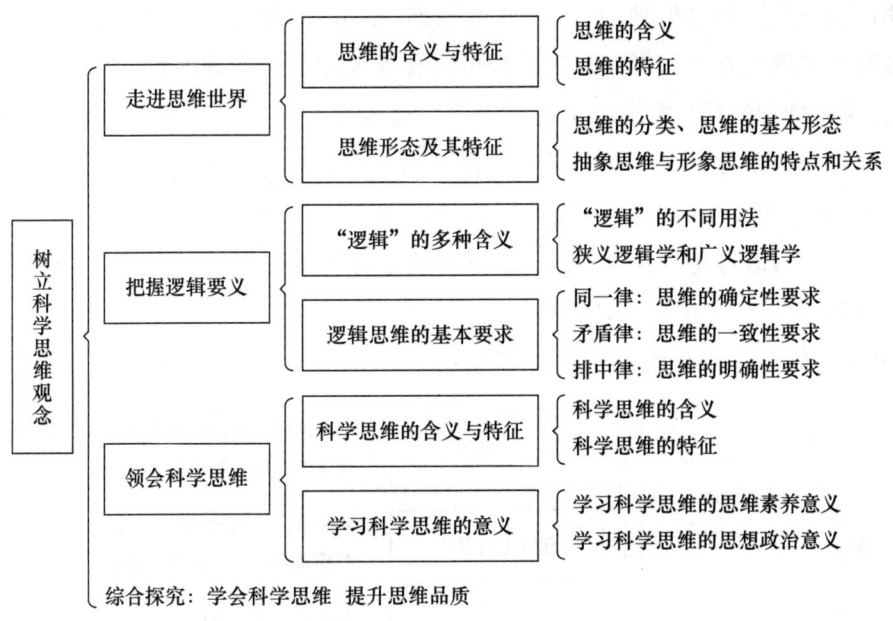

图 4-21 《逻辑与思维》第一单元内容结构图

本单元教材包括四课、十框、一个综合探究。

第四课"准确把握概念"，主要讲述概念的含义、概念与语词之间的关系、概念的基本特征；分析概念的内涵和外延，以及概念外延之间的关系；讲述明确概念内涵和外延的逻辑方法，以及通过定义来明确概念的内涵和通过划分明确概念的外延时需要注意的问题；阐明任何概念都是内涵和外延的统一，人们对概念内涵和外延的理解随着认识的不断深化会越来越深刻和精确。

第五课"正确运用判断"，主要讲述判断的含义、判断的两个基本特征、判断与语句的关系、判断的类型及划分标准；讲述性质判断的含义、结构、种类和正确运用性质判断应注意的问题；阐述关系判断的含义和关系判断的结构；阐明认识事物既要弄清对象的性质，又要了解对象之间的关系，才能对对象有较为全面的把握；讲述复合判断的含义、结构、类型；阐述联言判断、选言判断、假言判断的含义、结构、真假特征、运用意义和运用要求；阐明判断与概念、推理的关系，以及在逻辑思维中准确运用判断的重要意义。

第六课"掌握演绎推理方法"，主要讲述推理的含义、推理的种类及分类标准，揭示演绎推理的逻辑要义；讲述性质判断换质推理和性质判断换位推理的含义，以及各自必须遵循的规则和具体的推理方法；阐述三段论推理的含义、结构和基本规则；阐明联言推理、选言推理、假言推理的含义及其各自的运用方法。

第七课"学会归纳与类比推理"，主要讲述归纳推理的含义、归纳推理的类型和方法；阐释完全归纳推理的条件、提高不完全归纳推理结论可靠程度的要求，以及探究因果联系的常用方法;讲述类比推理的含义、客观依据、作用,以及类比与比较、比喻之间的不同;阐述类比推理的方法和提高类比推理可靠程度要注意的问题。

综合探究"把握逻辑规则 纠正逻辑错误",建议学生围绕驳斥诡辩、辨析论证、领悟逻辑要义等主题,结合日常生活和科学工作中的一些思维现象和问题进行合作探究,进一步掌握明确概念、准确判断、有效进行演绎推理的知识和方法,把握逻辑思维的基本规则和基本要求,锻炼逻辑思维能力,提升理性思维素养和科学思维水平,培养自尊自信、理性平和、积极向上的社会心态。

本单元具体的内容结构如图 4-22 所示。

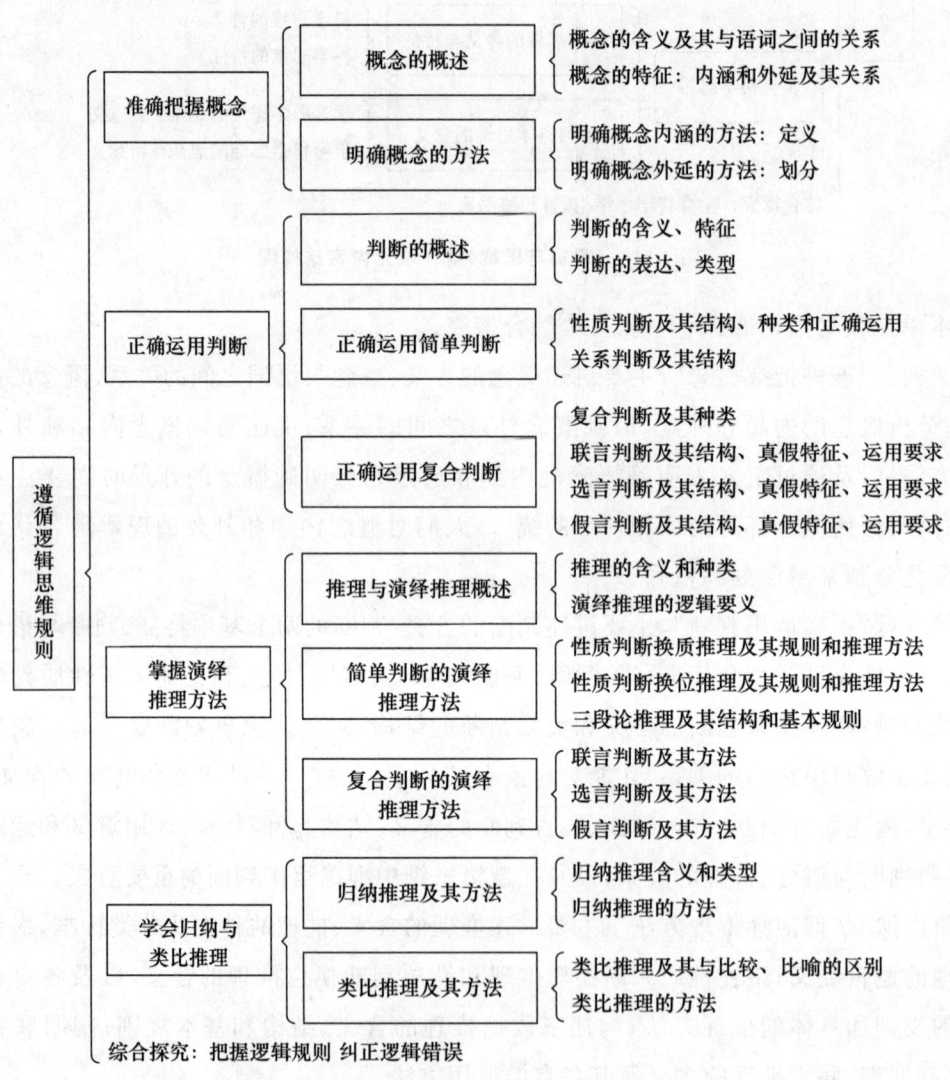

图 4-22 《逻辑与思维》第二单元内容结构图

第三单元:运用辩证思维方法

思维不仅有其形式结构,也有其具体内容。正确的认识既要遵循形式逻辑的要求,更要能够接受社会实践的检验,符合辩证逻辑的要求。从思维实际来说,我们面临的社会事物和社会问题是复杂多样的,把握复杂事物,处理复杂问题,需要经过复杂的思维的过程,而复杂的思维过程并不是某一种思维方式的重复运用,而是在形式逻辑思维基础上的辩证思维的灵活运用。

本单元集中介绍马克思主义唯物辩证法和科学认识论所体现的辩证思维方法。具体来说,主要讲述辩证思维的含义和特征、辩证的分析综合方法、质量互变规律与把握适度原则的思维方法、辩证否定观的要义、认识经由"感性具体—思维抽象—思维具体"的不断深化的历程等。这些内容是马克思主义唯物辩证法和认识论在思维领域中的延伸和具体化,也是《哲学与文化》教材内容的延伸和拓展。通过本单元内容,引导学生自觉地运用马克思主义立场、观点和方法观察事物、分析问题、解决矛盾,辩证地对各种社会经济、政治、文化现象作出科学的解释、正确的判断和合理的选择,树立辩证思维观念,提升辩证思维素养,培养科学精神。

本单元教材包括三课、六框、一个综合探究。

第八课"把握辩证分合",主要讲述形而上学思维与辩证思维的含义和实质、辩证思维的发展过程、辩证思维的特征;阐述分析与综合的含义、方法、特点及其辩证关系;强调要辩证地理解和运用分析与综合的方法,学会在分析与综合的对立统一中,推动认识由低级向高级发展。

第九课"理解质量互变",主要讲述事物的质和量的规定性及二者之间的关系、量变与质变的含义及其辩证关系,揭示质量互变规律,说明遵循质量互变规律的基本要求;讲述适度的含义和思维方式上的适度原则,说明掌握适度原则的要义与遵循适度原则要注意的问题。

第十课"推动认识发展",主要讲述事物内部肯定方面和否定方面的含义及二者之间的辩证关系,分析简单肯定与否定的危害,强调要坚持辩证的否定观;讲述认识发展是一个从感性具体到思维抽象、从思维抽象到思维具体的发展历程,两个阶段相互依赖、不可分割;阐明理解肯定与否定、抽象与具体之间的辩证统一关系,对于我们获得对事物全面而具体的认识具有重要意义。

综合探究"领悟辩证精髓 处理复杂问题",建议学生围绕分析与综合的辩证性、量变与质变的辩证性、矛盾的辩证分析等主题,结合生活实际中的一些思维现象和问题进行合作探究,进一步理解分析与综合、量变与质变的辩证关系,领悟质量互变规律,掌握适度原则,了解辩证否定观的实质,体会认识的不断深化和发展过程,面对复杂的社会现象和问题,能够科学运用马克思主义唯物辩证法和科学的认识论的基本思想进行分析和处理,增强辩证思维能力。

本单元具体的内容结构如图 4-23 所示。

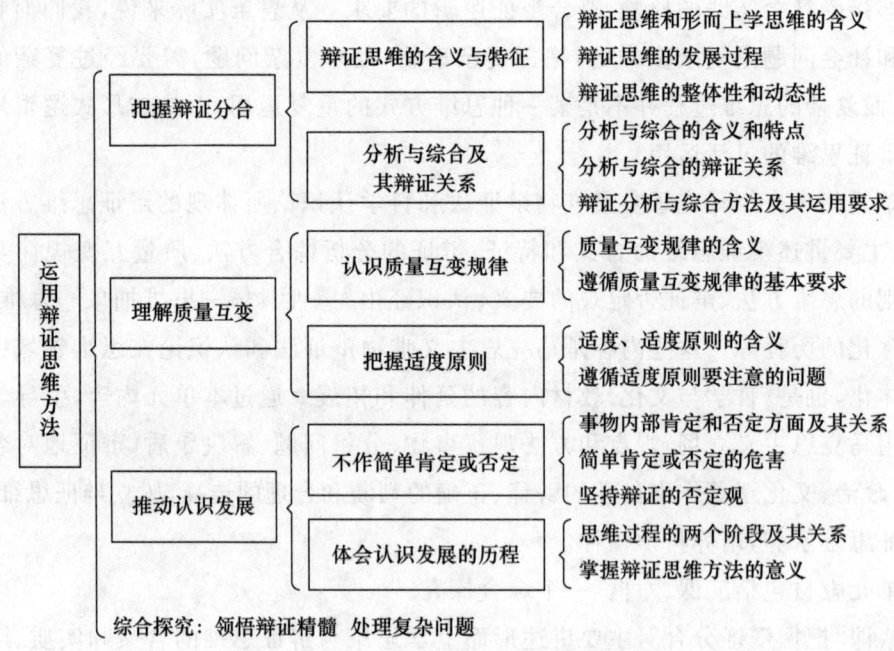

图 4-23 《逻辑与思维》第三单元内容结构图

第四单元：提高创新思维能力

创新是一个民族的灵魂，是国家兴旺发达的不竭动力。随着时代的发展，会不断有新情况新问题出现，需要灵活运用科学思维方法，积极开拓创新，促进社会进步。本单元在逻辑思维和辩证思维基础上，重点讲述创新思维的方法和技巧，引导学生把知识学习与实践创新紧密结合起来，学会运用马克思主义立场、观点和方法创造性地分析和解决实际问题，树立创新思维观念，提升创新思维能力，培养勇于创新和善于创新的品格，培育学生的科学精神素养。

本单元教材包括三课、六框、一个综合探究。

第十一课"创新思维要善于联想"，主要讲述创新思维的含义和基础，创新思维的多向性、跨越性、独特性特征，揭示创新思维"新"的表现；阐述联想思维的基本含义和主要特征，衡量联想思维水平和能力的依据和标准，揭示迁移、想象等联想思维的方法；阐明联想对于提升创新思维能力和水平的意义。

第十二课"创新思维要多路探索"，主要讲述发散思维和聚合思维的含义、特点、方法，以及发散思维和聚合思维的客观基础和在创新中的作用；阐述逆向思维的基本含义、逆向思维的路径与作用，以及正向思维和逆向思维的互补作用；阐明创新思维是有方向的，发散思维与聚合思维、正向思维与逆向思维等不同方向的思维方法之间不是彼此孤立、相互排斥的，而是相辅相成、相得益彰的。

第十三课"创新思维要力求超前",主要讲述超前思维的含义、基础和主要特征;阐述超前思维的方法、条件,以及超前思维的重要意义。

综合探究"结合社会实践　勇于开拓创新",建议学生围绕创新思路的分析、头脑风暴法的操作、新时代青年学生创新意识的培养等主题,结合典型案例进行合作探究,体会联想思维的迁移或想象在问题解决中的运用,理解发散思维与聚合思维、正向思维与逆向思维等不同思维方法的特征和实际运用,以及不同思维方法的各自优势和相互之间的互补作用;理解超前思维的特征和超前思维在创造性预测事物发展态势方面的意义;深化对创新思维的认识,提高创新思维能力和水平。

本单元具体的内容结构如图 4-24 所示。

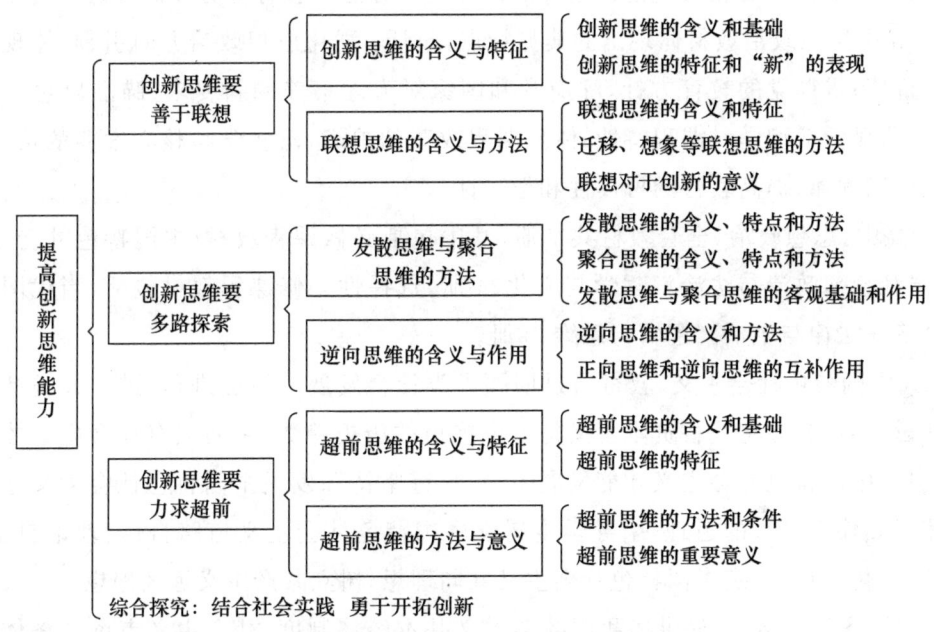

图 4-24　《逻辑与思维》第四单元内容结构图

总之,高中思想政治教材是高中思想政治课程内容的重要载体和教学最主要的资源,国家高度重视高中思想政治教材建设,对高中思想政治教材进行统一编写和统一推广使用,并注意在教材中及时融入马克思主义中国化最新成果、坚持和发展中国特色社会主义最新经验、马克思主义理论学科最新研究进展,着力提升思政课教材的政治性、时代性、科学性、可读性。高中思想政治课教师要从整体上了解教材设计与编写的基本情况,掌握教材的整体结构和基本内容,这既是进行教材分析的基础,也是教师做好教学工作、实现自我完善和发展的重要保证。

本章小结

1. 高中思想政治教材的编写,主要依据落实立德树人的根本任务、普通高中思想政治课程标准、党和国家的重要精神和新时代中国特色社会主义思想等;遵循坚持科学性、突出思想性、强调基础性、注重可接受性、加强关联性等原则。

2. 高中思想政治教材的编写思路,坚持以习近平新时代中国特色社会主义思想铸魂育人为主线,整体构建、分块安排课程内容,呈现方式上力求增强教材的针对性和可读性。在编写体例上主要按照单元、课、框、目等几个层次展开。重点讲述习近平新时代中国特色社会主义思想、法治教育、总体国家安全观教育、中华优秀传统文化和革命传统教育、辩证唯物主义和历史唯物主义的世界观与方法论教育等方面内容。

3. 高中思想政治教材体现出的典型特点,包括:强化思想政治方向引领,体现鲜明的育人价值;贯彻党的教育方针,呼应党和国家对人才培养的新要求;瞄准思想政治课程定位,凸显活动型学科课程特性;体现课程改革的追求,落实学科核心素养的培养;遵循学生认知规律,提高教材的可读性和趣味性。

4. 高中《思想政治》全套教材共 7 册,其中包括必修课程教材《中国特色社会主义》《经济与社会》《政治与法治》《哲学与文化》4 册,选择性必修课程教材包括《当代国际政治与经济》《法律与生活》《逻辑与思维》3 册。

5.《中国特色社会主义》教材通过回顾人类社会发展的历史进程,讲述人类社会发展规律、社会主义终将代替资本主义是不可抗拒的历史趋势,阐明只有社会主义才能救中国、只有中国特色社会主义才能发展中国、只有坚持和发展中国特色社会主义才能实现中华民族伟大复兴的道理,引导学生树立中国特色社会主义道路自信、理论自信、制度自信、文化自信,坚定中国特色社会主义共同理想,树立共产主义远大理想。

6.《经济与社会》教材讲述我国社会主义基本经济制度、社会主义市场经济体制的基本特征、指导我国经济社会发展的新思想新理念、收入公平分配与社会保障等,引导学生运用中国特色社会主义政治经济学的基本观点观察和分析社会经济现象,提升新时代参与社会主义建设的能力。

7.《政治与法治》教材集中讲述党的领导是人民当家作主和全面依法治国的根本保证、人民当家作主是社会主义民主政治的本质特征、全面依法治国是党领导人民治理国家的基本方式,使学生懂得走中国特色社会主义政治发展道路,关键是要坚持党的领导、人民当家作主、依法治国有机统一,引导学生坚定正确的政治立场,把握正确的政治方向,增强有序参与国家政治生活和社会公共生活的能力。

8.《哲学与文化》教材集中讲述马克思主义哲学与文化的基本内容。使学生懂得马克思主义哲学是科学的世界观和方法论,学会运用辩证唯物主义和历史唯物主义的基本观点与方法观察和分析社会生活、个人成长中的各种现象和问题,作出科学的价值判断和行为选择;继承中华优秀传统文化和革命文化,发展社会主义先进文化,尊重世界文化多样性,增强中国特色社会主义文化的自觉和自信,基本形成正确的世界观、人生观、价值观。

9.《当代国际政治与经济》教材解析不同的国家性质和国家形式,说明国际关系的主要影响因素和世界经济发展的基本特点,阐述国际组织的主要类型及其作用,引导学生在拓展国际视野的过程中,坚持总体国家安全观,坚定不移地走中国特色社会主义道路,积极贡献中国智慧和力量,推动构建人类命运共同体。

10.《法律与生活》教材结合民法典的颁布实施,聚焦公民依法维护合法权益的法律行为,讲述人身权、物权、债权、知识产权等民事权利与义务,解析婚姻家庭中的法律关系和法律责任,阐释与就业、创业相关的法律制度,阐述社会纠纷的解决机制和法律程序。使学生进一步了解新时代中国特色社会主义法治体系,掌握日常生活中的法律知识,提高主动学法的意愿和自觉用法的能力,增强法治意识。

11.《逻辑与思维》教材讲述科学思维的本质和规律,分析逻辑思维、辩证思维、创新思维的基本理论和方法,引导学生明确科学思维的重要意义,掌握科学思维的基本规律和基本要求,树立科学思维观念,遵循逻辑思维规则,学会辩证思维方法,提高创新思维能力,提升思维品质,正确运用科学思维方法观察和分析各种社会现象,处理学习和生活中遇到的各种问题,增强学科核心素养。

练习与思考

1. 结合教材实际,分析高中思想政治教材的编写依据。

2. 高中思想政治教材的编写要坚持哪些方面的基本原则?

3. 结合教材实际,分析高中思想政治教材的编写思路和编写体例。

4. 高中思想政治教材中学生要重点学习的内容有哪些?

5. 简要介绍高中思想政治必修课程教材的内在关系。

6. 简要介绍高中思想政治各模块教材的基本结构和基本内容。

第五章 高中思想政治教材的常规性分析

关于教材分析,人们的理解并不一致,在操作上也有不同的做法。作为新时代的思想政治课教师,应该既是合格的教学者,也是积极的研究者。基于此,思想政治课教师既要适应常规教学的需要对教材进行常规性分析,也要基于教学研究的需要对教材进行研究性分析。本章就高中思想政治教材的常规性分析进行探讨。

第一节 高中思想政治教材常规性分析界定

进行高中思想政治教材的常规性分析,首先必须了解教材常规性分析的含义,明确教材常规性分析的重要性,这是做好教材常规性分析的基本前提。

一、高中思想政治教材常规性分析的含义

高中思想政治教材的常规性分析,是指立足于学生的发展、基于常规教学的需要、在特定背景下对高中思想政治教材及其相关因素进行的整体分析。把握高中思想政治教材常规性分析的含义,必须明确以下四点。

第一,高中思想政治教材常规性分析是一种整体分析。高中思想政治教材的常规性分析不仅仅是对教材本身的分析,也包括与教材相关的种种因素的分析,如课程标准的相关规定、党和国家的相关政策、社会发展的新情况新问题、学生的相关基础和经验、教材对学生发展的作用等,都是高中思想政治教材常规性分析值得关注的问题。

第二,高中思想政治教材常规性分析要立足于学生发展。以往在教材分析中,比较强调的是学科体系构建,从学科体系的逻辑程序分析教材,重点分析教材的结构体系和逻辑结构。随着基础教育改革的深入,教材分析强调以学生发展为立足点和归宿,从学生经验出发,遵循学生的认知规律,把教材作为学生的"学材",突出教材在学生发展中的意义。尤其是思想政治课,作为落实立德树人根本任务的关键课程,更要在课程与教学的各个方面和环节关注学生的发展。

第三,高中思想政治教材常规性分析是基于常规教学的需要进行的。教材常规性分析是教师教学准备的一个重要环节,主要服务于常规教学的需要,为教师进行教学设计、编写教学方案、实施教学活动做必要的准备。通过教材的常规性分析,教师清楚地了解教材的地位、内容体系以及重点难点等,以更好地遵循课程标准的要求,恰当地处理

教材,进行教学设计,组织实施教学活动。

第四,高中思想政治教材常规性分析要置于一定的背景下。每一位教师的教学都是在特定的时期、特定的地点,面对特定的对象进行的,教材的常规性分析不能单纯从教材出发,而要把教材分析置于特定的背景下,这种背景包括时代背景、学校背景、学生背景等,如社会的进步、党和国家新的路线方针政策的出台、科技的发展、学校的办学条件,以及学生的知识基础、认知特点、思想水平、学习面临的困难与问题等。对相关背景把握得越客观、越准确,教材分析就越有价值,越能为教学设计和教学活动的有效开展奠定基础。

二、高中思想政治教材常规性分析的特点

(一)教材常规性分析是一种综合性的活动

教材常规性分析是对教材进行整体性思考,综合分析教材及与教材相关的各种因素,准确了解教材编写者的意图,把握教材的基本结构和基本内容,进而对教学目标、教学内容、教学重点难点、教学方法、教学手段、教学过程等进行综合设计,形成科学的、行之有效的教学方案,用以指导教学实践、实施教学活动,达到良好的教学效果。

(二)教材常规性分析是一种连接性的活动

高中思想政治教材是承载学生本学科学习内容的重要载体。由于学生认知结构和理解能力的局限,他们对这些学习内容往往在理解和掌握上存在困难,这就需要通过一定的方式或中介来方便学生的学习,使学生更容易理解和掌握学科知识与技能,形成情感、态度和价值观,养成符合社会发展要求的行为习惯。教材常规性分析就是连接学生和教材的一种有效的媒介。教师通过对教材的分析,领悟教材编写者的意图,获取教材的重要信息;同时,根据学生的已有基础和发展需要,确定符合社会需要和学生实际的教学目标、教学内容及其呈现方式,拉近教材和学生之间的距离,引导和支持学生进行有效的学习。

(三)教材常规性分析是一种建构性的活动

面对同样的教材,由于教育理念、教学观念、知识构成、经验阅历、思维特点、价值观等的不同,不同教师对教材内容和结构的理解、教学重点难点的把握、教材分析的深度和广度等都会存在差异,由此带来对教材内容的不同处理、挖掘和教学内容的不同组织、建构。可以这样说,经过教材常规性分析,每个教师都会对教材结构和内容有不同的理解和思考,并在此基础上形成各具特色的教学内容结构和编排体系。

(四)教材常规性分析是一种反复上升性的活动

教师对教材的准确理解和全面把握,往往不是经过一次、两次教材分析就能够实现的。一方面,教材具有相对稳定性,也需要随着时代的发展不断变化,这就需要不断进行

教材分析与研究,随时淘汰教材中陈旧过时的内容,补充和完善与学科内容相关的最新成果。另一方面,作为教材最主要学习者的学生是千差万别的,学生整体的认知能力与水平、情感态度价值观等也会随着时代的变迁而发生改变。在一个特定时空符合学生实际的教材内容,到了另一个时空就可能与学生实际大相径庭。通过对教材的常规性分析,可以找到教材内容和学生发展需要的最佳结合点,同时也提升教师教材分析和教学实践的能力。

三、高中思想政治教材常规性分析的重要性

教材是教学的基本材料,是教学活动不可或缺的重要因素之一。认真研究教材,恰当分析教材,对于教学活动的组织、教学任务的完成和教学质量的提高等,具有重要的意义。

(一)教材常规性分析是完整准确把握教材的必经之路

教材承载着课程与教学的基本内容,体现着学科知识之间、学科知识与学科能力和情感态度价值观之间的内在逻辑关系。高中思想政治各模块教材都有其各自的内容体系,教材的每一单元、每一课、每一框都是教材的有机组成部分,都在教材体系中有其特定的位置。只有经过认真的分析和研究,教师才能从宏观上把握教材的结构体系和内容安排,体会教材内容与体系的科学性与合理性,从而理顺教材内容整体与局部的关系,明确教材的总体设计与局部安排、重点与难点、教材的中心线索与逻辑结构。从而既综观教材的全局,系统完整地把握教材;又能细小如微地理解教材的局部,科学准确地理解教材。

(二)教材常规性分析是教师教学设计的基础

教学设计是教师为实现教学目标、完成教学任务而对教学活动进行的规划和安排。进行教学设计,必须对教材进行常规性的认真研究、系统分析,把握教材的基本结构和内容体系,以及教材的知识点、思想点、重点、难点、理论与实际的结合点,了解学生对教材相关知识学习的已有基础和现实困难。这样,才能依据教材内容和学生实际去组织教学内容、选择教学方法、安排教学进程,设计出切实可行的教学方案。不认真分析教材,教师的教学设计就无从谈起,教学活动也无法有效进行。

(三)教材常规性分析是提高教学质量的重要前提

现代教学论认为,要实现教学最优化,就必须实现教学每一要素的最优化和教学过程每一环节的最优化。教材作为教学内容的重要载体,是教学最基本的材料,既是教师施教的"教本",又是学生学习的"学本",是教学的重要构成要素,在教学过程中具有重要的地位和作用,自然是实现教学最优化不可忽视的重要方面。教师在教学中要尊重教材,根据教材组织教学活动,不能舍本逐末,游离于教材之外另搞一套。同时,教师的教

学也不能照本宣科，人云亦云，那样也不能调动学生的积极性。教师只有认真钻研教材，恰当分析和处理教材，才能组织好教学活动，提高教学效率。

（四）教材常规性分析是实现教学目标的重要条件

高中思想政治课的教学目标就是要培育学科核心素养，促进学生在知识、能力、情感态度价值观方面得到综合发展。教师进行认真细致的教材分析，是实现学生发展的重要基础。例如，在知识教学方面，要把教材上的知识通过教学转变为学生的知识，必须经过几次转化：把教材上的知识转化为教案形式的知识，把教案形式的知识转化为教学中的知识，把教学中的知识转化为学生的知识。这些知识转化的过程与方法，受多种因素的制约，其中教师对教材的分析是不可缺少的重要因素。教师只有认真分析教材，才能设计和选择推进这种知识转化的良好条件，更好地实现这种知识的转化。再如，发展学生的能力、养成一定的情感态度价值观，是高中思想政治课教学的重要着眼点，能力培养和情感态度价值观的养成，需要认识和比较各种知识的能力价值和情感态度价值观价值。而知识的这种价值往往具有隐蔽性，表现为不思则无、深思则远、远思则宽。只有通过对教材的深入分析，才能挖掘出教材知识所蕴含的能力价值和情感态度价值观价值，以利于学生能力的培养和情感态度价值观的养成。

（五）教材常规性分析是教师自身发展的重要途径

认真钻研教材、恰当分析教材，既是教师教学工作的重要内容，又是教师进行教学研究的一种重要方法。教材分析的过程，是教师加强学习的过程，也是充分表现教师的教学能力和创造性劳动的过程。"学，然后知不足；教，然后知困。知不足，然后能自反也；知困，然后能自强也。故曰：教学相长也。"这一古训值得每一位教师深思。通过不断分析教材，可以促使教师不断学习有关知识，思考相关问题，提高自身的素质。

第二节　高中思想政治教材常规性分析的基本程序

高中思想政治教材的常规性分析没有固定不变的模式，不同的教师可以有不同的做法，并形成了不同的经验。总结广大思想政治课教师的实践经验，教材常规性分析一般要经历认真阅读教材、深入理解教材、科学分析教材、恰当处理教材等基本步骤。

一、认真阅读教材

阅读教材是对教材进行常规性分析的基础，是教材分析的第一个基本步骤，也是教师常规教学的基础性工作之一。教师常规性的阅读教材既需要在开学前进行，也需要在课前准备中进行。开学前的阅读主要是宏观了解教材的编写思路、编排特点、逻辑体系、总体结构，把握学期的教学目标、教学内容、教学重点，以及教学中要注意的问题，以便制订学期教学方案,安排学期教学进度等;课前准备中的阅读是针对一定课时的教材内容进行,通过阅读,明确课时内容在教材中的地位,确立课时教学的目标、重点难点,制订课时教学方案。

认真阅读教材,特别要注意掌握阅读的方法、变换阅读的视角、扩展阅读的范围。

(一) 掌握阅读的方法

阅读教材要讲究方法,教师基于常规教学的需要去阅读教材,要注意做到三个相结合,即通读与精读相结合、泛读与选读相结合、再读与写读相结合。

第一,通读与精读相结合。所谓通读,是指对教材整体架构和基本脉络进行梳理,通读教材的目的是要对教材所呈现的知识体系进行整体把握,明确单元与单元之间,同一单元几课内容之间的逻辑联系,为下一步的精读打好基础;所谓精读,是指选择一定模块、单元、课题、框题的教材内容进行分析研读,其目的是围绕教学目标将局部知识点进行拆分重组,选择合适的教学方法和策略。通读与精读相结合,既有利于把握教材编写的总体脉络,又有利于对局部知识点进行深入分析。

第二,泛读与选读相结合。所谓泛读,是指当我们在阅读教材的时候,可以采取快速浏览的方法对教材内容进行阅读和回顾;所谓选读,就是在浏览和回顾教材内容的过程中,对发现的遗漏之处进行有选择性的阅读,以弥补原有阅读的不足。泛读与选读相结合,有利于教师查找对教材内容掌握不牢的地方,并加以弥补和巩固。

第三,再读与写读相结合。所谓再读,是指对教材重点与难点进行反复阅读;所谓写读,是指在对教材进行反复阅读的基础上通过音频、视频、笔记等形式将阅读心得、研究体会记录下来。再读与写读相结合,有利于教师积累教材分析的资料和经验,把握教材的变化和特点。

(二) 变换阅读的视角

高中思想政治课教材由教材编写者设计编写,是教师教和学生学的最主要资源,与教材编写者、教师、学生都有着密切的关系。因此,教师阅读教材也需要从不同视角展开,对教材进行全方位的把握。

第一,从教师自身的视角阅读教材。教材是教师的教本,通过阅读教材,要厘清教材的目标定位、结构体系和设计思路,明确自己要教的内容和方法,体会教材内容中的重点难点,为自己规划教学活动、设计教学实施方案打下基础。

第二,从教材编写者的视角阅读教材。教材是编写者根据国家对课程的基本要求、学习规律和学生的认知特点等精心设计和编写的,体现国家的意志和国家对课程实施的要求。从教材编写者的视角去阅读教材,可以更好地理解教材编写者的设计和编写意图,更好地把握教材的结构体系和内容安排,更深入全面地掌握教材内容及其渗透的方法。

第三，从学生的视角阅读教材。教材是学生的学本，是学生学习的最基本材料。从学生的视角阅读教材，可以了解学生学习教材内容时的已有基础和可能面临的问题，如教材内容中哪些比较简单和容易把握、哪些比较复杂和难以理解、哪些内容与过去学过的知识存在联系、有什么样的联系等。这样，才能更好地使教学设计贴近学生，收到良好的教学效果。

（三）扩展阅读的范围

从广义上说，教材是各种教学材料的统称，其中教科书是最主要的教学材料，承载着教学最主要的内容。教师阅读教材首先必须认真阅读教科书，这是进行教学设计、完成教学任务的基本前提和保证。同时，教师也要多读有关的教学参考书、教育教学期刊上的相关文章等，以博采众长，深化对教学内容的理解，丰富教学素材，拓展教学资源，形成自己的教学特色和风格。

二、深入理解教材

在认真阅读教材的基础上，教师要深入理解教材，这是常规教学中教师科学分析教材和恰当处理教材的前提。一般来看，教师对教材的理解要做到准、透、新。

（一）理解教材要准确

科学准确，是教师理解教材的最基本要求。教师对教材理解的科学准确涉及方方面面，主要包括以下几点。

第一，对教材中阐述的基本概念、基本原理、基本观点等要正确理解。高中思想政治课既是综合性活动型学科课程，具有学科背景和学科自身的基本概念、基本原理；也是落实立德树人根本任务的关键课程，有学科的思想观念和价值导向。教师只有准确理解教材中学科知识观点和思想政治观点，才能对学生进行正确的思想政治教育和引导。

第二，对教材中蕴含的科学方法要正确认识。高中思想政治教材不仅包含有丰富的学科知识和思想观点，而且在呈现这些学科知识和思想观点的过程中运用了大量的科学方法，如比较、综合、分析、演绎、归纳等。正确认识教材中蕴含的科学方法，有利于在教学中引导学生经历过程、掌握方法，培养和发展学生分析和解决问题的能力。

第三，对教材的内容结构、理论体系要正确把握。教材内容是基于学科逻辑和生活逻辑相结合编排而成，教材的各个部分、各方面内容之间有着密切的联系，形成了一个系统完整的内容体系。正确把握教材的内容结构体系，才能更好地系统化进行教学设计，增强教学效果。

（二）理解教材要透彻

深入透彻，是教师理解教材的进一步要求。在准确把握教材的基础上深入透彻地理解教材，教师才能对教材熟练运用，教学才会轻车熟路，对学生更有吸引力；学生也才会收获更丰富,受到的教育更深刻。

对教材的深入理解主要体现在两个方面:一是对教材内容的全方位理解。高中思想政治教材涉及的内容很多、面很广,要对教材涉及的每一方面内容进行全面系统的把握。二是对教材内容的深层次认识。高中思想政治教材的每一内容都蕴含着丰富的思想和多层次的要求,要对教材每一内容进行逐层分析和透彻把握。

(三)理解教材要体现新意

高中思想政治教材是全国统一编写、统一推广使用的,需要兼顾不同地区、不同学校、不同学生的实际,体现国家对课程和教学的基本要求。教师理解教材,在把握教材的一般特点和统一要求的基础上,也需要展现特色、体现新意。例如,可以基于新的教学思想和教学理念,突破传统思维的束缚,从新的视角、用新的方法去审视教材内容;可以基于党和国家的新精神和学科理论研究的新进展,用新的理论思想和观点方法丰富教材内容;可以基于自己对教材的理解和学生的认识特点,突破教材本身的体系结构,对教材内容进行新的组合,形成新的内容体系和教学思路等。

三、科学分析教材

在认真阅读教材、深入理解教材的基础上,教师要对教材进行系统全面的分析。高中思想政治教材在设计编排上基本是按照模块、单元、课题、框题、目题的结构展开,教师基于常规教学需要的教材分析也主要从这几个层面进行。不论从哪一个层面进行教材分析,基本都从教材地位、教材体系、重点难点等几个方面着手。关于这方面的内容,我们将在本章的后面具体论述。在具体的教材分析中,要坚持做到系统、全面。

所谓系统,就是要注意从教材内部关系来分析其框架结构与构成要素。一方面,要把握教材的整体框架结构。教材是一个复杂的系统,教材内容的逻辑结构,反映了教材中知识、能力、情感态度价值观方面内容体系的构成。分析教材应从教材系统的整体性出发,深入理解教材编写的指导思想、设计整体思路与编写意图,熟悉整个教材的基本内容,了解教材的各个部分在整个教材或单元中所处的地位,了解教材内容的逻辑结构,达到对教材的整体把握。另一方面,要把握教材的具体内容及其相互关系。要认真对教材中的每一课、框、目进行研究,对教材中的正文、各个辅助栏目进行深入分析,理解教材在各个维度、各个层次的学习内容,明确各单元、各课、各框在教材中的地位和作用,以及各单元、各课、各框之间的关系等。

所谓全面,就是要注意从各种维度和影响因素来分析教材的质量,分析教材与其他外部事物的相互关系。就分析教材的维度来说,既要从知识的科学性维度分析教材,明确教材以什么作为指导思想去选取学科知识、选取了什么样的知识、怎样将这些知识以恰当的方式整合起来;又要从思想政治的导向性维度分析教材,明确教材有哪些丰富的思想文化内涵、展现了哪些高尚的思想道德情操、体现了怎样的思想政治方向引领;还要从学生认知与心理规律维度来分析教材,明确教材是否适应、如何适应青少年的认知规律和身心特点。就分析教材与各种影响因素的关系来说,既要了解影响教材设计和编写的相关因素,如课程标准、学生特点、党和国家路线方针政策、基础教育改革的变化和趋势等,明确这些因素对教材设计和编写带来了什么样的影响、如何看待这些方面的影响;又要了解影响教材使用的多方面因素,如教师、学生、社会环境等,明确这些因素如何与教材相互联系,共同发挥作用,以提升教材使用的效果。

四、恰当处理教材

在常规教学中,教师阅读教材、理解教材、分析教材的基本目的,就是为了恰当地处理教材,以提高教材使用的效率和教学的实际效果。

恰当处理教材,就是要从教学的实际出发,对教材内容进行合理的取舍和安排。教材是教学的基本材料,提供了教学的基本内容,这些内容在教学中如何安排,哪些要讲,哪些可以不讲,哪些先讲,哪些后讲,哪些需要重点关注,哪些可以一般对待,哪些要补充,哪些可以舍弃等,教师都要精心设计和安排,做到思路清晰,结构合理,详略适度,重点突出,增删得当,形成一个崭新的、适宜的、完善的教学内容结构体系。

一般来看,教师处理教材不能随心所欲,要注意坚持以下几方面的基本原则:第一,围绕教学目标。教学目标是教学活动的预期结果和标准,对整个教学活动都有规范和引领作用,教学的每一方面和环节都必须围绕教学目标展开,为实现教学目标服务,教师处理教材也不例外。教师处理教材时要围绕教学目标进行,看哪些教材内容最能体现教学目标,最能够服务于教学目标的达成。第二,强调学生需要。教学的根本目的是为了学生的发展,教学内容的取舍要从学生的发展着眼,选择对学生终身发展有益的知识、技能、方法等;同时,就教材内容而言,要从学生的知识基础和能力水平出发,重点关注学生还没有了解和掌握的内容,适当弱化学生已经比较熟悉的知识、技能、方法。第三,突出重点难点。对于众多的教学内容,要分清主次、难易,把重点难点作为主要的教学内容。

基于这些基本原则,每位教师在具体的教材处理中都有自己的经验和做法。归结起来,教师对教材的处理一般集中在以下六个"有所"上。

第一,有所突出。高中思想政治教材内容多、涉及面广,教学不可能面面俱到、平均用力,而必须有所侧重,突出其中的重要内容。处理教材时需要突出的内容,一般为学科的主干知识、教材的重点难点、具有突出教育意义的热点、对整个框或节的观点教育有重要影响的探究活动等。

第二,有所延伸。高中思想政治教材的有些内容具有很强的时代性和实践性,教学不能停留于课本,而必须由课本内延伸到课本外,由课堂内延伸到课堂外。处理教材时需要延伸的内容,通常为与社会现实密切联系的观点和与学生生活密切联系的观点。

第三,有所整合。教材给我们提供了一个框架结构和内容线索,但并不意味着每一位教师就必须按照教材的设计实施教学,教师可以根据学生的实际、自己的特点等对教材内容进行新的整合,形成新的内容框架和教学思路。例如,可以围绕特定的专题整合教材内容,进行专题教学;可以围绕案例整合教材内容,进行案例教学;可以围绕问题整合教材内容,实施探究式教学;等等。

第四,有所创新。高中思想政治教材具有很强的时代性,虽然每年都会进行修改和更新,但还是具有相对的稳定性和一定的滞后性,教师处理教材时需要"出新"。例如,要及时反映社会发展的新进步、学科领域的新思想,要及时引入党和国家的新精神、中国特色社会主义建设的新成就,要探索内容组织的新思路、问题分析的新角度等。

第五,有所忽略。考虑到教学时间有限,学生对教材内容学习的基础和条件不同,教师在处理教材的时候不可能做到面面俱到,有些内容可以忽略。通常来说,一些非主干知识、无前后逻辑联系的观点、对于形成主干观点没有直接影响的比较琐碎的探究活动、装饰版面的图片等,就可以适当忽略;教材中的某些辅助文也不必展开,可以让有兴趣的学生课外学习;课本中出现但没有展开和解释的概念同样不必展开、不必深挖。

第六,有所改进。高中思想政治教材是全国统编统用,在内容组织、素材选用、活动设计等方面强调普遍的适用性。而每一位教师则是处于特定的地区、面对特定的学生开展教学活动,这就要求教师处理教材不仅要着眼于教材内容本身,还要与地方实际、学生实际联系起来,对教材内容进行一定的调整和改进。例如,教材中的一些素材可能没有很好地反映时代要求、体现地方特色,教师处理教材时可以对这类素材进行替换,选用更具时代特色、地方特色的素材实施教学,增强教学效果。

第三节　高中思想政治教材常规性分析内容和方法

高中思想政治教材分析的形式多种,方法多样,具体分析中所涉及的内容也存在一定的差别。就常规教学中的教材分析来说,主要是为了恰当处理教材,进行教学设计,并据此实施教学活动,更好的达成教学目标。在这个过程中,教师对教材的分析和处理集中体现在教学设计中,内容主要涉及教材地位分析、教材体系分析、重点难点分析等。

一、教材地位分析

教材地位分析建立在教师对教材进行整体研究和把握的基础上,是教材常规性分析的重要内容,也是教学设计需要重点关注的一个方面。教师确定教学目标和重点难点、选择和处理教学内容、编写教学方案等,都必须以教材地位分析为重要依据。

所谓教材地位,是指教师所分析的教材在整个教材体系中的地位,以及该教材在学生发展中的作用。基于这样的理解,教材地位分析可以从两个角度进行。第一,所分析的教材在整个教材体系中的地位。高中思想政治教材是一个整体,每一模块教材,以及每一模块教材中的每一单元、每一课、每一框,都是教材的有机组成部分,都在教材体系中占有特定的地位。教材地位分析需要把所分析的教材放在高中思想政治教材的整体中进行考察,分析它与前后内容之间的关系及其在教材体系中的重要程度。第二,分析该教材在学生发展中的作用。高中思想政治教材的每一内容都是培育学生学科核心素养的载体,都对学生的发展有着特定的意义。教材地位分析需要明确所分析的教材在促进学生发展方面具有怎样的作用。

我们可以通过以下四个(示例 5-1 至示例 5-4)不同层次的教材地位分析示例,体会教材地位分析的方法。

 示例 5-1

《中国特色社会主义》模块教材地位分析

《中国特色社会主义》是高中思想政治必修 1 的教材,在思想政治课教材体系中占有重要地位。一方面,它是学校思想政治课教材一体化建设的重要一环,与义务教育阶段和大学阶段思想政治课教材中的相关内容相互衔接、承上启下,循序渐进、螺旋上升地对学生进行马克思主义理论和中国特色社会主义思想教育,共同完成用习近平新时代中国特色社会主义思想铸魂育人的任务。另一方面,它是高中思想政治教材的开篇,是整个高中思想政治必修课程教材的总览和基础。它采取历时性叙述、全领域覆盖的方式,基于科学社会主义基本原理,讲述为何开创和发展中国特色社会主义,重点明确中国特色社会主义的"精神实质";而必修 2、必修 3、必修 4 的教材是在此基础上,采取共时性叙述、分领域展开的方式,基于习近平新时代中国特色社会主义思想,讲述如何坚持和发展中国特色社会主义,重点分析中国特色社会主义的"丰富内涵"。

《中国特色社会主义》教材对学生的学习和成长也具有重要意义。一方面,它是学生学好高中思想政治课后续模块内容的基础;另一方面,它以坚持和发展中国特色社会主义为主体,彰显新时代中国特色社会主义的教学内容,能够有效地引导学生增强中国特色社会主义道路自信、理论自信、制度自信、文化自信,厚植爱国主义情怀,把爱国情、强国志、报国行自觉融入坚持和发展中国特色社会主义事业、建设社会主义现代化强国、实现中华民族伟大复兴的奋斗之中。

示例 5-2

"基本经济制度与经济体制"单元教材地位分析

"基本经济制度与经济体制"是高中思想政治必修2《经济与社会》教材第一单元的内容。本单元是《经济与社会》教材的逻辑起点,也是全书的理论基础部分和基本理论支撑,在教材中处于基础性地位。我国的经济发展和社会进步,都依托我国的基本经济制度和经济体制;同时,本单元内容也为学生第二单元的学习奠定坚实的理论基础,为学生参与经济生活、正确认识经济现象提供有效的理论武器。

 示例 5-3

"学习借鉴外来文化的有益成果"课题教材地位分析

"学习借鉴外来文化的有益成果"是高中思想政治必修4《哲学与文化》第八课的内容。本课承接"继承发展中华优秀传统文化"和"发展中国特色社会主义文化",具有承上启下的作用。只有正确认识和对待中华传统文化、吸收借鉴外来文化的有益成果,才能更好地推动中华优秀传统文化的创造性转化和创新性发展、推进中国特色社会主义文化的发展,也才能更好地推动中华文化与世界各民族文化的交流,在世界范围内讲好中国故事、传播中国声音。同时,学习本课内容,也有利于学生了解文化的民族性和多样性,既认同中华文化,自觉传承和弘扬中华优秀传统文化;又尊重其他文化,学习借鉴外来文化的有益成果,促进文化发展。

 **示例 5-4**

"全民守法"框题教材地位分析

"全民守法"是高中思想政治必修3《政治与法治》教材第三单元第九课第四框的内容,承接前三框人大科学立法、政府严格执法、司法机关公正司法,讲述全民守法的内涵、意义、要求和推进全民守法的措施,是实现全面依法治国目标的重要方面,与前三框内容密切联系、相辅相成,共同构成全面依法治国的基本要求。学习本框内容,能够使学生懂得建设法治中国是一项系统工程,需要社会各方面和每一个社会成员的共同努力,增强法治意识,做社会主义法治的忠实崇尚者、自觉遵守者、坚定捍卫者。

二、教材体系分析

高中思想政治教材由多方面的内容和要素组成,从各个不同的侧面呈现出完整的结构体系,教材常规性分析必须重视教材体系分析。教材体系分析主要涉及目标体系、编排体系和内容体系的分析。

(一)目标体系分析

高中思想政治课程的目标通过各种渠道体现出来,其中最主要的是课程标准和教材。高中思想政治课程标准对课程目标有明确的规定,对此我们在本书第二章已有介绍。就教材看,也对课程目标有明确的提示,这种提示最主要的是通过单元和课的导语体现出来。

例如,《哲学与文化》第二单元导语:寻觅社会历史的真谛和规律,探索人类认识的奥秘,是实现人的自由发展的前提。社会历史的发展遵循什么规律?人类认识是从哪里来的?如何实现人生价值?探讨和回答这些问题,是正确认识和把握人生、实现人生价值和理想的前提。

再如,《中国特色社会主义》第三课导语:中国特色社会主义道路是如何开辟的?中国特色社会主义理论体系是如何形成的?中国特色社会主义制度是如何确立的?中国特色社会主义文化是如何发展的?为什么只有中国特色社会主义才能发展中国、发展社会主义?通过学习本课,探究这些问题,我们将更加坚定中国特色社会主义道路自信、理论自信、制度自信、文化自信。

分析上述导语可以看到,两个导语都通过若干问题和最后的一个方向性结论,既概述了本单元或本课的基本内容,也明确提示了学生学习本单元或本课要达成的基本目标。教师进行教材常规性分析,必须分析教材中的这些目标要求,并以此作为自己确定教学目标的重要依据。

(二)编排体系分析

所谓编排体系,是指教材按照怎样的顺序和格式进行编写和排列,使之成为一个有机的整体。一般而言,教材的编排涉及的内容或要素很多,包括封面、扉页、目录、正文、后记等。其中正文是教材的核心内容和主体部分,教材的编排要特别关注这一部分。

不同时期的高中思想政治教材,编排体系不大一致,各有各的特色。就现行的高中思想政治教材而言,不同模块教材的编排体系也不尽相同,但总体来看,正文部分基本都是按照单元—课题—框题—目题几个层次展开,每一层次又各有自己的编排思路和结构体系。

1. 单元教材的编排体系

除《中国特色社会主义》教材以外,现行高中思想政治每一模块教材都设置了若干个单元,每一单元由单元导语、课题、综合探究等要素组成。单元导语主要引出单元话题、概述单元学习内容、提示单元学习目标;课题具体组织和呈现单元学习内容;综合探究突出实践性、开放性,旨在帮助学生进行探究性学习,引导学生把单元所学知识贯通起来,发展综合运用知识分析解决问题的能力,提升学科核心素养。

2. 课题教材的编排体系

高中思想政治教材的每个单元都设有若干课,每课围绕一个相对独立的主题展开,由课导语和若干框题组成。课导语主要引入本课话题、概述本课学习内容、明确本课学习目标;框题具体组织和呈现本课学习内容。

3. 框题教材的编排体系

高中思想政治教材的每一课设若干个框,每一框大致是一课时的内容。每一框下设若干目,在每个目题下,又包括正文和辅助文。正文部分对基本观点、基本原理、基本事实、基本结论等进行规范性陈述,构成教材的逻辑主干,是学生学习的主体内容;辅助文包括名词点击、相关链接、专家点评等栏目,是对正文的补充、例示、说明、解释,使教材内容更加丰富多彩。此外,教材中穿插了大量的活动框或活动设计,也是正文的重要组成部分,突出体现内容活动化、活动内容化。

(三)内容体系分析

高中思想政治的每一模块教材,以及每一模块教材中的每一部分内容,都有着内在的逻辑联系,构成相对系统完整的内容体系。分析教材的内容体系,既是教材常规性分析的基本要求,也是广大思想政治课教师在教材分析中关注的重点。由于高中思想政治教材分模块、单元、课、框等几个层次展开,教材内容体系的分析也就可以从这几个层面进行。

1. 模块教材的内容体系分析

高中思想政治教材由若干相对独立的模块教材组成,每一模块教材都有各自的学科背景和学科知识作为支撑,有各自特定的内容体系。分析模块教材的内容体系,有利于我们整体把握模块教材的基本内容,从宏观角度通盘考虑教学安排,加强教学的计划性和系统性。

模块教材内容体系分析,重点在于明确模块教材的内容构成以及这些内容之间的内在关系,形成对模块教材内容的系统把握。我们可以通过下述两个示例,体会模块教材内容体系分析的基本方法。

示例 5-5

《中国特色社会主义》模块教材内容体系分析

《中国特色社会主义》教材以马克思主义和习近平新时代中国特色社会主义思想为指导,分四课分别讲述人类社会发展规律和社会主义终将代替资本主义、只有社会主义才能救中国、只有中国特色社会主义才能发展中国、只有坚持和发展中国特色社会主义才能实现中华民族伟大复兴的道理。四课内容体现了从一般过程到具体特色的逻辑思路,第一课体现一般过程,回顾人类社会发展史和世界社会主义发展史,阐释人类社会发展一般规律;第二、三、四课体现具体特色,讲述中华民族从站起来、富起来到强起来三个时段的奋斗历程,解析中国特色社会主义创立、发展和完善过程的逻辑顺序,阐述要坚持和发展中国特色社会主义。四课内容从一般过程到具体特色,从中华民族站起来、富起来到强起来,从中国特色社会主义创立、发展到完善,层层推进,构成了《中国特色社会主义》教材的有机整体。

第一课:社会主义从空想到科学、从理论到实践的发展。主要讲述从原始社会到奴隶社会、从封建社会到资本主义社会,最后到社会主义社会依次更替的发展历程,揭示人类社会发展规律和人类社会发展的总趋势。

第二课:只有社会主义才能救中国。主要讲述近代以来久经磨难的中华民族"站起来"的历史,以及新民主主义革命的胜利以及社会主义制度在中国的建立给中华民族和中国人民带来的深刻变化;说明中国人民为什么选择马克思主义、选择中国共产党、选择社会主义,马克思主义为什么行、中国共产党为什么能、社会主义为什么好;揭示只有社会主义才能救中国的道理。

第三课:只有中国特色社会主义才能发展中国。主要讲述我国改革开放使中华民族"富起来"的历史,以及中国特色社会主义的形成和发展过程、中国特色社会主义的丰富内涵等;说明开创中国特色社会主义是党和人民长期奋斗、创造、积累的根本成就;揭示只有中国特色社会主义才能发展中国的道理。

第四课:只有坚持和发展中国特色社会主义才能实现中华民族伟大复兴。主要讲述中国特色社会主义进入新时代、中华民族迎来了从站起来富起来到强起来伟大飞跃的历史背景和习近平新时代中国特色社会主义思想这一马克思主义中国化的最新成果;揭示只有坚持和发展中国特色社会主义才能实现中华民族伟大复兴;引导学生认识新时代、学习新思想、承担新使命,把爱国情、强国志、报国行自觉融入坚持和发展中国特色社会主义事业、建设社会主义现代化强国、实现中华民族伟大复兴的奋斗之中。

教材最后安排了两个综合探究,旨在引导学生把所学知识贯通起来,发展其综合运用知识分析解决问题的能力,是单元内容的系统化和进一步深化。综合探究既提供了探究活动的目标,也提出了探究活动的建议和参考路径,还对相关内容进行了理论总结和评析。

示例 5-6

《经济与社会》模块教材体系分析

《经济与社会》教材依据习近平新时代中国特色社会主义经济思想的基本原理,介绍我国社会主义基本经济制度,解析社会主义市场经济体制的基本特征,阐释指导我国经济社会发展的新理念,帮助学生理解全面深化改革的意义,提升在新时代参与社会主义现代化建设的能力。教材设置"基本经济制度与经济体制"和"经济发展与社会进步"两个单元。

第一单元着重介绍我国经济社会活动的舞台背景。讲述中国特色社会主义经济建设中最基本的经济学问题,包括我国以公有制为主体多种所有制经济共同发展的基本经济制度、社会主义市场经济体制、市场在资源配置中起决定性作用和政府的经济职能等。

第二单元着重介绍发生在这个舞台和背景下的经济社会活动。讲述我国经济发展和社会进步必须回答、解决的最基本问题,主要包括指导我国经济社会建设的新思想、新理念和收入分配公平、共同富裕、社会保障等问题。

2. 单元教材的内容体系分析

单元教材的内容体系,就是指同一单元内各课内容及其相互关系。高中思想政治每一单元教材由若干课组成,每一课的内容都是单元教材内容的有机组成部分。单元教材体系分析是对教材内容体系的中观分析,是教材内容体系的宏观把握到微观理解的一个重要环节。通过单元内容体系分析,可以在对教材内容宏观把握的基础上,进一步认识构成教材内容框架的基本主题,把握单元教材的基本内容,并为课题和框题教材内容体系分析奠定基础。

单元教材内容体系的分析方法与模块教材内容体系分析基本一致,也是要重点明确单元教材的内容构成以及这些内容之间的内在关系,形成对单元教材内容的系统把握。我们可以通过下述两个示例,体会单元教材内容体系分析的基本方法。

示例 5-7

"人民当家作主"单元教材内容体系分析

"人民当家作主"是高中思想政治必修 3《政治与法治》教材第二单元内容。本单元集中讲述我国的国家性质和国家的政治制度。在内容的具体安排上,本单元共由三课和一个综合探究组成。

第四课"人民民主专政的社会主义国家",讲述人民民主专政是我国的国体,说明人民当家作主是人民民主专政国家的本质要求。

第五课"我国的根本政治制度",讲述人民代表大会制度是我国的政体,是我国的根本政治制度,是中国特色社会主义政治制度优越性的重要体现。

第六课"我国的基本政治制度",讲述与我国根本政治制度相适应的基本政治制度,包括中国共产党领导的多党合作和政治协商制度、民族区域自治制度、基层群众自治制度。

综合探究"在党的领导下实现人民当家作主",引导学生探究我国人民代表大会与其他国家机关的关系、我国政党制度的特色、我国民族政策及其意义、人民行使权力的内容和方式等,进一步理解中国特色社会主义政治制度的基本内容、鲜明特点和主要优势,深化对我们民主政治的认识,提高有序参与政治生活和社会生活的能力。

 示例 5-8

"经济发展与社会进步"单元教材内容体系分析

"经济发展与社会进步"是高中思想政治必修2《经济与社会》教材第二单元内容。本单元主要讲述财富的生产和财富的分配知识。本单元包括两课和一个综合探究。

第三课围绕"经济发展"的主题,讲述坚持以人民为中心的发展思想和创新、协调、绿色、开放、共享的发展理念,建设现代化经济体系,推动经济高质量发展。

第四课围绕"社会发展"的主题,讲述我国的个人收入分配和社会保障问题,人民群众在收入分配中的获得感、幸福感、安全感是他们坚定中国特色社会主义自信的坚实心理动力基础,要让人民群众具有获得感与幸福感,从社会进步角度看,要注重社会保障体系建设。

两个主题相互联系、相辅相成,都是习近平新时代中国特色社会主义经济思想中的基础性内容。单元后面的综合探究"践行社会责任 促进社会进步",旨在引导学生科学认识我国经济发展与社会建设中的有关问题,增强社会责任感,积极承担社会责任,践行社会主义核心价值观,更好地参与中国特色社会主义建设实践,推动社会进步。

3. 课题教材的内容体系分析

高中思想政治每一课题教材由若干框题组成,每一框题的内容都是课题教材内容的有机组成部分。课题教材的内容体系分析就是对同一课题内各框题的教材内容及其相互关系进行分析。通过课题内容体系分析,可以进一步明确教材单元主题下所涉及的专题内容,深化对教材内容的认识。

课题教材内容体系的分析方法,同样侧重于明确课题教材的内容构成以及这些内容之间的内在关系,形成对课题教材内容的系统把握。我们可以通过下述两个示例,体会课题教材内容体系分析的基本方法。

示例 5-9

"我国的根本政治制度"课题教材内容体系分析

"我国的根本政治制度"是高中思想政治必修 3《政治与法治》第二单元第五课的内容。本课讲述我国的人民代表大会制度,说明人民代表大会制度符合中国国情,是坚持党的领导、人民当家作主、依法治国有机统一的根本政治制度安排,坚持和完善人民代表大会制度是发展社会主义民主政治的重要内容。本课包括两框内容:

第一框"人民代表大会:我国的国家权力机关",主要介绍各级人民代表大会的产生、全国人民代表大会作为国家最高权力机关的主要职权、全国人民代表大会常务委员会的主要职权、人大代表的产生和职权等,阐明我国的国家权力属于人民、人大代表是人民利益的代言人。

第二框"人民代表大会制度:我国的根本政治制度",主要说明人民代表大会制度是我国的政权组织形式,是由我国国家性质决定的,是我国的根本政治制度;阐明人民代表大会制度具有鲜明的中国特色和制度优势,必须长期坚持、不断完善。

 示例 5-10

"探索认识的奥秘"课题教材内容体系分析

"探索认识的奥秘"是高中思想政治必修 4《哲学与文化》第二单元"认识社会与价值选择"中第四课的内容。本课包括两框:

第一框"人的认识从何而来",主要介绍认识的含义和认识过程的两个阶段、实践的含义和特点,以及实践对认识的作用,明确马克思主义认识论首要的、基本的观点就是实践的观点。

第二框"在实践中追求和发展真理",主要介绍真理的含义,说明真理是客观的和具体的有条件的,阐明认识具有反复性和无限性,追求真理是一个在实践、认识、再实践、再认识的过程中不断发展的过程。

4. 框题教材的内容体系分析

框题是教材内容的基本单位,每一框题大体相当于一课时的教学内容。教材每一框设置若干目,呈现教材的内容要点,这些内容要点之间有着这样或那样的关系,由此构成框题教材内容体系。框题教材内容体系分析,就是要对每一框题教材中的内容要点及其内在关系进行分析和梳理。分析框题教材的内容及其相互关系,有利于我们从微观的角度把握学科知识的内在联系,建立系统化的知识体系。

高中思想政治教材各框题和目题中,知识点之间的关系多种多样,比较常见的有以下几类:①递进关系。如物质、运动和规律,世界是普遍联系的和用联系的观点看问题等。②相似关系。如财政政策与货币政策、文化与文明、中华优秀传统文化的创造性转化和创新性发展等。③辩证关系。如生产力与生产关系、经济基础与上层建筑、矛盾的普遍性和特殊性等。④包含关系。如公有制经济和国有经济、唯物主义和唯物主义的三种基本形态等。⑤并列关系。如党的政治领导、思想领导、组织领导,社会保险、社会救助、社会福利、社会优抚等。

框题教材的内容体系分析方法,重点在于梳理框题教材中的内容要点,理清这些内容要点之间的内在关系,形成系统的内容框架,为设计课时教学方案、增强教学效果奠定基础。我们可以通过下述两个示例,体会框题教材内容体系分析的基本方法。

 示例 5-11

"中华人民共和国成立前各种政治力量"框题教材内容体系分析

"中华人民共和国成立前各种政治力量"是高中思想政治必修 3《政治与法治》第一单元第一课"历史和人民的选择"中的第一框。本框包括三目内容:

第一目"近代中国的国情和主要矛盾",主要介绍近代中国沦为半殖民地半封建社会的基本国情和近代中国的主要矛盾,以及由近代中国基本国情和主要矛盾决定的近代中国的两大历史任务。

第二目"各种政治力量解决中国问题的方案",主要介绍 20 世纪上半叶各种政治力量为解决中国问题而进行的探索和提出的解决中国问题的三种方案,阐明中国共产党的方案是唯一正确的选择,也是历史的必然和人民的选择。

第三目"没有共产党就没有新中国",主要介绍中国共产党产生的背景、中国共产党的成立,以及中国共产党领导中国人民取得新民主主义革命的伟大胜利,阐明没有共产党就没有新中国的道理。

 示例 5-12

"科学的世界观和方法论"框题教材内容分析

"科学的世界观和方法论"是高中思想政治必修 4《哲学与文化》第一课"时代精神的精华"中的第三框。本框包括三目内容:

第一目"马克思主义哲学的历史使命",主要介绍马克思主义哲学产生的历史条件及意义,阐明马克思主义哲学的历史使命是实现无产阶级和全人类的解放。

　　第二目"马克思主义哲学的基本特征",主要介绍马克思主义哲学坚持实践观点、在实践的基础上实现了科学性和革命性的统一、具有与时俱进的理论品质等基本特征,阐明马克思主义哲学具有强大的现实生命力。

　　第三目"马克思主义中国化的重大理论成果",主要介绍马克思主义哲学随着历史和实践的发展而不断发展,中国共产党把马克思列宁主义基本原理与中国具体实际相结合,产生了马克思主义中国化的重大理论成果,包括毛泽东思想、邓小平理论、"三个代表"重要思想、科学发展观、习近平新时代中国特色社会主义思想,其中习近平新时代中国特色社会主义思想是马克思主义中国化的最新成果。

三、重点与难点分析

1. 重点

　　"重点"是指教材中最基本、最重要、最具现实意义的核心部分,在整个教材中有着重要的地位和作用。高中思想政治课程是知识性和思想性相统一的课程,思想政治教材融学科知识教育和思想政治方向引领于一体。因此,教材的重点也就包括学科知识上的重点和思想政治教育上的重点。

　　学科知识上的重点,是指那些与前面知识联系紧密,对后续学习具有重大影响的教材内容,是在学科知识体系中具有重要地位和作用的学科知识和技能,往往表现为一些基础性知识、共性知识、主干性知识。①基础性知识。主要是一些基本概念、基本原理和基本观点,它们是学科知识的基础性内容,也是学生学习本课程其他内容的基础。学生掌握了基础性知识,对于学习和理解课程的其他内容或后续内容有着重要的价值和意义。例如,政府、政党、依法治国等概念,就是《政治与法治》教材的基础性知识,是学生学好《政治与法治》这一模块内容的基础。②共性知识。主要是一些带共性的理论、方法、技能,抓住这些知识,就能举一反三,触类旁通。例如,马克思主义的基本立场、观点、方法,贯穿于高中思想政治课各个模块教材内容中,是正确认识社会经济、政治、文化等现象的共性知识。③主干性知识。主要是那些构成教材内容主干的核心知识。例如,唯物辩证法的总特征(联系和发展)就是马克思主义哲学的主干性知识,离开了联系和发展的观点,就谈不上唯物辩证法。

　　思想政治教育上的重点,是指那些对学生有现实意义和深远教育价值的内容,包括能够让学生终身受益的学科思想、精神和方法。通常表现为三种情况:①要重点引导学生形成的情感、态度和价值观。高中思想政治教材是对学生进行思想政治教育的重要内容载体,其中的每一内容都指向一定的思想政治教育目标,为学生形成正确的情感、态度和价值观服务。因此,那些引导学生情感、态度和价值观形成的典型内容应该是教材的重点。②与社会现实密切联系的内容。通过这些内容的学习,学生能够正确认识社会现象,分清是非,科学对待。③与学生认识和思想实际密切联系的内容,这些内容可以帮助学生走出困惑和误区,解决思想认识问题。

教师在教材常规性分析中,要把重点和非重点区别开来,明确哪些内容是重点、为什么是重点、教材对这些重点内容是如何阐述的,以便在教学中更有效地突出重点。一般来说,确定和分析教材的重点,应从课程标准、学生特点、社会现实三个角度来综合考虑。

首先,从课程标准角度看,教材的重点应该体现了课程标准的要求。通常而言,教材重点应该突出体现了学科核心素养和课程目标中最重要、最基本的要求;或者从学科知识系统的角度看,重点应该是处在学科知识系统各部分的结合点上,它往往能够起着承上启下、沟通左右的作用。这种教材重点是确定的、客观的,它强调教材内容在学科核心素养培育和学科内容体系中的重要地位,不以学生的不同而改变,可以称之为静态的教材重点。

其次,从学生特点角度看,教材重点是教材中能够满足当下学生生活需求和学习成长的需要,与学生实际密切联系,对学生今后发展起关键作用的内容。教材本质是“学材”,教材的最终目的是帮助学生解决当下的问题和实现更好的发展。由于每个学生在当下学习成长中的突出问题不同、今后发展的目标与要求不同,学生还在成长中不断变化,同一个教材内容,对有的学生来说是重点,对另外一些学生来说可能就不是重点;在一个阶段是重点,在另外一个阶段就可能不是重点。这种教材重点会因人而异、因时而异,是一种动态变化的重点,具有变动性和相对性。

最后,从社会现实角度看,当今社会现实和社会发展中面临着一些影响深远的突出问题、亟待解决的紧迫问题,成为备受关注的热点与焦点。教材中与这些现实问题密切联系的内容应该是教材重点。随着社会的发展和问题的解决,这类教材重点也会随之改变,因此也具有变动性和相对性。

2. 难点

“难点”是指教材中有一定难度、学生学习可能遇到障碍和困惑的内容。高中思想政治教材的难点也多种多样,通常表现为四种情况:①难以理解。有些学科知识和思想观点比较抽象,学生缺乏相应的知识基础和生活经验,不容易理解和把握。②难以接受。有些学科知识和思想观点,在理论上容易理解,但在思想上不容易接受。③难以分辨。思想政治课有很多概念、原理存在种种相似性,学生容易混淆,这些内容也可能成为学生学习的难点。④难以运用。思想政治课强调理论联系实际,要运用学科知识分析解决现实问题,运用学科理论指导自己的实际行动,但学生在学习过程中,往往理论与实际的结合存在困难,在知行统一上出现问题。

教师在教材分析中,要准确地找出难点,明确其难在什么地方。判定和分析教材的难点,通常可以从学习内容的复杂性和抽象性、学生发展的阶段性和局限性来考虑难点的成因。具体来看,形成难点的原因主要有以下几种。

第一,教材内容抽象、复杂。高中思想政治教材不少内容本身是抽象的、复杂的,学生抽象思维能力相对较弱,缺乏系统分析问题的能力,不能较快或较好地理解一些比较抽象的学科知识,也难以正确认识复杂的事物或掌握事物的本质。例如,高中思想政治《哲学与文化》教材中"矛盾的同一性和斗争性""意识的能动作用"等,就是这类难点。

第二,学生缺乏相关的知识基础和生活经验。高中思想政治教材中的不少概念、原理、观点,对学生而言都是全新的内容,以往没有类似知识的积累,也缺乏相应的实践体验,从而造成对新知识认知的困难。例如,高中思想政治《政治与法治》教材中"党的执政理念""党的领导是全面的系统的整体的领导"等,就是这类难点。

第三,学生知识迁移能力不足。迁移能力是一个人将以往在学习或问题解决时获得的经验及知识应用于新情境,获取新知识、解决新问题的能力。知识迁移能力不足,一方面表现为学生不能建立起新旧知识的联系,学习新知识就会发生困难;另一方面表现为学生不能把自己获得的知识经验应用到新的情境中去分析解决新的问题,在新的问题面前感到束手无策。

第四,学生正确的情感态度价值观和行为习惯养成的长期性和艰巨性。学生的情感态度和行为习惯的转变都需要一个长期的过程,不可能"毕其功于一课"。例如,学生要自觉用社会行为准则规范自己的行为,学生的行为要从他律变成自律,就是一件很难的事,这也是形成难点的重要原因。

第五,社会环境的复杂性和多样性。高中思想政治教材具有很强的社会现实性,有些教材上的道理,学生从理论上懂得并不难,但由于社会环境的影响,这些道理要真正让学生相信、接受并不那么容易,从而形成难点。

教师究竟如何分析教材的重点与难点,我们可以通过以下三个示例,体会重点与难点分析的方法。

 **示例 5-13**

《中国特色社会主义》第二课"只有社会主义才能救中国"重点与难点分析

本课重点:新民主主义革命理论;中国确立社会主义制度的意义。

新民主主义革命的相关理论是中国共产党带领中国人民进行革命道路探索的过程中,将马克思列宁主义与中国具体实际相结合形成的重大理论成果。系统把握新民主主义革命的理论,准确理解新民主主义革命"新"的含义,科学认识新民主主义革命和旧民主主义革命的区别,才能更好地理解中国人民选择马克思主义、选择中国共产党、选择社会主义的历史必然性,并落实学生政治认同和科学精神素养的培育。

社会主义制度的确立是中华民族有史以来最深刻最伟大的社会变革，为我国逐步走向国家富强、人民幸福和当代中国的一切发展进步奠定了制度基础。明确中国确立社会主义制度的意义，有利于学生了解社会主义制度给我国带来的巨大变化，坚定中国特色社会主义的道路自信、理论自信、制度自信、文化自信。

本课难点：正确看待我国社会主义探索的理论成果、巨大成就及其意义；毛泽东思想的形成。

我国社会主义探索经历了三个阶段，梳理这三个阶段的理论成果和巨大成就，分析各个阶段理论成果和巨大成就为中国特色社会主义的开创提供的宝贵经验、理论准备和物质基础，科学评价我国社会主义探索中经历的严重曲折，都需要学生综合运用本课知识、结合相关历史材料进行辩证思考和分析，对学生而言具有一定难度。

在中国革命实践中，以毛泽东同志为主要代表的中国共产党人，把马克思列宁主义基本原理同中国的具体实践结合起来，创立了毛泽东思想。把握毛泽东思想的形成和毛泽东思想活的灵魂，需要结合中国共产党带领中国人民进行革命和建设的探索历程进行思考和体会，需要学生具备相关的历史知识基础、较强的概括总结能力和理论分析能力，这对学生有一定难度。

示例 5-14

《经济与社会》第二课第二框"更好发挥政府作用"重点与难点分析

本框重点：社会主义市场经济的基本特征；政府的宏观调控职能。

社会主义市场经济的基本特征是本框题的主要知识点，展现对我国经济体制的基本认识。只有掌握了这一知识，才能深刻理解我国的社会主义市场经济体制，并认同中国特色社会主义。

政府的宏观调控与发挥市场对资源配置的决定作用相辅相成，既是我国社会主义市场经济体制不可或缺的重要方面，也备受社会关注。

本框难点：政府宏观调控的财政政策和货币政策。

从理论上看，财政政策和货币政策这两个概念比较抽象，学生理解起来有一定的难度；从实践上看，财政政策和货币政策远离学生生活，且不同时期国家可能会采用不同的政策，学生容易混淆，不容易区分。

示例 5-15

> ### 《中国特色社会主义》综合探究二"方向决定道路 道路决定命运"重点与难点分析
>
> 教材重点：坚定中国特色社会主义道路自信、理论自信、制度自信、文化自信。
>
> 青少年阶段是人生的"拔节孕穗期"，青少年的理想信念关乎国家未来，引导学生树立中国特色社会主义理想信念，坚定四个自信，既是落实立德树人根本任务、培养中国特色社会主义事业建设者和接班人的必然要求，也对提升学生的学科核心素养、促进学生把握正确的思想政治方向具有重要意义。
>
> 教材难点：中国共产党为什么能够带领中华民族实现站起来、富起来到强起来的伟大飞跃。
>
> 理解"中国共产党为什么能"，需要学生对党的性质、宗旨、指导思想等有基本了解，对中国特色社会主义开创发展历程中党的领导作用有宏观把握，内容涉及面比较广，时间跨度比较大，学生理解有一定难度。

需要说明的是，高中思想政治教材常规性分析的内容和方法多种多样，不同的教师可以从不同的角度去思考，上述我们所讲到的教材地位分析、教材体系分析、重点与难点分析也只是一些常见的分析内容和方法。在具体的教材分析实践中，每一位教师都可以根据教学的实际需要，从不同的角度、用不同的方法对教材进行多样的分析。

本章小结

1. 高中思想政治教材的常规性分析，是指立足于学生的发展、基于常规教学的需要、在特定背景下对高中思想政治教材及其相关因素进行的整体分析。高中思想政治教材常规性分析是一种综合性的活动、连接性的活动、建构性的活动、反复上升性的活动。

2. 高中思想政治教材分析是完整准确把握教材的必经之路、教师教学设计的基础、提高教学质量的重要前提、实现教学目标的重要条件、教师自身发展的重要途径。

3. 高中思想政治教材常规性分析一般要经历认真阅读教材、深入理解教材、科学分析教材、恰当处理教材等基本步骤。阅读教材要注意掌握阅读的方法、变换阅读的视角、扩展阅读的范围；理解教材要做到准、透、新；分析教材要做到系统、全面；处理教材要坚持围绕教学目标、强调学生需要、突出重点与难点，做到有所突出、有所延伸、有所整合、有所创新、有所忽略、有所改进。

4. 高中思想政治教材常规性分析主要涉及教材地位分析、教材体系分析、重点与难点分析等。

5. 教材地位是指教师所分析的教材在整个教材体系中的地位,以及该教材在学生发展中的作用。教材地位分析可以从所分析教材在整个教材体系中的地位和在学生发展中的作用两方面展开。

6. 教材体系分析主要涉及目标体系、编排体系和内容体系的分析。目标体系在教材中主要是通过单元和课的导语体现出来。编排体系是教材按照怎样的顺序和格式进行编写和排列,高中思想政治教材主体是按照单元—课题—框题—目题几个层次展开,每一层次又各有自己的编排思路和结构体系。内容体系是教材的内容构成及其内在关系,高中思想政治教材分模块、单元、课、框等几个层次,教材内容体系的分析也就可以从这几个层面进行。

7. 教材重点是教材中最基本、最重要、最具现实意义的核心部分。高中思想政治教材的重点包括学科知识上的重点和思想政治教育上的重点。学科知识上的重点,是那些与前面知识联系紧密,对后续学习具有重大影响的教材内容,是在学科知识体系中具有重要地位和作用的学科知识和技能;思想政治教育上的重点,是那些对学生有现实意义和深远教育价值的内容,包括能够让学生终身受益的学科思想、精神和方法。确定和分析教材的重点,应从课程标准、学生特点、社会现实等角度来综合考虑。

8. 教材难点是教材中有一定难度、学生学习可能遇到障碍和困惑的内容。高中思想政治教材的难点通常表现为难以理解、难以接受、难以分辨、难以运用。判定和分析教材的难点,可以从学习内容的复杂性和抽象性、学生发展的阶段性和局限性来考虑。

练习与思考

1. 如何理解高中思想政治教材的常规性分析?

2. 高中思想政治教师为什么要做好教材的常规性分析?

3. 简要介绍高中思想政治教材常规性分析的基本步骤。

4. 高中思想政治教师在常规教学中如何去认真阅读教材和科学理解教材?

5. 简要介绍高中思想政治教师处理教材的基本原则和基本方法。

6. 高中思想政治教材常规性分析主要涉及哪些方面的基本内容?

7. 什么是教材地位? 如何分析教材地位?

8. 什么是教材体系? 如何分析教材体系?

9. 什么是教材的重点与难点? 如何分析教材的重点与难点?

10. 选择某一模块、单元、课题、框题的教材内容,分析教材地位、教材体系和重点与难点。

第六章　高中思想政治教材的研究性分析

提高思想政治课教师对教材的研究性分析能力，是增强思想政治课思想性、理论性和亲和力、针对性的重要基础和前提，也是提高思想政治课教师教学研究能力、促进专业发展的重要环节。所谓教材的研究性分析，是指基于教材建设及合理使用的需要，对教材从不同的视角进行研究，总结教材建设的经验，促进教材建设发展及在教学中的恰当运用，具有突出的研究性特点。高中思想政治课教材研究性分析可以从多种不同的视角进行，其中教材典型要素的集合分析、新旧教材的比较分析、与相邻学段教材的一体化分析、中外教材的比较分析等是值得特别关注的几个分析视角。

第一节　高中思想政治教材典型要素的集合分析

高中思想政治教材典型要素集合分析是高中思想政治教材研究性分析的重要视角和常见方式，对帮助教师深入认识教材的功能和特点、更好地利用教材开展教学活动具有重要意义。

一、高中思想政治教材典型要素集合分析界定

要素，是构成一个客观事物的存在并维持其运动的必要的最小单位，既是构成事物必不可少的现象，又是组成系统的基本单元。高中思想政治教材是由各种要素组合建构起来的，其中每一个要素都有其特定的价值，都可以进行有针对性的研究性分析。高中思想政治教材典型要素集合分析，是以高中思想政治教材的典型构成要素为对象，对构成教材的典型要素进行分门别类的梳理与研究，探索典型要素的内涵与结构，揭示典型要素的功能与作用，提出典型要素优化设计和处理建议的教材研究活动。显然，理解高中思想政治教材典型要素集合分析，需要明确以下几点。

（一）高中思想政治教材典型要素集合分析以教材典型要素为对象

研究总是针对一定事物和现象的研究，有明确的研究对象和范围。高中思想政治教材典型要素集合分析作为一种教材研究活动，它以教材中一定的典型要素为研究对象。高中思想政治教材由多种类型的典型要素构成，每一类典型要素都是教材的有机组成部分，都以其特有的方式承载着教材内容，具有特定的思想政治教育价值，可以对这些典型要素进行集合分析。在高中思想政治教材众多类型的典型要素中，广大教师

可以多加关注以下几类。

1. 学科知识与典型素材

高中思想政治课程有自己的学科背景和学科知识作为支撑,高中思想政治教材自然成为学科知识的重要载体,承载着高中阶段学生需要学习和掌握的学科知识,包括学科的基本概念、基本原理、基本观点等。配合学科知识的呈现、说明和论证,教材也选用了大量具有代表性的各类素材,以帮助学生更好地学习和理解教材内容。那么,教材究竟选择了哪些类型的学科知识和素材、是如何加工和呈现的、每一类型的学科知识和素材各有什么样的特点、发挥着怎样的功能或作用等,可以进行分门别类的分析研究。通过研究,了解学科知识和素材选择、编排、呈现等方面的特点和规律,为更好地进行学科知识的教学提供有益的借鉴和参考。

例如,基本概念是高中思想政治教材中的一类典型学科知识,淡化定义是高中思想政治教材近年来对概念进行处理的重要趋向。淡化定义不是指不要定义,而是尽量采用描述性定义,力求在生动形象的情境中生成对概念的认知;淡化定义也不是放松对科学性、严谨性的要求,而是根据高中生的认知发展规律和特点,以及本学科高中阶段的任务目标,不再突出对概念定义的字斟句酌式的辨析。高中思想政治每一册教材中都包含诸多的基本概念。那么,教材中究竟有多少学科基本概念、教材对这些概念是如何定义的、有多少采用严格的定义、有多少采用描述性定义、严格定义和描述性定义各有什么特点、为什么采用或区分这样的定义方式等。通过这样的分析,可以为教师进行基本概念的教学提供启示。

2. 探究活动与问题设计

高中思想政治课力求构建学科逻辑与实践逻辑、理论知识与生活关切相结合的活动型学科课程。因此,教材中设计了大量的探究活动,以及与之相应的探究任务或典型问题,引导学生搜集资料、分析材料、解答问题、交流分享。这些探究活动和问题设计不仅能够强化教材正文的学科知识,而且能够促进学生自主学习、合作学习、探究学习,更好地培育学科核心素养。我们可以将教材中的探究活动、问题设计作为典型要素,进行有针对性的专门分析。

例如,在探究活动方面,教材究竟设计了多少探究活动、设计了哪些类型的探究活动、每一类型的探究活动各有什么样的特点、在教材和学生发展中各有什么样的作用、如何对这些探究活动进行优化处理等;在问题设计方面,教材究竟设计了多少问题、有哪些类型的问题、设问的角度有哪些、问题的水平层次如何、问题设计是否符合学科特点和学生实际等,都可以进行分析研究。

3. 人物选取与插图运用

人物、插图都是高中思想政治教材重要的要素,也是教材中典型素材的一部分。高中思想政治教材与生活实际紧密相连,为了更好地分析论证学科知识,引导学生实现思想政治教育目标,既选取了大量现实生活中的真实人物、真实事件、真实案例来说明和支撑观点,也运用了大量插图来使学科知识和教育内容形象化、具体化。因此,我们也可以将教材中的人物、插图等作为研究对象,进行有针对性的专门研究。

例如,就人物选取而言,教材中选取了多少人物、所选人物的形象特点(生理形象、政治形象、社会形象、心理形象、道德形象等)如何、体现出什么样的价值取向等;就插图而言,教材选择了多少插图、选用了一些什么类型的插图、这些插图有什么特点、在教材和学生学习中起怎样的作用、教师教学中如何选择利用等,都值得教师进行深入细致的研究性分析。

4. 穿插于教材中的各种栏目

高中思想政治教材中设计安排了大量辅助性的栏目,包括"探究与分享""阅读与思考""相关链接""专家点评""名词点击""名人名言""示例评析"等。例如,《法律与生活》第一单元第三课"订约履约 诚信为本"中为了说明生活中处处都有订立合同的行为发生,设计了"探究与分享"栏目帮助学生理解,超市购物、房产赠予、乘坐公交车、使用共享单车这些行为都属于订立合同关系;然后设计了"名词点击"栏目,对"意思表示"进行概念界定,说明意思表示是民事主体自由意志的体现,对合同的成立和生效具有决定性意义,帮助学生更好地理解签订合同在法律意义上的前提;再通过"相关链接"栏目以火车票背面的"乘车须知"为例,说明在市场经济中订立合同是市场交易者参与交易活动最常见的形式,利用合同参与交易活动能够充分体现市场交易者的自由意志。

穿插于高中思想政治教材中的每一类栏目都有各自的特点,也都具有特殊的功能和作用,是值得教师进行研究的典型要素。

(二)高中思想政治教材典型要素集合分析以教材典型要素的集合为基础

所谓集合,一般是指将分散的人或事物聚集到一起,形成具有某种特定性质的事物的总体。高中思想政治教材典型要素集合分析,是打乱教材原有的内容系统,将分散在教材中的某一种特定要素聚集在一起,整合形成全新的基于某一特定要素的教材内容系统,并对这种新的内容系统进行针对性的分析和研究。

进行教材典型要素集合基础上的教材分析与研究,必须注意研究方法,研究方法得当,可以事半功倍。总的来看,高中思想政治教材典型要素集合分析必须以科学的世界观和方法论为指导,灵活运用多种具体方法。其中尤其要注意做好以下三方面的结合。

第一,文本研究与应用研究相结合。毫无疑问,教材典型要素集合分析是一种教材文本研究,必须结合教材文本进行,围绕教材文本展开。但这种文本研究不是为了研究文本,而是试图通过研究教材文本,探析教材文本中典型要素在内容选择、呈现方式等方面的合理性和特色,促进这些典型要素在教学中的恰当处理和有效应用。

第二,定性分析与定量分析相结合。教材典型要素的集合是分散在教材中的某一特定要素的聚集和重组,可以通过数量方面的统计分析,了解某一典型要素在教材中的数量、分布、类型等方面的数量特征,明确其在教材中的重要地位和在教学中的重要价值;同时,各种类型的典型要素都承载着一定的课程内容,蕴含着重要的思想政治教育要求,可以通过定性分析,了解典型要素的特点、功能,更好地发挥其对学生的价值导向作用。

第三,整体分析与局部分析相结合。教材典型要素集合分析是针对教材中的特定构成要素展开,是一种教材的局部分析,重在把握所选择分析的典型要素的功能、特点、处理策略等。但这种局部分析不能停留于局部,而要有整体的思想和全局的观念。既关注教材整体,把典型要素放在教材整体中去分析,把握其在教材整体中的地位,以及与教材其他要素的内在关系;又关注思想政治教育全局,把特定要素放在思想政治教育全局中去分析,明确其在思想政治教育中的特有功能,以及在学生发展中的突出作用。

(三)高中思想政治教材典型要素集合分析以典型要素优化设计和处理为目的

高中思想政治教材典型要素集合分析作为一种教材研究活动,分析本身不是目的。一般而言,通过典型要素集合分析,深入把握这些要素在教材中的运用情况、典型特点、特定功能等,为教材编写者更好地完善教材、教师更好地处理和使用教材提供值得参考的意见或建议。

显然,高中思想政治教材典型要素集合分析的基本目的是形成相关意见或建议,促进教材的进一步完善和合理使用。一般来说,基于教材典型要素集合分析而形成的意见或建议主要涉及两个方面:一是针对教材编写者,提出进一步完善教材的意见或建议;二是针对广大教师,提出在教学中恰当处理教材中的典型要素、更好地开展教学活动的意见或建议。

二、高中思想政治教材典型要素集合分析的基本思路

高中思想政治教材典型要素集合分析一般按照确定分析要素、选择分析样本、理清分析框架、实施分析活动、提出意见和建议等几个基本步骤进行。

(一)确定分析要素

进行教材典型要素分析,首先必须确定分析的对象,也就是要确定具体要分析什么样的教材要素。如上所述,高中思想政治教材的构成要素多种多样,任何具有特定内容和教育意义的要素都可以作为分析的对象。例如,高中思想政治教材中的插图分析、高中思想政治教材中的基本概念处理分析、高中思想政治教材中的"探究与分享"栏目分析、高中思想政治教材"探究与分享"栏目中的问题设计分析、高中思想政治教材中人物选取的价值取向分析等。

　　确定分析要素,首先要关注要素分析的价值性,所选择的教材要素要具有分析和研究的突出价值,能够在理论和实践上对现有教学成果有所拓展、有所补充或有所创新,能够对教材的建设和教师教学的实施具有参考和借鉴意义。同时,要关注教材要素分析的可行性,就思想政治课教师而言,选择确定的分析要素要尽可能符合自身实际,尤其是要注意范围小、难度小、投入小,可以通过一系列小的教材要素的分析,实现对一个比较大的教材要素的把握。

　　例如,"探究与分享"栏目是高中思想政治教材中的一个典型要素,我们可以就这一栏目进行整体分析,分析教材中"探究与分享"栏目的数量、分布、类型、特点、功能等,但这种整体分析范围比较广,内容比较多,也难以深入。因此,可以在这个栏目范围内将教材要素进一步细化,使所要分析的教材要素更具体,分析研究更简便易行。一般来看,教材中的"探究与分享"栏目大体由背景材料和问题设计两部分组成,我们可以仅就"探究与分享"栏目中的问题设计进行分析;就"探究与分享"栏目中的问题设计来看,也有认识理解型、观点辨析型、分析说明型、搜集资料型、体验感受型、行为要求型等多种不同的类型,我们可以对每一类型的问题设计进行逐一分析,最终达到对"探究与分享"栏目中的问题设计类型的全面认识。

(二)选择分析样本

　　在确定分析要素之后,需要根据分析要素的特点选择分析样本。分析样本可以是全部高中思想政治教材,也可以是一册或几册具有代表性的高中思想政治教材。

　　以全部高中思想政治教材作为分析样本,可以更全面、系统地反映教材中相关典型要素的实际,体现典型要素的整体设计、功能特点、教育教学价值等。但高中思想政治教材一套七本,如果以全部教材为分析样本,无疑难度比较大,费时费力比较多,一般教师难以承受,事实上也没有这样的必要。我们可以根据所确定的教材典型要素的实际,在高中思想政治教材中选择一本最具代表性的教材作为分析样本,通过一本教材中相关典型要素的分析,起到小中见大、见微知著的作用。

(三)理清分析框架

　　所谓分析框架,是指对教材典型要素进行深入分析的整体构想,是对教材典型要素进行研究的"路线图"。理清分析框架,明确教材典型要素分析从哪些方面进行、如何逐步展开,是实施教材典型要素分析活动的前提和基础,是教材典型要素分析有序进行并取得成效的基本保证。

　　理清分析框架,要基于教材实际,立足所确定的典型要素的特点,尽可能系统全面。例如,以高中思想政治《中国特色社会主义》教材为样本,进行"高中思想政治教材中人物选取的价值取向分析",可以分三个层次来理清分析框架:首先,教材中人物选取的价值取向可以通过其中的人物形象表现出来,所以,分析可以从人物形象着手。其次,人物往往是通过外在的各种具体元素,展现内在的心理和品德,人物形象应该是人物外在元素和内在元素的统一体。因此,人物形象包括外在形象和内在形象。最后,人物的外在形象和内在形象通过各种具体元素表现出来,就外在形象而言,主要包括生理形象(如性别、年龄)、政治形象(如党派、民族)、社会形象(如时代、职业)等;就内在形象而言,也包括心理形象(如性格、兴趣)、道德形象(如道德品质、思想境界)等。

(四) 实施分析活动

在理清分析框架的基础上,就可以根据确定的分析框架对教材典型要素进行具体的分析研究。实施分析活动,要特别注意以下几点。

第一,讲究方式方法。要根据教材典型要素分析的目的、内容以及所收集材料的具体情况,坚持文本研究与应用研究相结合、定性分析与定量分析相结合、整体分析与局部分析相结合,广泛采用综合、归纳、演绎、抽象、概括、比较、归类、类推、分析、想象、假设等方法,对教材典型要素进行系统分析。

第二,坚持实事求是。在分析活动中,要坚持以教材文本为分析样本,以教材中的事实材料为依据,避免片面性和局限性,避免带有感情色彩和主观意愿。只有在充分占有事实材料的基础上,分析研究才有据,研究结论也才会合理。

第三,形成分析结论。通过系统分析得出分析的结论,是进行教材典型要素分析的直接目的,也是教材典型要素分析成果的集中表现。得出结论也必须实事求是,不能随意夸大,更不能有半点虚假。

(五) 提出意见和建议

教材典型要素集合分析,得出分析结论不是最终目的,分析的最终目的是为了促进教材建设和教学发展。因此,在实施分析活动、得出分析结论以后,要依据分析结论提出相应的意见和建议,为教材编写者进一步完善教材提供有价值的参考建议,为广大教师恰当处理教材、有效运用教材典型要素开展教学活动提供有针对性的实施策略。

三、高中思想政治教材典型要素集合分析的基本方法

高中思想政治教材典型要素集合分析的方法多种多样,每一位教师都可以有自己的不同经验和做法。在此我们以高中思想政治教材中"探究与分享"栏目为分析对象,以《中国特色社会主义》教材为分析样本,对教材典型要素集合分析的基本方法进行说明。一般来看,在确定分析对象和分析样本的基础上,具体的分析框架和分析活动可以围绕以下几方面进行。

(一) 数量与分布分析

在高中思想政治教材中,"探究与分享"数量很多,内容含量大,是高中思想政治教材中一个运用广泛且具有突出特色的栏目。以《中国特色社会主义》教材为例,教材中"探究与分享"的数量及分布情况见表6-1。

表 6-1　《中国特色社会主义》教材中的"探究与分享"栏目数量及分布情况

	第一框	第二框	第三框	合计
第一课	8	5		13
第二课	3	2		5
第三课	3	4		7
第四课	3	6	4	13

通过表 6-1 的数据统计，我们可以分析得出如下结论。

(1)从数量上看：《中国特色社会主义》教材只有 4 课 9 框内容，但设置了 38 个"探究与分享"栏目，数量比较多。该栏目数量多，一方面说明其承载了大量的课程内容，在教材中占有重要的地位，是学生学习不可忽视的部分；另一方面说明教材对该栏目寄予厚望，认为这是一种对学生进行学科教育的有效方式，能够有效地引导学生掌握学科知识和能力、培育学科核心素养。

(2)从分布上看：一方面，"探究与分享"栏目每课都有，表明它是教材内容编排和呈现的重要方式；另一方面，"探究与分享"在每课的数量分布不太均匀，其中在第一课和第四课中数量最多，第二课数量最少，这应该与教材内容有关系。

第一课"社会主义从空想到科学、从理论到实践的发展"，从一般的视角分析社会发展的历史，从世界的视角探讨科学社会主义的形成和发展，历史跨度长，涉及的范围广，涵盖的内容多，因此设计了较多的"探究与分享"，共 13 个。其中前 8 个聚焦人类社会发展的一般历史，抓住原始社会、奴隶制社会、封建社会、资本主义社会的本质和特点，始终贯穿着马克思主义关于生产力与生产关系的矛盾运动推动人类社会向前发展的科学原理；后 5 个聚焦科学社会主义的理论与实践，帮助学生认识和理解社会主义从空想到科学的发展、从一国到多国的实践。本课"探究与分享"栏目的内容目标见表 6-2。

表 6-2　第一课"探究与分享"栏目内容目标

序号	"探究与分享"栏目的内容目标
1	描绘远古人类的生产和生活状况
2	说明原始人平均分配劳动产品的原因
3	引导学生认识私有观念和私有制的产生
4	引导学生思考人类社会为什么会产生阶级
5	阐述奴隶制与封建制生产关系的异同
6	让学生归纳资本主义生产关系萌芽的表现和特点
7	让学生分析资产阶级革命胜利的深远影响
8	引导学生分析资本主义经济危机产生的原因

续表

序号	"探究与分享"栏目的内容目标
9	引导学生认识空想社会主义的特点
10	引导学生探索空想社会主义都以失败告终的原因
11	阐释马克思、恩格斯为什么能够创立科学社会主义
12	引导学生理解《共产党宣言》的意义
13	引导学生理解《国际歌》的意义

第二课"只有社会主义才能救中国",从特殊的视角介绍中国新民主主义革命的历史和社会主义制度在中国的确立,相比第一课历史的跨度较短、涉及的范围不宽,且部分内容与历史、语文等学科有交叉,所以安排的"探究与分享"相对较少,只有 5 个。本课"探究与分享"栏目的内容目标见表 6-3。

表 6-3　第二课"探究与分享"栏目内容目标

序号	"探究与分享"栏目的内容目标
1	帮助学生了解中国沦为半殖民地半封建社会的表现和近代中国人民的处境
2	要求学生结合所学知识,谈谈近代中国人民的各种尝试和斗争为什么没能改变自己的悲惨命运
3	帮助学生认识中国先进分子接触、了解、传播马克思列宁主义的历史过程
4	帮助学生理解新民主主义革命的结束和社会主义革命的开始
5	引导学生分析新中国成立初期取得巨大成就的主要原因

第三课"只有中国特色社会主义才能发展中国",本课内容虽然时间跨度不长,与学生生活也较近,相关知识学生易于理解,但中国特色社会主义的相关内容是教材重点,因此本课设计了 7 个"探究与分享"栏目,不是最多,但相对也不少。本课"探究与分享"栏目的内容目标见表 6-4。

表 6-4　第三课"探究与分享"栏目内容目标

序号	"探究与分享"栏目的内容目标
1	要求学生结合自己家庭生活的变化,认识改革开放给我们带来的改变
2	引导学生认识和理解改革先锋所体现的精神
3	要求学生查阅资料,说明我国取得巨大成就的原因
4	帮助学生归纳改革开放以来中国共产党在实践探索中取得的理论创新成果
5	帮助学生理解中国特色社会主义之所以取得成功的原因
6	引导学生认识中国特色社会主义制度的特点和优势
7	让学生结合历史和现实,谈谈中国特色社会主义好不好的评判标准

第四课"只有坚持和发展中国特色社会主义才能实现中华民族伟大复兴",内容重要且现实性强,所以设计了比较多的"探究与分享"栏目,共有 13 个。本课"探究与分享"栏目的内容目标见表 6-5。

表 6-5　第四课"探究与分享"栏目内容目标

序号	"探究与分享"栏目的内容目标
1	要求学生结合十八大以来中国特色社会主义事业取得的辉煌成就与同学交流新时代的感受
2	引导学生查阅资料,了解党作出三次社会主要矛盾判断的历史背景及原因
3	引导学生谈谈对新时代坚持和发展中国特色社会主义的认识
4	要求学生结合材料谈谈对中华民族伟大复兴的理解
5	要求学生结合所学知识和党的奋斗历程,谈谈对中国共产党使命的理解
6	引导学生认识中国共产党在不同时期都注重加强自身建设的原因
7	帮助学生深刻把握中国共产党建设社会主义现代化国家的目标
8	引导学生思考青年人如何有所作为
9	引用习近平总书记对新时代中国青年提出的六点要求,要求学生思考自己应该成为什么样的时代新人
10	要求学生查阅党的十九大报告,了解习近平新时代中国特色社会主义思想创立的背景
11	帮助学生了解习近平新时代中国特色社会主义思想的"八个明确"
12	引导学生理解党和国家在制定方针政策时如何体现"坚持以人民为中心"
13	引导学生探究习近平新时代中国特色社会主义思想为发展马克思主义做出的原创性贡献

(二)类型分析

大量的"探究与分享"栏目可以划分为多种不同的类型。基于"探究与分享"栏目在基本结构上是由背景材料和问题设计两部分组成,我们也就从这两个角度对其进行分类。

1. 基于背景材料的分类

"探究与分享"的背景材料多种多样,根据材料的表现形式,大体可以分为纯文字类和图文结合类。

纯文字类,就是"探究与分享"的背景材料全部由文字构成。这类材料形式通常用于描述事实、陈述观点、叙述历史发展,最大的特点是简单明了,通俗易懂。例如,第一课第一框"原始社会的解体和阶级社会的演进"中的第一个和第二个"探究与分享"栏目,背景材料就属于纯文字类。第一个"探究与分享"的背景材料,是用纯文字描述远古人类的生产和生活状况;第二个"探究与分享"的背景材料,是用纯文字讲述达尔文在环球考察中记叙过的一件事情。

图文结合类,就是"探究与分享"的背景材料既有文字材料,还有图片材料予以解释或者说明。此类材料结合了文字描述与图片呈现的优势,既能够体现思想理论的逻辑性,又能够通过直观的历史照片和图片展示,增强材料的表达力。例如,第一课第二框第二目"科学社会主义的创立"中的两个"探究与分享",背景材料都属于图文结合类。第一个"探究与分享"的背景材料,既通过文字描述马克思、恩格斯的生平和对科学社会主义创立的贡献,又呈现马克思、恩格斯的图片提高学生的注意力;第二个"探究与分享"的背景材料,既通过文字呈现了《共产党宣言》中的一些名言名句,又通过《共产党宣言》1848 年德文第一版封面、《共产党宣言》手稿的一页两幅图片,突出《共产党宣言》的重要性。

2. 基于问题设计的分类

"探究与分享"栏目的背景材料后面,都设计了一定的问题或要求学生结合背景材料来完成的任务,这些问题或任务的设计也多种多样。根据问题或任务要求的不同,大体可以分为认识理解型、观点辨析型、分析说明型、搜集资料型、体验感受型、行为要求型等。

(1)认识理解型。一般是在呈现一定的理论观点、名人名言、典型材料等的基础上,要求学生结合所学知识谈谈自己的认识和理解。这类"探究与分享"能够扩展学生思维空间,引发学生思考,为学生提供畅所欲言的平台,激发学生的学习兴趣。例如,在第三课第二框第二目"中国特色社会主义道路、理论、制度、文化"中,第一个和第三个"探究与分享"的问题设计就属于认识理解型。第一个"探究与分享"在引用习近平有关中国特色社会主义的一段重要讲话的基础上,问题设计要求"谈谈你对这段话的认识,并与同学分享你的感受";第三个"探究与分享"在引用习近平在庆祝中国共产党创立 95 周年大会上的一段讲话的基础上,问题设计要求"结合历史和现实,谈谈你对'中国特色社会主义是不是好,要看事实'这句话的理解"。

(2)观点辨析型。一般是背景材料给出一个或多个观点,问题设计要求学生运用学科知识和已有的生活经验对不同观点进行辨别分析。这类"探究与分享"将各种不同观点放在一起,学生通过观点辨析和合作交流,产生思维碰撞,既有利于理解相关知识,锻炼辨别能力和分析与解决问题的能力,也有利于帮助学生澄清理论和思想认识上的误区,形成正确的思想政治观念,提高思想政治素质。例如,第一课第一框第一目"从原始社会到奴隶社会"中的第三个"探究与分享",就是先列出了有关私有制产生和存在的三个观点:观点一"私有制的产生是社会生产力发展的结果,是不可避免的",观点二"私有观念的存在,是私有制产生的根本原因",观点三"私有观念是人所固有的,所以私有制天然合理,会永远存在";然后提出问题:你如何看待上述观点?阐明你的理由。再如,第二课第二框第一目"最深刻最伟大的社会变革"中的第一个"探究与分享",也是先提出了两种不同的观点：观点一"新中国成立之初，中国的经济文化发展水平同资本主义发达国家相比，存在很大差距，应该等到资本主义充分发展以后再进行社会主义改造"，观点二"中国新民主主义革命的胜利，已经创造了向社会主义过渡的经济政治条件"，然后要求学生结合所学知识，谈谈对这两种观点的认识。

（3）分析说明型。一般是在呈现相关材料的基础上，要求学生运用已有知识和经验知识、结合材料分析说明相关的学科道理。这类"探究与分享"有利于拓展学生视野，加深对学科知识的理解，提高学生的理解能力和分析能力。分析说明型的"探究与分享"又有多种类型，其中比较典型的有材料说明、举例说明、比较说明、论证说明等。①材料说明。一般是先给出一定的材料，要求学生结合材料说明相关的问题。例如，第一课第一框第一目"从原始社会到奴隶社会"中的第二个"探究与分享"，就是先呈现了达尔文在环球考察中记叙过的一件事，然后要求学生"联系上述故事，查阅相关资料，说明原始人平均分配劳动产品的原因"。②举例说明。一般是先呈现一定的观点和材料，要求学生举例说明其中蕴含的学科道理。例如，第四课第二框第二目"新时代中国共产党的历史使命"中的第二个"探究与分享"，就是先呈现了习近平在"不忘初心、牢记使命"主题教育工作会议上的一段重要讲话，然后要求学生"查阅资料，举例说明我们党在不同时期开展的主题教育的时代意义"。③比较说明。一般是先呈现若干具有可比性的材料，要求学生进行比较分析，从中明确相关的学科道理。例如，第一课第一框第二目"从封建社会到资本主义社会"中的第一个"探究与分享"，就是先呈现了古罗马奴隶制和我国两汉时期封建制生产关系的两段材料，要求学生"比较上述两段材料，说说奴隶制生产关系与封建制生产关系有什么不同"。④论证说明。一般是先呈现一定的观点和材料，要求学生对观点进行论证。例如，第一课第一框第一目"从原始社会到奴隶社会"中的第四个"探究与分享"，就是先呈现了两段古籍和史书的记载，然后要求学生"结合上述材料和所学知识，论证'只有生产发展到一定阶段，才可能出现阶级；只要生产发展到一定阶段，就必然产生阶级'"。

（4）搜集资料型。一般是要求学生查阅相关资料，收集整理有关的认识和看法，分析相关的学科知识和道理。这类"探究与分享"的典型特点是从课内向课外延伸、从课本向课外读物延伸，能引导学生进行自主学习，开阔眼界，拓展视野，更好地理解和把握教材上、课堂中所学习的有关知识和道理，锻炼学生分析处理材料、总结归纳信息的能力。例如，第四课第一框第二目"新时代我国社会主要矛盾"中的第一个"探究与分享"，就是先呈现了1956年、1981年、2017年我们党对社会主要矛盾的三次不同判断，要求学生"查阅相关资料，了解我们党作出上述三次社会主要矛盾判断的历史背景和原因"。再如，第三课第一框第一目"改革开放的进程"中的第一个"探究与分享"，也是先呈现了我国20世纪70年代、80年代、90年代家庭生活"三大件"的变化和发展,要求学生"查阅相关资料,结合自己家庭生活的变化,说说改革开放让我们的生活发生了哪些突出变化"。

(5)体验感受型。一般是通过背景材料创设学习情境,使学生从情境中获得体验和感悟,形成有关的认识和看法。这类"探究与分享"的典型特点是以一定的生活化情境为基础,使学生置身于一定的情境中,让学生经历情境体验和感受的过程,通过感受、体验引发思考,在潜移默化中得到思想政治启迪,在情境感悟中提高思想政治认识。例如,第一课第二框第二目"科学社会主义的创立"中的第二个"探究与分享",在背景材料中呈现了《共产党宣言》的一些名言名句,要求学生"诵读《共产党宣言》的名言名句,与同学分享自己的感想"。再如,第四课第一框第一目"新时代的科学内涵"中的第一个"探究与分享",背景材料呈现了党的十八大以来我国经济、科技等方面的一些典型成就,要求学生"结合党的十八大以来中国特色社会主义事业取得的辉煌成就,与同学交流对新时代的感受"。

(6)行为要求型。一般是在理论学习的基础上,对学生提出一些践行方面的要求。思想政治课强调学以致用、知以导行,这类"探究与分享"也主要是着力于引导学生将所学知识运用于实际生活,提高他们的参与能力,培养责任感和主人翁精神。例如,第四课第二框第三目"分两步走建成社会主义现代化强国"中的第二个和第三个"探究与分享",都对学生提出行为方面的要求。第二个"探究与分享"先呈现了李大钊、毛泽东等对青年人寄予期望的几段材料,要求学生"根据上述材料,谈谈中国特色社会主义新时代,我们青年人如何有所作为";第三个"探究与分享"先呈现了习近平在纪念五四运动100周年大会上讲话中对新时代中国青年提出的六点要求,要求学生"以'我们应该成为什么样的时代新人'为主题,在班级开展一次演讲活动"。

(三)功能分析

高中思想政治教材的"探究与分享"栏目,具有多方面的功能,归结起来大体有以下几个方面。

第一,导入功能。即通过"探究与分享",集中学生注意、唤起学习动机、激发学习兴趣、明确学习方向、建立新旧知识联系,引领学生走入学习内容。例如,在教材的第一课第一框,开门见山设置了一个"探究与分享",要求学生结合材料,描绘远古人类的生产和生活状况,引导学生了解原始社会的生产力与生产关系,就是典型的用"探究与分享"导入学习内容。设置这种"探究与分享",能打破传统思想政治课在学生们心目中理论说教的印象,激发学生学习兴趣,调动学生情绪,促进学生愉快轻松的投入新知识学习中。

第二,优化功能。即通过"探究与分享",优化教材内容的呈现方式。留有空间,是现代教材应有的品质,也是解决教材烦琐化的重要途径。教材留有空间,有利于学生学会学习,促进学习的个性化发展;有利于激发教师的创造性,促进教学生动活泼局面的形成;也有利于增强教材的适应性,使教材更好地适应不同地区的发展特点和不同学生的发展需求。随着基础教育课程改革的发展,我国现行的高中思想政治教材与以往的教材相比,一个重大的变化就是留有空间,而教材留有空间最典型的方式,就是教材中"探究与分享"栏目的设置。"探究与分享"栏目基于情境、基于案例、基于问题、基于活动呈现课程内容,使课程内容从"直接呈现"变为"间接呈现",从"肯定呈现"变为"疑问呈现",给广大教师和学生留下了巨大的空间,既为教师创新教学提供了机会,也为学生发展个性提供了条件。

第三,深化功能。即深化教材知识,拓展了学生的思维,提高学生自主学习能力、问题探究能力等。"探究与分享"栏目所选取的背景材料往往印证着相应的学科道理,所设计的问题或任务往往需要学生结合相关知识和生活经验进行深入思考和分析,能够将知识学习与生活实际紧密结合起来,拓展学生的思维,实现知识的迁移。例如,在讲到"从封建社会到资本主义社会"时,教材设计了一个"探究与分享",背景材料呈现的是英国和法国资产阶级革命的现实场景,要求学生从社会生产、政治体制、思想文化等多方面去思考资产阶级革命胜利产生的深远影响。这样引导学生从多个角度思考和分析问题,不仅有利于使学生深化对相关学科知识的理解,也有利于拓展学生的思维,增强学生分析问题的能力。

第四,补偿功能。即补偿正文不足,拓展与延伸正文内容,拓宽学生视野。教育传输信息的容量影响教育效果,对于同一内容,运用多种形式传递的信息量大,运用单一形式则传递的信息量小。高中思想政治课程内容丰富,仅仅借助教材正文部分难以全面展开和深入分析,且内容传递形式单一。"探究与分享"栏目可以起到补充教材正文容量不足、扩大教材内容信息量的作用。例如,在讲到"新时代我国社会主要矛盾"时,教材设计了一个"探究与分享",背景材料展示了1956年、1981年、2017年我们党对社会主要矛盾的判断,要求学生查阅相关资料,了解我们党作出这三次社会主要矛盾判断的历史背景和原因,延伸了正文内容,拓展了学生视野。

第五,衔接功能。大中小学思想政治课一体化建设是当今我国的热点话题,教材建设一体化是其中不可忽视的重要方面。高中思想政治教材设置"探究与分享"栏目,与初中《道德与法治》教材中的"探究与分享"栏目相衔接,能够提升学生对于教材的亲切感与熟悉感,增强学生学习思想政治课的兴趣和积极性。

(四)特点分析

高中思想政治教材中"探究与分享"栏目数量多,分布范围广泛,在设计上呈现出多方面的特点。

第一,体现活动型学科课程实施的要求。高中思想政治课力求构建学科逻辑与实践逻辑、理论知识与生活关切相结合的活动型学科课程。"探究与分享"栏目的设计正是采取思维活动和社会实践活动相结合的呈现方式,通过探究和分享,实现"课程内容活动化""活动内容课程化",真正坚持了教学内容与生产劳动和社会实践相结合,着眼于学生的真实生活和长远发展,使理论观点与生活经验、劳动经历有机结合,让学生在社会实践活动的历练中、在自主辨析的思考中感悟真理的力量。

第二,突出学生主体地位。学生是学习活动的主人,在教育教学中居于主体地位。"探究与分享"栏目设计注意突出了学生的主体地位。一方面,"探究与分享"的主题多从学生"学"的角度考虑。教材不是学生的支配者和说教者,而是学生学习的指引者和合作者。教材中的"探究与分享"作为学生自主学习的桥梁,在设计时充分考虑了如何发挥学生主动性,如何引导学生思考、判断和总结。另一方面,"探究与分享"的实施多考虑学生的参与。"探究与分享"的问题设计贴近学生实际,符合学生特点,力求通过提供背景材料、明确探究问题等,激发学生自主探索的兴趣,通过体验、思考等,提升学生的学科核心素养。

第三,注重思维训练。综观教材中的"探究与分享"栏目,通常会使用"描绘""说明""阐明""论证""分析""谈谈"等行为动词,会用到说说……异同、分析……产生的原因、谈谈……表现和特点等指示语。从这样的表述中可以发现,该栏目提出的要求着眼于思维层面的训练,注重引导学生转变学习方式,加强自主探究。

第四,内容丰富多彩。"探究与分享"从内容上看,融通古今中外各种资源,尤其是在把握马克思主义、中华优秀传统文化和国外哲学社会科学三种资源的过程中体现出辩证统一的特点。遵循了立足中国、借鉴国外,挖掘历史、把握当代,关怀人类、面向未来的思路,使栏目内容既有深厚历史底蕴,又有鲜明时代特点;既彰显中国立场,又开阔国际视野。

(五)存在的问题分析

教材编写一直都处在不断发展和完善的过程中。现行教材部分"探究与分享"栏目在某些地方也还有可以进一步提高和完善的空间。

第一,部分"探究与分享"的问题设计比较模糊、指向不明确。例如,有的"探究与分享"设计了请学生谈感受或者是畅想未来的问题。在充分占有和理解资料的前提下,学生通常能够遵循教学要求实施探究。然而,我国目前的教育资源处于不均衡分布的状态,各地区学生的差异明显,对于此类指向不明确的问题很可能有些学生达不到设计者所设想的要求。

第二,部分"探究与分享"的问题设置难度还不够合理。例如,有"探究与分享"栏目要求学生查阅党的十九大的成果与同学分享。这一问题对于高一学生而言还是比较困难的,理论成果本就具有抽象性,实践成果与十九大如何有机联系起来,对学生而言也是难题,他们很难把握哪些是理论成果哪些是实践成果。

第三,部分"探究与分享"对历史知识储备要求高,不易达到探究效果。例如,有"探究与分享"要求学生谈谈近代中国人民的各种尝试和斗争为什么没能改变自己的悲惨命运。关于这一点,一方面在教材正文中并没有详细论述近代中国人民奋起抵抗的过程和经验,这段历史只有短短一段话的介绍,这就对学生的历史知识基础提出了更高的要求。另一方面,对该问题的回答也与高校思想政治理论课中的《中国近现代史纲要》课教学内容重叠,高中阶段学生要掌握到什么程度也不够明确。

第四,"探究与分享"重思维活动,轻社会实践活动。中国共产党历来重视理论教育与劳动实践相结合。全面加强新时代大中小学劳动教育对全面落实立德树人根本任务具有重大历史意义和实践价值。教材"探究与分享"栏目是促进学生将理论学习与自主探究实践有机结合起来的有效方式,但总体来看,教材"探究与分享"设计的主要是思维活动,社会实践活动比较少。

以上是以《中国特色社会主义》教材为样本,就教材中的"探究与分享"栏目进行的简要分析,在进行这种分析的基础上,可以根据分析的结果为教材编写者和教师提出意见或建议,尤其可以为教师教学提出意见或建议,包括如何重视栏目的教学价值、优化栏目处理、创新栏目的运用方法、提高栏目运用能力等,为广大教师恰当处理教材和改进教学提供有益的借鉴和参考。

第二节　高中思想政治新旧教材的比较分析

我们这里讲的高中思想政治旧教材,是指根据教育部 2003 年制定的《普通高中课程方案(实验)》和 2004 年颁发的《全日制普通高级中学思想政治课程标准(实验)》,由教育部组织编写,人民教育出版社出版的普通高中课程标准实验教科书《思想政治》,全套共 10 本,其中必修 4 本、选修 6 本。高中思想政治新教材,是指根据 2017 年教育部印发的《普通高中思想政治课程标准(2017 年版)》编写的普通高中教科书《思想政治》,全套共 7 册,其中必修 4 册、选择性必修 3 册。进行高中思想政治新旧教材比较分析,不仅可以总结教材建设的经验,加深对教材建设理论与实践的探讨,而且有利于推进教材的完善和教师教学的有效开展。

高中思想政治新教材相对于旧教材来说,有了多方面的变化。这些变化主要表现在教材的编写依据、教材结构、教材内容、呈现方式等方面。

一、编写依据的变化

课程标准是教材编写的基本依据。高中思想政治新旧教材是依据两个不同的课程标准编写的,旧教材是依据 2004 年颁布的《全日制普通高级中学思想政治课程标准(实验)》编写,新教材是依据《普通高中思想政治课程标准(2017 年版)》编写。比较这两个课程标准,它们在课程性质、课程理念、课程设计、课程内容、实施建议等方面既有一些相似之处,也存在一些重要的区别。关于这两个课程标准的区别,我们已经在本书第三章进行了系统分析,在此不再赘述。

需要特别强调的是,作为教材编写的基本依据,两个课程标准的基本精神都会在与之相应的教材中得到充分贯彻,两个课程标准对课程结构与课程内容的安排都会在与之相应的教材中加以具体体现。因此,由此而来的新旧教材的区别也值得认真对待和系统分析研究。

二、教材结构的变化

所谓教材结构,就是教材的构成要素及其相互关系。高中思想政治教材的构成要素多种多样,可以按不同的标准、从不同的角度进行不同的划分。因此,高中思想政治教材结构也是极其复杂的。在此,我们仅从教材的类别结构、板块结构、同一板块教材的内容结构三个层次进行简要的比较分析。

(一)教材的类别结构

所谓教材的类别结构,就是指教材的类别以及各类别教材在整个教材体系中的地位和作用。在新旧高中思想政治课程标准中,高中思想政治课在课程设计方面都设置有不同类型的课程,教材编写也是按照这种课程设计进行。但新旧课程标准在课程类别结构设计方面是有差异的,由此也带来了教材类别结构上存在差异。

2004 年版课程标准将思想政治课程结构分为必修课程和选修课程两大类,教材编写也相应地依据这种设计进行,形成了必修课程和选修课程两大类教材。

2017 年版课程标准将思想政治课程结构划分为必修课程、选择性必修课程、选修课程三大类,同时将选修课程纳入校本课程管理。因此,全国统编、统用的教材主要围绕必修课程、选择性必修课程进行,形成了必修课程和选择性必修课程两大类教材。

(二)教材的板块结构

高中思想政治课是一门综合性课程,包含多方面内容,这些内容我们可以按照学科背景划分成若干板块。新旧教材在这种板块结构上也是不完全一样的。

在必修课程方面,新旧教材都包括四个板块。旧教材包括经济生活、政治生活、文化生活、生活与哲学四大板块;新教材包括中国特色社会主义、经济与社会、政治与法治、哲学与文化四个板块。显然,新旧教材都突出马克思主义政治经济学、政治学、哲学、文化学等方面内容,但相比旧教材,新教材特别强化了中国特色社会主义、法治方面的教育。

除必修课程的教材以外,适应新高考改革的实际,新教材增加了选择性必修部分,包括当代国际政治与经济、法律与生活、逻辑与思维三大板块。这三个板块的选择性必修课程教材与旧教材中的国家和国际组织常识、生活中的法律常识、科学思维常识三本选修课程教材有一定的继承关系,但进行了拓展和深化。

至于选修课程,虽然新的课程标准设计了三个内容板块,即财经与生活、法官与律师、历史上的哲学家,但由于纳入校本课程管理,所以没有统一编写和推广使用新教材。而在旧的教材体系中,统一编写了科学社会主义常识、经济学常识、国家和国际组织常识、生活中的法律常识、科学思维常识、公民道德与伦理常识六个板块的选修课程教材。

(三)同一板块教材的内容结构

就同一板块来看,相关的学科内容是很多的。对学科内容如何筛选、如何编排等,新旧教材具有一些共同的特点。例如,都坚持马克思主义基本观点教育和中国特色社会主义教育、强调正确的价值导向和思想政治方向引领等。但新旧教材也体现出一些明显的差别,这一点尤其体现在教材的生活化与素养化的不同侧重上。

旧教材编写注重生活化,强调以生活为基础,以学科知识为支撑,学科逻辑服从生活逻辑。教材从选取内容到呈现形式,都紧扣社会生活的主题,立足于学生现实的生活经验,着眼于学生的发展需求,把理论观点的阐述寓于社会生活的主题之中。在学生逐步扩展的生活经验的基础上,通过情境和问题的设计,让他们感觉到真切、可信,让他们在情感体验和思想矛盾的过程中,学会独立思考,掌握知识、发展能力、形成正确的情感态度价值观。

例如,《经济生活》教材,从学生最熟悉的经济生活现象——消费入手,依次分析消费、交换、生产、分配,最后介绍我国从事这些经济活动的基本背景——面向全球开放的社会主义市场经济,四个单元内容分别围绕着使学生成为理智的消费者、成功的创业者、合格的管理者、积极的建设者展开。

再如,《政治生活》教材,也不是按照《政治学》的理论体系展开,而是从学生熟悉的政治现象入手,以社会主义民主政治为核心概念,以社会主义民主政治建设为主线,根据政治生活主题安排教材内容。在内容的逻辑顺序上遵循由小到大、由近及远、由具体到抽象的思路,从公民的政治生活开始讲起,逐步扩展到政府、国家、政党、国际社会。

新教材编写突出素养化,强调以培育思想政治学科核心素养为主导,坚持学科逻辑与实践逻辑、理论知识与生活关切相结合,学科内容采取思维活动和社会实践活动等方式呈现,实现"课程内容活动化""活动内容课程化",让学生在社会实践活动的历练中、在自主辨析的思考中感悟真理的力量,自觉践行社会主义核心价值观,提升学科核心素养。可以说,新教材编写兼顾生活化和素养化两种追求,强调从生活化走向素养化;既关照学生的生活,有源于生活的起点;更强调学科核心素养,突出正确价值导向和思想政治方向的引领,有高于生活的落点。

例如,《中国特色社会主义》教材,以马克思主义和习近平新时代中国特色社会主义思想为指导,通过回顾人类社会发展进程,阐释马克思主义基本原理,使学生了解人类社会发展的一般过程和基本规律,确信社会主义终将代替资本主义是不可抗拒的历史趋势,坚定社会主义必胜信心;结合中国近代以来的历史变迁和中国特色社会主义伟大实践,阐明只有社会主义才能救中国,只有中国特色社会主义才能发展中国,只有坚持和发展中国特色社会主义才能实现中华民族伟大复兴的深刻道理,帮助学生树立中国特色社会主义道路自信、理论自信、制度自信、文化自信,厚植爱国主义情怀,把爱国情、强国志、报国行自觉融入坚持和发展中国特色社会主义事业、建设社会主义现代化强国、实现中华民族伟大复兴的奋斗之中。教材内容基于历史性和实践性,突出政治性和理论性;基于历史讲述科学社会主义基本理论,基于实践分析中国特色社会主义必由之路;既贴近学生实际,又着力引导学生爱党爱国爱社会主义,坚定"四个自信",形成科学的世界观、人生观、价值观。

再如,《政治与法治》教材,没有拘泥于政治生活的多个主体展开线性描述,而是依据"党的领导、人民当家作主、依法治国的有机统一"的精神,将坚持党的领导、人民当家作主、依法治国的有机统一作为全书主线和落脚点,形成三个单元三位一体的整体架构,第一、二单元侧重于政治,第三单元侧重于法治,单元内容各有侧重又融为一体。主要目的在于使学生懂得走中国特色社会主义政治发展道路,关键是要坚持党的领导、人民当家作主、依法治国有机统一,引导学生坚定正确的政治立场,把握正确的政治方向,增强有序参与国家政治生活和社会公共生活的能力。

三、教材内容的变化

高中思想政治新旧教材在内容方面,存在明显的继承关系,旧教材中大量典型的、独具学科特色的内容在新教材中保留下来,甚至得到加强。但毕竟高中思想政治课具有很强的时代性,随着社会的进步和时代的发展,思想政治课程内容必然会有一定的调整。教材作为思想政治课程与教学内容的重要载体,在内容选择上也必须与时俱进。比较高中思想政治新旧教材,它们在内容上的变化也是显而易见的。这种变化主要表现在内容的整合、删减、扩展、更新等方面。

（一）新教材对旧教材内容的整合

新教材的内容安排打乱了旧教材的顺序，对旧教材的内容安排重新作了调整。以必修课程为例，适应课程结构调整的需要，原来《经济生活》《政治生活》《文化生活》《生活与哲学》教材内容被重新分解和调整，相关内容被整合到相应的新教材中。基本的内容整合情况如图 6-1 所示。

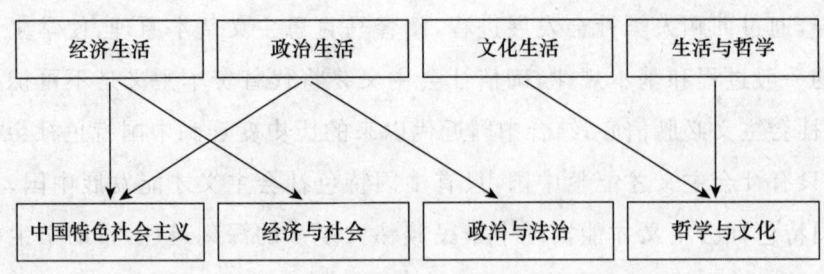

图 6-1　高中思想政治必修课程新旧教材的内容整合情况

例如，《哲学与文化》教材，就整合了旧教材《生活与哲学》和《文化生活》中的相关内容。分别从"探索世界与把握规律""认识社会与价值选择""文化传承与文化创新"三个部分将原教材中的哲学、文化的相关内容进行了大范围的整合。前两部分侧重于哲学，重点讲述时代精神的精华、探究世界的本质、把握世界的规律、探索认识的奥秘、寻觅社会的真谛、实现人生的价值等内容；第三部分侧重于文化，主要讲述继承发展中华优秀传统文化、学习借鉴外来文化的有益成果、发展中国特色社会主义文化等方面的内容。

（二）新教材对旧教材内容的删减

适应社会的发展和时代进步的需要，新教材在对旧教材内容进行合理继承的同时，也对其作了适当删减。

例如，原来《经济生活》教材的内容主要整合到了《经济与社会》教材中，但比较新旧两本教材可以看到，原来教材四个单元的内容减少到了两个单元，大量内容被删减。新的《经济与社会》教材重点只是对我国基本经济制度与经济体制进行讲述，其他诸如货币、价格、消费、投资理财、财政税收等方面的内容均没有出现在新教材中。具体对比可见表 6-6。

表 6-6　《经济与社会》与《经济生活》教材内容总体比较

《经济与社会》	《经济生活》
第一单元　基本经济制度与经济体制 　第一课　我国的基本经济制度 　　公有制为主体 多种所有制经济共同发展 　　坚持"两个毫不动摇" 　第二课　我国的社会主义市场经济体制 　　使市场在资源配置中起决定性作用 　　更好发挥政府作用 　综合探究　完善社会主义市场经济体制 第二单元　经济发展与社会进步 　第三课　我国的经济发展 　　坚持新发展理念 　　建设现代化经济体系 　第四课　我国的个人收入分配与社会保障 　　我国的个人收入分配 　　我国的社会保障 　综合探究　践行社会责任 促进社会进步	第一单元　生活与消费 　第一课　神奇的货币 　　揭开货币的神秘面纱 　　信用卡、支票和外汇 　第二课　多变的价格 　　影响价格的因素 　　价格变动的影响 　第三课　多彩的消费 　　消费及其类型 　　树立正确的消费观 　综合探究　正确对待金钱 第二单元　生产、劳动与经营 　第四课　生产与经济制度 　　发展生产 满足消费 　　我国的基本经济制度 　第五课　企业与劳动者 　　公司的经营 　　新时代的劳动者 　第六课　投资理财的选择 　　储蓄存款和商业银行 　　股票、债券和保险 　综合探究　做好就业与自主创业的准备 第三单元　收入与分配 　第七课　个人收入的分配 　　按劳分配为主体 多种分配方式并存 　　收入分配与社会公平 　第八课　财政与税收 　　国家财政 　　征税和纳税 　综合探究　提高效率 促进公平 第四单元　发展社会主义市场经济 　第九课　走进社会主义市场经济 　　市场配置资源 　　社会主义市场经济 　第十课　科学发展观和小康社会的经济建设 　　全面建设小康社会的经济目标 　　又好又快 科学发展 　第十一课　经济全球化与对外开放 　　面对经济全球化 　　积极参与国际经济竞争与合作 　综合探究　经济全球化与中国

（三）新教材对旧教材内容的扩展

在删除一些内容的同时，新教材也根据各方面的需要，增加了一些新的内容。新增加的内容有两种情况，一是整体增加，二是个别知识点的增加。

整体增加最主要的表现，就是增加了《中国特色社会主义》这个课程模块。之所以增加这个课程模块，主要是基于以下几方面原因：第一，大中小学思想政治课一体化建设的需要。在大中小学循序渐进、螺旋上升地开设思想政治课，是培养一代又一代社会主义建设者和接班人的重要保障。在义务教育阶段，道德与法治课设计了我国基本国情等方面的"体验性""启蒙性"学习内容；在高等教育阶段，开设了《毛泽东思想和中国特色社会主义理论体系概论》《中国近现代史纲要》等"探究性""理论性"课程。高中阶段是学生成长的"拔节孕穗期"，对学生进行马克思主义理论和中国特色社会主义教育需要依托相应的"常识性"课程来实施。第二，彰显中国特色社会主义时代主题的需要。这一模块着眼于人类社会的发展历程，立足于中国特色社会主义的伟大实践，明确中国特色社会主义是科学社会主义理论逻辑与中国社会发展历史逻辑的辩证统一，既能初步讲授科学社会主义基本常识，又可充分体现新时代中国特色社会主义历史方位、理论创新和实践创新。第三，是体现立德树人关键课程的需要。思想政治课是落实立德树人根本任务的关键课程。用新时代中国特色社会主义思想铸魂育人，引导学生增强中国特色社会主义道路自信、理论自信、制度自信、文化自信，厚植爱国主义情怀，把爱国情、强国志、报国行自觉融入坚持和发展中国特色社会主义事业、建设社会主义现代化强国、实现中华民族伟大复兴的奋斗之中，这是思想政治课应该承担的责任和使命，也是《中国特色社会主义》课程模块的价值体现。

个别知识点增加在各个模块教材中都有体现。例如，《经济与社会》教材中增加了社会保障的内容，既介绍了我国多种多样的社会保障方式，也说明了完善社会保障体系是我们的奋斗目标；《政治与法治》教材中增加了法治教育的内容，系统介绍了我国法治建设的成就和全面推进依法治国的总目标，阐述了科学立法、严格执法、公正司法、全民守法的基本要求，阐明了建设法治中国、法治政府、法治社会的意义等。

（四）新教材对旧教材内容的更新

有些内容，新教材和旧教材都有介绍。但适应社会进步和时代发展，新教材在保留旧教材一些内容的同时，也对其中一些保留的内容进行了新的分析和解释。

例如，我国社会的主要矛盾是思想政治课的一个重要内容，新旧教材都有介绍。但在原来的《经济生活》教材中对我国社会主要矛盾的界定，是以1981年党的十一届六中全会对我国社会主要矛盾的判断为依据，阐释为"我国正处于并将长期处于社会主义初级阶段，人民日益增长的物质文化需要同落后的社会生产之间的矛盾，是社会的主要矛盾"。而在《中国特色社会主义》新教材中，则是以2017年党的十九大对我国社会主要矛盾的新判断为依据,阐释为"中国特色社会主义进入新时代,我国社会主要矛盾已经转化为人民日益增长的美好生活需要和不平衡不充分的发展之间的矛盾"。

再如,关于外资经济,原来的《经济生活》教材阐释为"外国投资者和港澳台投资者根据我国法律、法规在我国内地(大陆)设立的独资企业以及中外合资企业、中外合作经营企业中的外商投资部分";而新的《经济与社会》教材则解释为"外国投资者根据我国法律法规在我国境内设立的独资企业以及中外共同设立企业的外商投资部分。港澳台地区在内地(大陆)的投资参照外资"。

四、呈现方式的变化

教材如何呈现,也从一个侧面反映了教材改革的思想。高中思想政治新旧教材在内容呈现上有很多相同或相近的地方,主要表现在以下几个方面。

(1)在编写体例上,都按照单元、课、框、目四个层次展开,注意贴近学生、贴近实际、贴近生活,基于案例、基于情境、基于问题、基于活动来呈现相关内容,引导学生经历思维过程,在个案分析中展示观点、在价值冲突中澄清观点、在比较鉴别中辨认观点、在自主探究中提炼观点。

(2)在栏目设置上,都设置了名词点击、相关链接、专家点评等多种栏目,以及各种类型的探究活动,既为学生释疑解惑、点拨诱导、开拓视野、深化认识,也引导学生在活动中经历过程,掌握方法,提高思想政治素质。

(3)在语言风格上,都力求通俗易懂、简明朴实、生动亲切,尽量避免晦涩的表述,既追求语言的准确和规范,又努力增强语言的诗意与张力,引导学生用马克思主义立场观点方法分析和解决现实问题,帮助学生解答生活疑难,实现更好的发展。

(4)在版式设计上,都采用 16 开本,生动活泼、丰富多彩、图文并茂,力求激发学生的兴趣,增强教材的可读性和吸引力。教材不仅用不同的字体区分不同的内容,留出一些空间放置插图、旁批或留给学生做笔记,在视觉上或心理上给出较为宽阔的空间;而且注意颜色搭配,用不同的背景色区分不同的栏目,突显出教材中不同部分内容,整体显得清晰,主次分明,相关栏目信息彼此关联,一目了然。

但适应党和国家对思想政治课程及教材建设的新要求和思想政治课程与教材改革的新趋势,新教材在呈现上也体现出诸多新的特点。

(一)体现时代发展的新要求,突出政治方向的引领

立德树人是我国教育的根本任务,思想政治课是落实立德树人根本任务的关键课程。教材是教学最主要的资源,是解决"培养什么人""怎样培养人""为谁培养人"这一根本问题的重要载体,它是国家事权,体现国家意志,直接关系到党的教育方针落实和教育根本任务的实现。

党的十八大以来,党和国家高度重视教材建设。习近平在全国教育大会上提出了教材建设的"五个体现":充分体现马克思主义中国化要求,充分体现中国和中华民族风格,充分体现党和国家对教育的基本要求,充分体现国家和民族基本价值观,充分体现人类文化知识积累和创新成果。中共中央办公厅、国务院办公厅《关于深化新时代学校思想政治理论课改革创新的若干意见》明确提出,完善思政课课程教材体系,加强思政课教材体系建设,国家教材委员会统筹大中小学思政课教材建设,科学制定教材建设规划,注重提升思政课教材的政治性、时代性、科学性、可读性。

适应这样的新形势和新要求,高中思想政治新教材在呈现中既着力反映学科领域的最新成果,又突出体现国家的意志和要求。反映学科领域的最新成果,主要是及时融入马克思主义中国化的最新成果、坚持和发展中国特色社会主义的最新经验、马克思主义理论研究的最新进展,从而提升教材的科学性和时代性。体现国家的意志和要求,主要是处理好知识性与思想性的关系,突出教材的思想政治教育特性,尤其是突出政治方向引领和科学的价值导向,以习近平新时代中国特色社会主义思想铸魂育人,强化社会主义核心价值观、中华优秀传统文化、革命文化、中国特色社会主义先进文化以及中国特色社会主义道路自信、理论自信、制度自信、文化自信教育,提升教材的政治性和价值性。

（二）强化活动设计,尝试活动型学科课程的构建

根据新的高中思想政治课程标准,高中思想政治课定位为活动型学科课程。所谓活动型学科课程,涉及两方面的基本要义:其一是作为学科课程,有学科背景和学科知识作为支撑,学科知识是课程内容的基础;其二是作为活动型课程,课程内容采取活动设计的方式呈现,即"课程内容活动化",或者说学科内容的课程方式就是一系列活动及其结构化设计,即"活动内容课程化"。

高中思想政治新教材适应打造活动型学科课程的需要,进一步强化了活动设计,课程内容采取思维活动和社会实践活动等方式呈现,实现"课程内容活动化""活动内容课程化"。在教材的具体编写中,主要通过两个途径落实课程标准提出的"活动型"课程的理念:其一是坚持从"探究与分享"栏目切入,其二是在每个单元后面设计了"综合探究"。"探究与分享"活动穿插于课文之中,主要在课堂内进行,让学生在比较、辨别、探究、评析等活动中理解和运用基本知识,发展关键能力,养成正确态度;"综合探究"活动在每个单元的后面,围绕议题展开,主要在课堂外进行,突出思维活动与社会实践活动的结合,引导学生在社会实践活动中经受历练、拓宽视野,感悟真理的力量,获得正确的价值观、政治判断力及其社会参与能力。

（三）遵循课程标准的要求,聚焦学科核心素养的培育

课程标准是教材编写的基本依据。新的高中思想政治课程标准相比以往最大的变

化就是凝练了学科核心素养,明确了学生学习本学科课程后应达成的正确价值观念、必备品格和关键能力,对知识、能力、情感态度价值观三维目标进行了新的整合,并围绕学科核心素养的落实,精选、重组了课程内容,明确了内容要求,提出了考试评价和教材编写建议等。

基于此,高中思想政治教材编写强调学科核心素养的基本要求和具体落实。高中思想政治学科核心素养包括三个方面、四个要素。三个方面,即正确的价值取向、必备的品格、关键的学科能力;四个要素,即政治认同、科学精神、法治意识、公共参与。教材是学科核心素养培育的重要载体,是学科核心素养培育落实落细的基本路径。高中思想政治教材编写始终贯彻学科核心素养培育的理念,每一册教材的设计、每一个内容的选择与呈现,都围绕学科核心素养的培育展开,凸显了学科核心素养的意义和价值。

第三节　高中思想政治相邻学段教材的一体化分析

对学生的思想政治教育不可能一蹴而就,必须贯穿其成长的整个过程。因此,大中小学思想政治课一体化建设值得特别关注,而教材的一体化建设是其中不可忽视的重要方面。在高中思想政治教材分析中,我们也可以从一体化建设的视角,将高中思想政治教材与相邻学段的思想政治教材进行比较分析,推进思想政治教材一体化建设的发展。

高中思想政治相邻学段教材,主要是指初中的《道德与法治》教材和大学的思想政治理论课教材。应该说,相邻学段思想政治教材比较的核心问题是整体方向的一致性与不同学段的层次性问题。所谓整体方向的一致性,就是指都是思想政治教材,都是学校思想政治课程与教学的内容载体和基本资源,都强调用习近平新时代中国特色社会主义思想铸魂育人,在目标定位、内容选择、教材呈现等方面应该具有共同特性;所谓不同学段的层次性,就是指不同学段的思想政治课应该体现不同的水平要求,相互衔接、逐层递进、螺旋上升。这种一致性和层次性是大中小学思想政治课一体化建设的基本追求,也是我们进行高中思想政治相邻学段教材比较分析的基本视角。在具体的比较分析中,可以围绕教材的各个方面、各种要素进行,在此我们仅从目标定位、内容选择、呈现方式等方面进行简要介绍。

一、目标定位的一致性与层次性

大中小学思想政治课程在目标定位上具有一致性。那就是要引导学生立德成人、立志成才,树立正确世界观、人生观、价值观,坚定对马克思主义的信仰,坚定对社会主义和共产主义的信念,增强中国特色社会主义道路自信、理论自信、制度自信、文化自信,厚植爱国主义情怀,把爱国情、强国志、报国行自觉融入坚持和发展中国特色社会主义事业、建设社会主义现代化强国、实现中华民族伟大复兴的奋斗之中。

同时,大中小学思想政治课程在目标定位上也必须体现层次性。大学阶段重在增强使命担当,引导学生矢志不渝听党话跟党走,争做社会主义合格建设者和可靠接班人;高中阶段重在提升政治素养,引导学生衷心拥护党的领导和我国社会主义制度,形成做社会主义建设者和接班人的政治认同;初中阶段重在打牢思想基础,引导学生把党、祖国、人民装在心中,强化做社会主义建设者和接班人的思想意识;小学阶段重在启蒙道德情感,引导学生形成爱党、爱国、爱社会主义、爱人民、爱集体的情感,具有做社会主义建设者和接班人的美好愿望。

教材是课程设计的重要表现形式,通过一定的方式和途径展现了课程与教学的目标。那么,高中思想政治教材与相邻学段的思想政治教材是否很好地体现了这种目标定位的一致性和层次性,我们可以进行认真的比较分析。

就高中《思想政治》和初中《道德与法治》教材来说,单元导语、课导语都比较明确地体现了目标要求,可以作为目标定位比较分析的依据。例如,中华优秀传统文化教育是初中《道德与法治》和高中《思想政治》教材都有的一个内容,分别出现在初中《道德与法治》教材八年级(上)第五课"守望精神家园"和高中《哲学与文化》教材的第七课"继承发展中华优秀传统文化"。通过两课导语的比较,我们可以分析它们在目标定位上的一致性和层次性。两课导语的具体内容见表 6-7。

表 6-7　基于课导语的初中和高中教材目标定位比较

初中《道德与法治》八年级(上)第五课"守望精神家园"课导语	高中《哲学与文化》教材第七课"继承发展中华优秀传统文化"课导语
"来者落地生根,去者落叶归根。"对一个人而言,根是对生命的依恋和敬畏;对一个民族而言,根是对文化力量的借喻和对文化品格的自我认同。中华优秀传统文化是中华民族的精神命脉,是涵养社会主义核心价值观的重要源泉,也是我们在世界文化激荡中站稳脚跟的坚实根基。面对当今世界相互激荡的各种思想文化,肩负实现中华民族伟大复兴的崇高使命,我们该如何坚定文化自信,推动社会主义文化繁荣兴盛,守望中华民族共同的精神家园?	走进社会,我们可以感受到文化需求日益强烈,文化活动丰富多彩,文化产品日益多样,文化生活精彩纷呈。你是否认真思考过:什么是文化?中华传统文化包括哪些合理内容?如何弘扬中华优秀传统文化,实现中华优秀传统文化的创造性转化和创新性发展?学习和理解这些内容,有助于我们弘扬民族精神,增强文化自信,促进文化发展。

二、教材内容的一致性与层次性

思想政治课程的内容多种多样,但不论哪个学段,课程的基本内容是一致的。都必须坚持用习近平新时代中国特色社会主义思想铸魂育人,以政治认同、家国情怀、道德修养、法治意识、文化素养为重点,以爱党、爱国、爱社会主义、爱人民、爱集体为主线,坚持爱国和爱党爱社会主义相统一,系统开展马克思主义理论教育,系统进行中国特色社会主义和中国梦教育、社会主义核心价值观教育、法治教育、劳动教育、心理健康教育、中华优秀传统文化教育。

同时,由于不同学段学生的知识基础、认知水平、思想状况等存在差异,在课程内容的确定和选择上也要遵循学生现实基础和认知规律,体现出层次性。大学阶段重在理论性学习,高中阶段重在常识性学习,初中阶段重在体验性学习,小学阶段重在启蒙性学习。

教材是教学最基本的材料,是课程与教学内容最重要的载体。进行高中思想政治相邻学段教材的比较分析,教材内容的一致性与层次性分析自然是值得关注的重要方面。一般而言,在教材内容的一致性上是不存在什么问题的,关键在于教材内容的层次性是否合理,具体表现为是否存在教材内容简单重复的现象、是否在相同或相近内容上体现出逐层递进和螺旋上升。

进行高中思想政治相邻学段教材内容的比较分析,既可以全面系统地进行,也可以分专题展开。对教材内容进行全面系统的比较分析,虽然可以从整体上把握相邻学段思想政治教材内容的基本情况,但工作量大,且难以深入透彻。所以,就思想政治课教师而言,采用专题内容比较分析的方式比较合适。

思想政治课程的内容很多,各学段基本内容是一致的或相通的,这些内容在各学段教材中都有体现。我们可以据此选择和确定一定的专题内容,对相邻学段的教材进行梳理和比较分析。例如,劳动教育、中华民族精神教育、国家安全观教育、理想信念教育、爱国主义教育、法治教育、革命传统教育、民族团结教育等,都是可以进行比较分析的专题内容。可以选择任何一个具有可比性的专题内容,对相邻学段的教材进行认真梳理,看各学段教材哪些地方涉及了该专题内容、内容的广度和深度如何、不同学段在该专题内容安排上有什么样的不同等,从而明确不同学段专题内容设计的合理性,并为教材改进、教师教学提供值得参考的意见和建议。

例如,"人民当家作主"是高中《思想政治》和初中《道德与法治》教材都涉及的一个内容,且都进行了专题讲述,分别出现在高中思想政治必修3《政治与法治》第二单元和初中《道德与法治》教材八年级(下)第三单元。我们可以就这一专题内容进行比较分析,探寻两个学段教材在这一专题内容上的一致性和体现出来的层次性。表6-8列出两个单元各自的单元导语,透过这两个单元导语,我们可以初步感受到两个学段在"人民当家作主"这一专题内容的一致性和在内容广度与深度上的差异性。

表 6-8　单元导语的初中和高中教材内容比较

初中《道德与法治》八年级(下)第三单元 "人民当家作主"单元导语	高中《政治与法治》教材第二单元 "人民当家作主"单元导语
社会主义制度的确立,完成了中华民族有史以来最为广泛而深刻的社会变革,为当代中国一切发展进步奠定了根本政治前提和制度基础,为中国繁荣富强、人民生活富裕奠定了坚实基础。宪法将社会主义制度确立为国家根本制度,禁止任何组织或者个人破坏社会主义制度,其实质就是保障人民当家作主;依据宪法设立的国家机关都以为人民服务为宗旨。作为中华人民共和国公民,我们要理解国家的基本制度,了解国家机构的性质与职责,增强制度自信和国家认同,积极参与国家政治生活。	人民当家作主,是中国共产党人的庄严承诺,是人民民主专政国家的本质要求。始终代表最广大人民的根本利益,保证人民当家作主,体现人民共同意志,维护人民合法权益,是我国国家制度和国家治理体系的本质属性,也是我国国家制度和国家治理体系有效运行、充满活力的根本所在。中国共产党领导中国人民进行伟大创造,建立并不断完善中国共产党领导的多党合作和政治协商制度、民族区域自治制度、基层群众自治制度,探索发展社会主义协商民主等富有中国特色和优势的民主形式,使人民当家作主落实到制度安排上,也日益充分显现于国家政治生活和社会生活的丰富实践中。推进国家治理体系和治理能力现代化,是新时代中国特色社会主义建设的必然要求和重要保障。

三、教材呈现的一致性与差异性

　　基于目标定位、教材内容等的一致性,各学段思想政治教材在呈现上也具有一些共性特征。以高中《思想政治》和初中《道德与法治》教材为例,两个学段的教材在内容呈现方面有以下典型的一致之处:①强调思想政治观点教育和价值引领。通过中国特色社会主义和中国梦教育、社会主义核心价值观教育、法治教育、劳动教育、心理健康教育、中华优秀传统文化教育等,引导学生认识和践行社会主义核心价值观,提升思想品德和思想政治素养。②注重活动设计。通过设计"探究与分享"等多样化的栏目和活动,引导学生讨论辩论、合作探究、交流分享等,经历过程,掌握方法,澄清认识,在人生成长的道路上把握正确的政治方向。③遵循学生认知规律和思想政治教育规律。依据学生认知特点和思想政治教育知行统一的要求,坚持贴近实际、贴近生活、贴近学生,使思想政治教育既旗帜鲜明、掷地有声,又春风化雨、润物无声。

　　同时,不同的学段毕竟有各自的特殊性,不仅有特殊的课程目标和内容层次,而且有特殊的学生实际。不同学段的学生有不同的知识基础和生活经验、不同的身体状况和心理特征、不同的思维方式和认知特点、不同的思想觉悟和道德水平。这些特殊性会不可避免地反映到教材的呈现中,导致不同学段教材呈现上的差异性。同样以高中《思想政治》和初中《道德与法治》教材为例,两个学段的教材在内容框架、编写体例、语言风格等方面存在一些典型差异。

（一）内容框架上的差异

初中《道德与法治》教材是以初中学生逐步扩展的生活（从自我到他人、到集体、到社会、到国家、到世界）为基础，以培养社会主义合格公民为中心，考虑初中学生身心发展的阶段性特点，提炼生活主题，有机整合心理健康、道德、法律、国情四方面的内容，统筹安排到各年级中。其中七年级以学生的自我认识、与他人的交往为主要内容，八年级主要围绕学生的社会公共生活进行内容编排，九年级以国情国策教育及全球观念、国际视野为线索设计教材内容。

高中《思想政治》教材是遵循课程标准的结构设计和内容要求，整体构建教材结构，分块安排课程内容。必修课程的教材以发展中国特色社会主义为主线，采取总分方式。必修1《中国特色社会主义》是关于中国特色社会主义思想的总览和基础，采取历时性叙述、全领域覆盖的方式，基于科学社会主义基本原理，讲述为何开创和发展中国特色社会主义；必修2《经济与社会》、必修3《政治与法治》、必修4《哲学与文化》采取共时性叙述、分领域展开的方式，基于习近平新时代中国特色社会主义思想，讲述如何坚持和发展中国特色社会主义。选择性必修课程的教材各册相对独立，内容相对集中。《当代国际政治与经济》重在培养学生用全球视野认识人类社会发展大势，增强学生的国际视野；《法律与生活》重在培养学生用法律手段处理日常问题，增强法治意识；《逻辑与思维》重在培养学生用科学思维探索认识世界，掌握马克思主义的方法论。

相比而言，初中《道德与法治》教材更强调学生的生活基础和生活经验，生活化色彩更浓；高中《思想政治》教材，更突出学科背景和学科支撑，政治性和学理性更强。

（二）编写体例上的差异

高中《思想政治》教材和初中《道德与法治》教材在整体编排上大体一致，都是按照单元、课题、框题、目题等几个层次展开。但在具体设计中，也存在以下几方面的明显差异。

第一，单元结构存在差异。初中《道德与法治》教材的每一个单元都由单元导语和若干课题构成。而高中《思想政治》教材除了单元导语和课题之外，还在单元后面设计了综合探究，通过创设丰富多样的情境，让学生围绕议题，综合运用相关学科知识和技能，分析和解决情境中展现的问题，巩固和拓展单元教学的基本结论。

第二，课文展开的思路存在差异。以框题为基本的教学单元，高中《思想政治》教材就是由正文和辅助文构成，正文对学科的基本概念、基本原理、基本观点、基本事实、基本结论等进行规范性阐述，构成教材的逻辑主干；辅助文主要是穿插于正文中的各种栏目，对正文起补充、例示、说明、解释作用。而初中《道德与法治》教材，在形式结构上更统一规范，每一框内容都是从"运用你的经验"开始，以学生的生活经验作为学习起点，基于情境或活动引入主题；正文聚焦主题，正面陈述理论观点和行为原则，并通过"探究与分享""阅读感悟"等栏目设计，引导学生积极思考、深入分析、分享观点、表达意见，进而明确学科的道理,形成共同的认识;最后都以"拓展空间"结束,引导学生从课本内延伸到课本外,从课堂内延伸到课堂外,进一步导向价值认同和知行合一。

第三,栏目设计存在差异。应该说,高中《思想政治》和初中《道德与法治》教材都设计了大量穿插于正文中的各种栏目,对正文内容起补充、拓展、说明等方面的作用。既有一些共有的栏目,如"探究与分享""相关链接"等;也有一些特有的栏目,如高中《思想政治》教材设计了"名词点击""专家点评"等特有栏目,初中《道德与法治》教材设计了"阅读感悟""拓展空间"等特有栏目。这些栏目设计的差异,实际上既体现了不同学段在课程目标和课程内容层次上的差异性,也体现了不同学段学生在知识基础、思维方式、认知特点等方面的差异性,是基于不同学段思想政治课程目标、课程内容和学生实际的栏目设计选择。

(三)语言风格上的差异

应该说,各学段的思想政治教材在语言风格上都讲究准确清晰、朴实简洁、通俗易懂、情理共振。但适应不同学段学生的实际,不同学段的教材在语言风格上也具有不同的特性。相比而言,低学段的教材感性色彩更浓,说理中更注意富有情感;高学段的教材理性色彩更重,感性中更突出讲清道理。

例如,同样是讲述我国的人民民主,初中《道德与法治》和高中《思想政治》教材的语言风格在课题导语中就区别明显,具体见表6-9。

表6-9　基于课导语的初中和高中教材语言风格比较

初中《道德与法治》九年级(上)第三课 "追求民主的价值"课导语	高中《政治与法治》第四课 "人民民主专政的社会主义国家"课导语
我们生活在一个民主的国家。在现实生活中,你参加过民主生活,感受过民主的力量吗? 　　让我们一起聆听百年中国追求民主价值、探索民主制度的足音。一度贫弱的大国,在中国共产党的领导下走上了一条社会主义新型民主道路。社会主义民主的本质就是人民当家作主,社会主义民主的目的就是保障最广大人民的利益。参与民主生活,感知民主价值,增强民主意识,做合格公民,你准备好了吗?	我国是人民民主专政的社会主义国家,人民民主专政是我国的国体。社会主义民主是最广泛、最真实、最管用的民主。推进社会主义现代化建设,必须充分发扬人民民主,激发人民的创造力,同时要正确行使国家的各项职能,为社会主义事业保驾护航。

再如,同样是穿插于课文中的"探究与分析"栏目,初中《道德与法治》和高中《思想政治》教材在语言风格上也体现出差异,具体见表6-10。

表 6-10 基于栏目设计的初中和高中教材语言风格比较

初中《道德与法治》教材	高中《思想政治》教材
背景材料：放学路上，有同学问"什么样的人值得尊重"？同行的几位同学纷纷发表看法： 同学 1：为社会做出贡献的人值得尊重。 同学 2：我尊重那些自立自强的人。 同学 3：无论是陌生人还是熟识的人，我都会尊重。 同学 4：我特别尊重言而有信的人。 提出问题：你赞同他们的看法吗？说说你的理由。你还有哪些看法？	背景材料：提出三种观点。 观点一：私有制的产生是社会生产力发展的结果，是不可避免的。 观点二：私有观念的存在，是私有制产生的根本原因。 观点三：私有观念是人所固有的，所以私有制天然合理，会永远存在。 提出问题：你如何看待上述观点？阐明你的理由。

本章小结

1. 教材的研究性分析，是指基于教材建设及合理使用的需要，对教材从不同的视角进行研究，总结教材建设的经验，促进教材建设发展及在教学中的恰当运用，具有突出的研究性特点。高中思想政治课教材研究性分析可以从多种不同的视角进行。

2. 高中思想政治教材典型要素集合分析，是以高中思想政治教材的典型构成要素为对象，对构成教材的典型要素进行分门别类的梳理与研究，探索典型要素的内涵与结构，揭示典型要素的功能与作用，提出典型要素优化设计和处理建议的教材研究活动。教材典型要素集合分析的基本步骤是确定分析要素、选择分析样本、理清分析框架、实施分析活动、提出意见和建议等。

3. 高中思想政治新教材相对于旧教材来说，有了多方面的变化。在编写依据上，是依据新旧两个不同的课程标准而编写的。在教材结构上，构成教材的类别、板块、内容等基本要素及其内在关系存在差异。在教材内容上，新教材对旧教材的内容进行了整合、删减、扩展、更新。在呈现方式上，新教材突出强调体现时代发展的新要求，突出政治方向的引领；强化活动设计，尝试活动型学科课程的构建；遵循课程标准的要求，聚焦学科核心素养的培育。

4. 高中思想政治教材与相邻学段思想政治教材相比，核心问题是要恰当解决整体方向的一致性与不同学段的层次性问题。在具体的比较分析中，可以围绕教材的各个方面、各种要素进行，其中在目标定位、内容选择、呈现方式等方面都既具有一致性，也体现出层次性。

练习与思考

1. 如何理解教材的研究性分析？高中思想政治教材的研究性分析可以从哪些视角进行？

2. 如何理解高中思想政治教材典型要素集合分析？

3. 结合高中思想政治教材实例，简要介绍教材典型要素集合分析的基本步骤和方法。

4. 选择一定的高中思想政治教材典型要素，尝试进行集合分析。

5. 简要介绍高中思想政治新教材相比旧教材的变化，并分析变化的原因。

6. 选择高中思想政治新旧教材的某一内容要素，尝试进行比较分析。

7. 比较高中《思想政治》教材和初中《道德与法治》教材，分析它们在目标定位、内容选择、教材呈现、语言风格等方面的一致性和层次性。

北京大学出版社
教育出版中心 精品图书